미래교육을 준비하는

교육방법 및 교육공학

2판

| 김보경 저 |

학지사

2판 머리말

최근 몇 년간 교육을 포함한 사회 전반에서 기술의 역할이 강력해지고 있다. 전통적으로 기술과 거리가 멀다고 생각되었던 영역에서도 테크(-tech)라는 말을 붙이고 있다. 예를 들어, 재테크, 푸드테크, 프롭테크, C-테크 등이 그러하다. 그중 에듀테크는 Education과 Technology의 합성어로 코로나 팬데믹 이후로 교육현장을 급격하게 바꾸어 가고 있다. 특히 디지털 기반 교육혁신으로 에듀테크가 미래교육을 희망적으로 그려 나가길 기대하고 있다.

이러한 때에 교육방법 및 교육공학을 가르치고 배우는 우리는 어떠한 태세 전환을 해야 할까? 물론 새로운 기술들을 익히고 적용하는 것을 게을리 해서는 안 된다. 그러나 더 중요한 것은 교육과정, 학습자, 교육공간을 보는 기존의 관점을 확장하는 일을 해야 한다. 4차 산업혁명의 기술들이 모든 것을 연결하고 경계를 허물고 있기 때문이다.

국어, 영어, 수학과 같은 교과 중심의 기존 교육과정을 주제 중심의 융합교과적 관점으로 확장해서 볼 수 있어야 한다. 손에 교과서와 펜을 들고 있는 휴먼으로서의 학생에서 디지털 기기를 휴대하고 장착한 포스트 휴먼 학습자로 확장해서 보아야 한다. 책상에 앉아서 교사의 수업을 듣는 전통적 인지형 교실 공간은 메타버스나 VR, AR 기술이 사용된 실감형 교실 공간으로 확장된다. 더 나아가서는 학교가 학생, 교사, 학부모, 지역사회 인사, 전문가 등 누구나 모여 서로 소통하면서 가치를 생성해 내는 하나의 학습 플랫폼으로 변모될 것을 인식해야 한다.

이와 같이 교육과정, 학습자, 교육환경, 학교를 확장시켜 볼 줄 알아야 하는 동시에 모든 교육은 개인 맞춤형으로 수렴해야 한다. 과거 평균 중심의 One-size Fits All을 지향했던 수업설계에서 정규분포상 평균으로 모델링했던 학습자는 단 한 명도 없음을 알아야 한다. 또한 실감형 교육 콘텐츠는 우리가 가르치는 내용의 주된 영역이 인지적 영역에서 정의적 또는 심동적 영역으로 상당히 옮겨 갈 것이다. 왜냐하면 인지적 영역의 학습은 인공지능이 인간보다 대체로 더 뛰어나기 때문이다. 앞으로는 인공지능으로 구현되기 어려운 정의적 영역과 심동적 영역의 교육과정이 중요해질 것이다. 교사와 학생이 교실에서 만나 수업을 진행하지만, 동시에 온라인에 접속된 또 다른 자아가 학습활동을 하고 있기에 학습의 과정과 결과는 온라인과 오프라인이 통합된 그 무엇으로 규정해야 한다.

이처럼 기술은 교육을 확장시키기도 하고 한 개인으로 그 초점을 수렴시키기도 하며 기존과 다른 영역을 중요하게 다루기도 한다. 우리는 이것을 미래교육이라고 부르고 있으며, 이 미래교육은 이미 시작되었다. 독자들은 이 미래교육의 실천가들로 준비되기 위해서 이 책을 공부할 때 앞에서 말한 것과 같은 미래교육의 방향과 설계를 염두에 두고 읽기를 바란다.

1판 머리말

교직이론을 공부하는 다수의 예비교사는 교육방법 및 교육공학 과목이 어렵다고 호소한다. 매 학기 이 과목을 가르치는 사람으로서, 그들에게 이 과목이 어렵다고 느껴지는 이유가 무엇인지 궁금하여 몇몇 학생과 면담을 하게 되었다. 면담한 대부분의 학생 반응은 교육방법 및 교육공학에서 사용되는 용어가 낯설다고 하였다. 특히 교육공학에서 사용되는 용어가 그들이 평소에 사용하지 않는 용어나 개념인 경우가 많다고 하였다. 교육심리나 교육과정, 또는 교육평가를 이수한 학생들은 '교수' '학습' '수업' '인지' 정도의 개념은 정립되어 있다고 생각된다. 그러나 이 강좌에서 빈번하게 사용되는 '분석' '설계' '개발' '실행' '체제' '전략' 등과 같은 용어들은 교육이나 학교와는 거리가 먼 용어처럼 느껴지기 마련이다. 저자는 예비교사들의 이러한 고민을 반영하여 가급적 모든 이론과 모형을 실제 사례를 들어 설명하고자 노력하였다. 그리고 사례의 대부분은 학교교육에 관한 것이다. 또한 약간의 구어적 표현을 사용하여 교육학에 대한 사전지식이나 개념형성이 부족한 독자라도 혼자서 이 책을 읽어 나갈 수 있도록 노력하였다.

이 책의 특징은 다음과 같다. 이 책은 보통의 교육방법 및 교육공학 교재에서 공통적으로 다루는 내용요소들을 포함하였다. 그러나 제시 순서는 조금 다르게 하였다. 즉, 매주 배우는 개념, 원리, 모형, 이론들을 적용하여 워크시트를 활용한 수업설계 프로젝트를 수행하도록 하였다. 때문에 교수설계의 기본 절차인 분석, 설계, 개발, 실행, 평가의 순서에 따라 각 단계별로 알아야 할 내용요소들을 제시하였다. 교육방법 및 교육공학의 모든 내용이 집약적으로 녹아 있는 활동은 교수설계이며, 학교교육에 가장 핵심적인 교수설계는 수업설계이다. 예비교사들은 매주 학습한 개념, 이론, 모형 등을 워크시트 활동을 통하여 수업설계에 적용해 볼 수 있다.

또 한 가지 특징은 질문이다. 학습을 하면서 질문이 생기지 않는다는 것은 저자가 완벽하게 설명하였거나, 아니면 독자가 비판적 사고를 하지 않고 내용을 읽었다고 볼 수 있다. 전자는 가능성이 희박하기 때문에 필경 후자일 수밖에 없다. 그러므로 독자들은 늘 질문하는 습관을 가지고 본문을 읽어야 한다. 질문이 생기는 본문마다 그곳에 질문을 작성하고, 이를 동료나 교수와 이야기하면서 해결하는 것이 필요하다. 또한 저자가 '생각해 볼 문제'를 만들어 질문을 제시하기도 하였다. 이 또한 질문에 대해서는 생각해 보고 동료 학습자와 토의를 해서 생각을 정리해야 한다. 그러나 보다 중요한 것은 스스로 질문을 만들어 보는 것이다. 답을 잘 몰라도 상관이 없다. 동료 학습자와 이야기를 나누는 가운데 생각이 정리될 것이기 때문이다. 질문의 정답을 찾아내는 것은 중요하지 않다. 질문을 통해 자신이 배우고 있는 내용을 내면화하고, 그 내용 속에 들어가 보는 것이야 말로 학문의 즐거움을 느끼게 하며 교육학 공부를 지속시키는 내재적 동기를 유발시키기 때문이다.

현직교사나 교직을 이수하는 예비교사들은 대학에서 배우는 교육이론과 현장은 괴리가 있다고 말한다. 하지만 저자는 그렇게 생각하지 않는다. 수많은 교수 · 학습 이론은 오랜 시간 지혜자들의 연구를 거쳐 과학적으로 검증된 것이다. 이 이론들은 수업시간에 교사들의 수업언어와 수업행동 하나하나가 학생들에게 어떠한 학습 효과를 미칠 것인지를 예언해 준다. 이러한 이론을 알지 못한 채 수업기법들만 익혀서 가르치는 것은 교육학을 배우지 않아도 개인의 소질에 따라 할 수 있는 것이다. 이러한 수업기법들은 학생들의 관심을 끄는 데에는 효과적일 수는 있으나, 진정으로 학습의 효과가 있는지, 교육적 소통을 하고 있는지는 검증되지 않았다. 그러므로 독자는 이론을 배우고 이론에 근거한 설계를 하면서 교육적 효과가 검증된 수업설계를 연습하여야 한다. 그리고 이론에 근거한 수업을 할 때 이론을 더 깊이 이해할 수 있게 되며, 비로소 이론을 초월한 수업을 할 수 있게 된다. 모쪼록 이 책을 공부하면서 교육학 이론을 배우는 것이 수업의 질을 높이는 매우 가치 있는 일이라는 것을 깨닫기 바란다.

차례

PART 01
교육공학과 교수설계의 이해

PART 02

교수설계의 적용과 실천

PART 03

미래교육에 대한 교육공학적 관점

Instructional Method and Technology

PART 01

교육공학과 교수설계의 이해

교육공학, 교육방법, 교수전략

교육방법과 교육공학이라는 과목은 무엇인가? 이 책의 주요 독자인 사범대학생 또는 교직 이수자들에게 교육방법과 교육공학 수업 첫 시간에 질문하곤 한다. 이 질문에 대한 학생들의 대답은 대체로 교육방법은 그냥 교육하는 방법이라고 대답하며, 교육공학은 컴퓨터, 스마트폰, 태블릿과 같은 기술을 활용하는 교육방법이라고 하는 경우가 많았다. 그래서 대부분이 교육방법을 상위 개념으로 인식하고 교육공학을 하위 개념으로 인식하고 있음을 알 수 있었다. 물론 이와 다르게 이해하고 있는 학생들도 많이 있다.

교재를 활용하는 공부를 할 때마다 항상 염두에 두어야 하는 것이 교재의 제목이다. 교재의 제목은 책 속에 있는 모든 내용을 포괄하는 단어 또는 구절이기 때문에 제목이 의미하는 것을 잘 이해하고 그에 대한 개념이 명확하게 형성되어 있는 것만으로도 이후 학습을 수월하게 해 나갈 수 있다.

이 장의 목적은 이 책의 제목이 되는 '교육방법', '교육공학'과 제목은 아니지만 자주 사용될 '교수전략'의 개념을 소개하는 것이다. 독자들이 자신만의 관점을 가지고 이 세 개념을 정리할 수 있도록 돕고자 한다. 왜냐하면 이 세 가지 용어와 이와 관련된 몇 가지 용어의 개념과 개념들의 크기와 위계를 저자와 독자가 일관되게 공유해야만 앞으로 이 책을 읽어 내기가 쉽기 때문이다.

1. 교육방법 및 교육공학의 영역

이 절에서는 교직과목에서 '교육방법과 교육공학'이라는 교과목이 다루는 영역과 위치를 설명하고자 한다. 어떤 과목을 공부하기 전에 그 과목이 속한 학문이나 전공에서 어떠한 부분을 어떠한 관점에서 이야기하고 있는지를 이해하고 공부를 시작하는 것은 내용을 좀 더 쉽게 이해하는 데 도움이 된다. 특히 대학에서 전공에 대한 전문성을 기르고자 하는 학생들은 더욱 그러하다. 그러한 관점에서 '교육방법 및 교육공학'이라는 과목이 교육학에서 어떠한 영역을 다루고 있는지 이해하고 시작하고자 한다.

대부분의 독자는 교원자격을 얻기 위하여 각 전공의 기본이수과목 이외에

[그림 1-1] 교직과목

교직과목을 이수하게 된다. 교직과목은 교직이론, 교직소양, 교육실습으로 구분되며, 각 영역별로 이수해야 하는 최소 학점이 규정되어 있다. 이 중 교직이론에 가장 많은 학점이 배정되어 있는데, 교직이론에서 공통적으로 개설되는 과목으로 교육학개론, 교육철학 및 교육사, 교육과정, 교육심리, 교육평가, 교육사회, 교육행정 및 교육경영, 생활지도 및 상담, 교육방법 및 교육공학 등이 있다(교육부, 2022). 이 과목들 중에서 교육학개론은 교육학의 전 영역에 대한 개론 수준의 소개를 하는 과목이므로 제외하고 나머지 여덟 과목을 학교수업과 직접적 관련이 있는 교과와 그렇지 않은 교과로 분류해 볼 수 있다.

교직이론 과목 중에서 교육심리, 교육과정, 교육방법 및 교육공학, 교육평가는 학교수업과 직접 관련이 있다. 그 외의 과목은 학교수업의 철학적 기초가 되거나 이에 영향을 끼치는 사회환경 또는 교육환경에 대한 내용을 다루고 있다고 볼 수 있다.

먼저 교육심리는 '누구를 가르칠 것인가?', 즉 학습자에 주된 관심이 있다. 학습자의 심리(心理), 즉 그들이 학습할 때의 마음과 이성의 작동을 다루는 과목이다. 교육과정은 '무엇을 가르칠 것인가?'에 관한 과목으로 학교에서 가르치는 교과의 내용 구성과 교육의 과정을 다루고 있다. 교육평가란 '어떻게 평가할 것인가?'로 교육의 전 과정과 결과를 효과적으로 측정하는 것을 다루고 있다. 교육방법 및 교육공학은 '어떻게 가르칠 것인가?'에 대한 고민을 가지고 교수자의 교수활동을 주로 다루고 있다. 그러므로 이 과목에서 여러분은 학교수업에서 진행되는 일련의 교수활동을 설계하는 데 필요한 개념, 이론, 모형들을 학습하게 된다. 그래서 교육심리가 학습에 대해 있는 기대로 표현하는 기술적인(descriptive) 학습이론에 초점을 둔다면, 이 과목은 주로 처방적인(prescriptive) 교수이론들에 초점을 두게 된다. 물론 학습이론을 잘 알아야 교수이론을 이해할 수 있으므로 이 둘을 분리하기가 쉽지 않다. 그럼에도 교수이론은 학습이론을 역동적인 실제 교육현장에 적용하면서 교수자가 어떻게 가르쳐야 하는가에 초점을 두고 있다.

그러므로 독자가 교육방법 및 교육공학을 공부할 때에는 교수자 또는 교수설계자의 정체성을 가지고 이 책의 내용을 이해하려고 하는 것이 바람직하다. 자신을 학교수업을 운영해야 하는 교사, 기업의 교육 프로그램을 설계해야 하는 교수설계자, 평생교육 기관에서 교육을 담당하는 사람이라고 생각하고, 어떻게 하면 효과적인 교육을 실행할 수 있을 것인가를 고민하면서 공부하도록 하자.

> **생각해 볼 문제**
>
> • 지금까지 이수한 교직이론 과목을 말해 보고, 각 과목에서 중점적으로 다루었던 내용이나 기억나는 내용을 이야기해 보자. 각 과목들이 교육학에서 어떠한 영역을 어떠한 관점으로 다루어 내고 있는지 토의해 보자.

2. 교육방법과 교육공학의 이해

1) 교육방법의 개념

교육방법이 무엇인지 질문하면 많은 학생이 '교육하는 방법'이라고 대답하곤 한다. 물론 틀린 말은 아니지만 방법이라는 말을 좀 더 살펴보면 교육방법의 개념이 보다 명확해진다. '방법'이란 목적을 이루기 위해서 취하는 방식이나 수단을 말하는데, 여기서 방식이란 절차적인 과정을 말하고 수단은 도구적인 의미로 해석할 수 있겠다. 그리고 '교육'이란 매우 광범위한 영역이므로 수

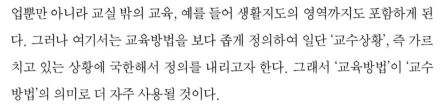

업뿐만 아니라 교실 밖의 교육, 예를 들어 생활지도의 영역까지도 포함하게 된다. 그러나 여기서는 교육방법을 보다 좁게 정의하여 일단 '교수상황', 즉 가르치고 있는 상황에 국한해서 정의를 내리고자 한다. 그래서 '교육방법'이 '교수방법'의 의미로 더 자주 사용될 것이다.

또한 교수상황이란 교수자가 어떠한 내용을 학습자에게 가르치고 있는 상황이므로, 교수방법은 목표를 달성하기 위해 교수자와 학습자가 교육내용을 가지고 소통하는 절차적 구조로 볼 수 있다. 학교에서는 수업이 진행되는 전체적인 흐름이나 틀로 볼 수 있다. 교사가 출석을 부르는 방법이나 과제에 대한 피드백을 하는 방법은 교육방법이라고 볼 수 없다. 출석을 부르는 것은 교육내용을 가지고 소통하는 것이 아니며, 과제에 대한 피드백을 하는 것은 수업의 지엽적인 부분이지 수업의 전체적인 구조나 틀이라고 보기는 어렵기 때문이다. 반면에 협동학습법, 토론법, 강의법, 도제법, 문제기반학습, 플립드 러닝 등은 교육내용을 가지고 교수자와 학습자가 소통하는 절차 및 구조이며, 수업의 도입, 전개, 정리가 모두 이 구조 속에서 이루어지기 때문에 교수방법이라고 볼 수 있다.

2) 교육공학의 개념

교육공학에 대한 개념을 정립하기 위해서는 먼저 '공학'을 정의해야 한다. 교육공학을 공부한다고 하면 일부 사람들은 교육에도 공학이 있느냐고 묻곤 한다. 또는 공학이라는 용어 때문에 화학공학, 기계공학과 같이 공과대학에서 배우는 학문으로 오해하기도 한다. 교육공학의 공학은 테크놀로지 (technology)로 공과대학의 공학(engineering)과는 다르다. Galbraith(1967: 12)는 "공학이란 실제적인 과제들을 해결하기 위해 과학적인 지식이나 조직화된 지식을 체계적으로 적용하는 것(the systematic application of scientific or other organized knowledge to practical tasks)"이라고 하였다. 일반적으로 공학을 과학과 분리해서 정의하는데, Seels와 Richey(1994)는 공학이 과학의 단순한 적용 뿐만 아니라 이전 세대의 지식 기반 위에 다른 세대가 구축하고 적용하는 과정 과 도구의 진보를 모두 포함한다고 하였다. 그러므로 교육공학이란 '교육에 관 련된 실제적인 과제들을 해결하기 위해 과학적 지식, 절차, 도구의 적용 및 진 보'를 연구하는 학문이라고 볼 수 있겠다.

미국교육공학회(Association for Educational Communication and Technology: AECT)는 교육공학에 대한 보다 심도 있는 정의를 내렸다. AECT에서는 1994년 에 교육공학을 "학습을 위한 과정과 자원을 설계, 개발, 활용, 관리, 평가하는 이 론과 실천(Instructional Technology is the theory and practice of design, development, utilization, management, and evaluation of processes and resources for learning)" 이라고 정의하였다(Seels & Richey, 1994: 1). 원문에서 교육공학은 교수공학 (instructional technology)이라고 표기되어 있다. 이후 AECT에서는 다시 교육공 학에 대하여 "교육공학이란 적절한 공학적 과정들과 자원들을 창출하고 활용 하고 관리하는 것을 통해 학습을 촉진하고 수행을 개선하는 연구와 윤리적 실 천(Educational Technology is defined as the study and ethical practice of facilitating learning and improving performance by creating, using, and managing appropriate technological processes and resources)이다."라고 정의하였다(Januszewski & Molenda, 2008). 두 정의를 비교해 보면 개념 정의의 틀은 매우 유사하지만, 교육

표 1-1 │ AECT의 교육공학 정의

	1994년 정의	2004년 정의
용어	교수공학	교육공학
목적	학습	학습의 촉진, 수행의 개선
내용	과정과 자원	공학적 과정과 자원
영역	설계, 개발, 활용, 관리, 평가	창출, 활용, 관리
형태	이론과 실천	연구와 윤리적 실천

공학이 강조하는 목적, 내용, 영역이 달라졌다는 것을 알 수 있다.

교수공학이 교육공학이라고 표현된 점 이외에도 달라진 점은 다음과 같다. 첫째, 교육공학의 목적이 학습뿐만 아니라 수행을 개선하기 위한 것이라는 인식의 변화를 알 수 있다. 둘째, 교육공학에서 다루는 과정과 자원은 보다 공학적이어야 한다는 점이 강조되었다. 셋째, 교육공학의 다섯 가지의 영역이 세 가지의 포괄적인 영역으로 통합되었다. 넷째, 교육공학이 존재하는 형태는 정적인 이론에서 동적인 연구로 변화되었고, 실천은 보다 윤리적이어야 함을 강조하게 되었다(〈표 1-1〉 참조).

생각해 볼 문제

- 교육방법의 개념과 교육공학의 개념을 비교해 보자. 어느 개념이 훨씬 더 큰가? 왜 그렇게 생각하는가?

- 교육공학의 정의에서 '과정(process)'과 '자원(resources)'이라고 표현한 것은 각각 무엇을 말하는 것이라고 생각하는가?

- 최근 교육현장에서 에듀테크라는 용어를 자주 사용하고 있다. 교육공학과 에듀테크의 개념을 비교해서 설명해 보시오.

---

3) 교육공학의 영역

교육공학의 정의를 통해 교육공학에는 다섯 가지 혹은 세 가지 영역이 있다

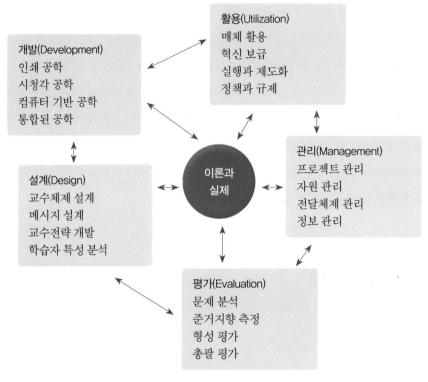

[그림 1-2] 교육공학의 다섯 가지 영역

출처: Seels & Richey (1994: 21).

는 것을 알 수 있었다. 여기서는 Seels와 Richey(1994)가 제시한 교육공학의 다
섯 가지 영역에 대해 살펴보고자 한다(강이철, 2009; 박성익 외, 2011; 변영계, 김
영환, 손미, 2007; 조규락, 김선연, 2006; 홍기칠, 2012).

　　교육공학의 다섯 가지 영역은 학습자의 학습을 위해 학습의 과정과 자원에
대해 교육공학자들이 행하는 활동을 말한다. 즉, '교육공학은 학습의 과정과
자원을 ○○한다.'라고 표현할 때 ○○에 이 다섯 가지 영역을 넣어서 말할 수
있다. 이 다섯 영역에 대한 설명은 다음과 같다.

(1) 설계 영역

교육공학은 학습의 과정과 자원을 설계한다. 교육공학에서는 '설계(design)'라는 용어가 매우 빈번하게 사용된다. 따라서 이 용어에 익숙해지는 것이 중요하다. 교육공학에서의 설계란 학습이 효과적이기 위해서 고려해야 할 조건을 구체적으로 명세화하는 과정들이다. 그래서 교수나 학습을 설계하기 위해서는 학습자의 행동이나 생각의 변화인 학습의 원리와 법칙을 다루는 학습심리학에 대한 이해가 필요하다. 학습심리학에서는 학습에 필요한 각 조건들이 서로 상호작용을 하면서 학습의 과정과 결과에 영향을 미친다고 보기 때문에 교수나 학습 설계의 기초를 체제이론(systems theory)에 두고 있다.

학습에 대해서 이해하고 있다면 체계적인 교수설계가 가능해진다. 또한 학습에서 주고받는 메시지에 대한 설계도 해야 한다. 이 메시지는 교육의 내용을 주로 담게 되는데, 누가 메시지를 주고받을 것인가, 메시지를 어떻게 전달할 것인가, 메시지를 어떻게 표현할 것인가를 설계한다. 예를 들어, 같은 내용을 영상으로 전달할 수도 있으며, 인쇄물로 전달할 수도 있다. 이때 매체에 따라 내용을 표현하는 방식과 부호화하는 방식에는 매우 차이가 있을 것이다. 또한 동일한 교수활동도 어떠한 전략으로 하는지에 따라 효과가 다를 것이다. 교육공학에서는 학습동기를 유발하고 유지하는 방법, 피드백을 제공하는 방법 등에도 전략적인 접근을 하기를 기대한다. 마지막으로, 교육 프로그램의 대상이 되는 학습자의 특성을 분석하는 일이 설계 영역에 해당한다. 학습자의 성별, 연령, 학년, 성취, 선수학습 능력 등은 매우 일반적인 특성이며, 학습자들이 선호하는 것들과 공유하고 있는 경험들, 교육환경들 중 교육내용과 관련된 것들이 무엇이 있는지 등을 면밀히 분석하게 된다.

(2) 개발 영역

교육공학은 학습의 과정과 자원을 개발한다. '개발(development)'이란 설계 영역에서 명세화된 내용을 물리적인 형태로 옮기는 과정을 말한다. 설계 단계에서 분석하고 구상한 각각의 내용들을 종합하여 만들어 낼 최종 산출물들이 명세화되었다면 개발 단계에서는 그대로 만들어 내는 것이다. 예를 들어, 인쇄물 형태의 연수교재가 될 수도 있고, 프레젠테이션 자료 또는 스마트 기기의 앱(App) 형태의 학습환경일 수도 있다. 물리적인 자료이든 디지털 형태의 자료이든 어떠한 형태이든지 간에 자료들을 생산하는 영역을 개발이라고 부른다. 이러한 자료들은 교수에 활용되는 매체라고 부르기도 하는데, 어떠한 기술이 적용된 매체인지에 따라 인쇄공학, 시청각 공학, 컴퓨터 기반 공학이라고 부르며, 다양한 기술이 적용된 매체는 통합된 공학이라고 부른다.

(3) 활용 영역

교육공학은 학습의 과정과 자원을 활용한다. '활용(utilization)'이란 개발된 교육 프로그램(과정)과 자료(자원, 매체)를 활용하여 교육을 실행하는 것을 말한다. 교육 프로그램이 원활하게 실행되기 위해서는 조직이 이 프로그램을 통해 어떠한 혁신을 이루고자 하는지에 대한 인식이 구성원들에게 공유되어야 한다. 또한 프로그램이 실행되기 위해서는 프로그램을 도입한 조직에 인적·물리적 지원이 제도화되어 있어야 하며, 정책과 제도의 마련이 필요하다. 예를 들어, 어떠한 교사연수 프로그램이 진행되기 위해서는 연수 프로그램을 통해 어떠한 변화와 혁신이 가능하다는 것이 교사들에게 공유되어야 한다. 또한 연수를 이수한 경력을 인정해 주는 제도, 연수 장소와 연수진행에 필요한 인적·물적·행정적 자원이 지원될 수 있도록 제도가 뒷받침되어야 한다. 이러한 것들이 활용 영역에서 고려되어야 하는 것들이다.

(4) 관리 영역

교육공학은 학습의 과정과 자원을 관리한다. '관리(management)'란 기획, 조정, 감독 등을 통해 교육공학 각 영역에서 사용되고 생산된 과정과 자원을 운영하고 조절하는 행정 기능을 하는 과정을 말한다. 교수자가 수업을 통해 활용한 과정과 자원들이 피드백을 통해 지속적으로 보완되기 위해서는 관리가 필요하다. 이러한 관리는 교수 프로그램(프로젝트)에 대한 전체적 관리이기도 하며, 활용된 매체나 자원을 관리, 프로그램이 전달되는 체제에 대한 관리, 프로그램을 통해 생성되는 다양한 자료, 예컨대, 학습자들의 학습 기록이나 성취, 프로그램에 대한 반응 등의 데이터를 관리하는 것을 포함한다.

(5) 평가 영역

교육공학은 학습의 과정과 자원을 평가한다. '평가(evaluation)'란 진행되어 온 교수의 적절성을 판단하는 과정을 말한다. 단지 교수목표 달성의 결과만을 평가하는 것이 아니라 교육공학의 전 과정과 그 산출물에 대하여 평가하고 그 가치를 판단하는 영역이다. 평가는 특히 준거지향 평가를 하게 되는데, 그 이유는 학습을 위한 과정과 자원들이 지향하는 목표를 달성했는지를 평가하기 때문이다. 평가의 결과는 설계, 개발, 활용, 관리의 모든 영역에 반영되어 각 하위 업무들을 수정하고 보완할 수 있는 자료가 된다. 교육공학에서는 교수 행위를 일회성 행사로 생각하지 않는다. 발생된 문제점들이 보완될 수 있도록 학습의 과정과 자원을 지속적으로 평가하고 보완해야 교수 프로그램이 보다 더 목적에 부합하고 타당해질 수 있기 때문에 평가 영역은 특히 중요하다.

설계, 개발, 활용, 관리, 평가는 교육공학의 다섯 가지 영역일 뿐만 아니라 조직이나 개인이 일상에서 진행하는 프로젝트나 프로그램을 준비하고 적용할 때 해야 하는 과업들의 영역이기도 하다. 회사에서 진행하는 프로젝트나 정부의 정책, 개인이 관심에 따라 하는 재테크나 다이어트 등도 체계적이고 과학적으로 진행하기 위해서는 이 다섯 가지 영역의 일들을 해야 한다. 그러므로 교육공학의 각 영역들에 대해 잘 배우면 일상에서 하게 되는 일들이 목적에 부합하여 체계적으로 진행되고 있는지, 하위 목표들을 달성하는지를 볼 수 있는 눈이 생기며 각 과업들을 조직적이고 과학적으로 수행할 수 있는 능력도 기를 수 있다.

생각해 볼 문제

• 여러분이 중학교 자유학기제에 투입할 '중학생 직업체험 프로그램'을 준비하고 있
다고 가정하자. 교육공학의 다섯 영역을 적용하여 각 영역에서 어떤 일들을 해야 할
것인지 생각해 보자.

3. 교육공학, 교육방법, 교수전략의 관계

1) 교육방법과 교육공학의 관계

교육방법 및 교육공학이라는 과목명에서도 알 수 있듯이, 이 과목에는 교육
학의 두 영역이 함께 포함되어 있다. 그래서 대부분의 대학 교재에서 이 두 영
역의 관계에 대해서 설명하고 있다. 예를 들면, 조규락과 김선연(2006)은 교육
방법과 교육공학의 관계를 바라보는 네 가지 시각으로 '교육방법=교육공학'
'교육방법≠교육공학' '교육방법＞교육공학' '교육방법＜교육공학'을 제시하였
다. 그리고 다양한 교육방법을 알고 있다고 하더라도 교육공학적 안목이 없이
는 효과적인 교육목표를 달성하기 어렵기 때문에 자신들은 가장 마지막 관점
을 취한다고 앞서 언급하였다.

이 책에서도 동일한 관점을 취하고 있다. 앞에서 교육방법과 교육공학에 대
해 소개하면서 교육방법 또는 교수방법을 교수상황에서 교수자와 학습자가
교육내용을 가지고 소통하는 구조 또는 틀로 설명하였다. 반면에 교육공학의
영역은 설계, 개발, 활용, 관리, 평가로 교수상황뿐만 아니라 교수 이전, 교수

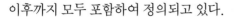

이후까지 모두 포함하여 정의되고 있다.

교육공학을 교육방법에 포함시켜 개념화하는 또 다른 이유는 '방법'이라는 용어와 '공학'이라는 용어의 의미적 범위에 근거한 것이다. 일반적으로 교육공학의 공학(technology)은 실제적인 과제들을 해결하기 위해 과학적인 지식이나 또는 조직화된 지식을 체계적으로 적용하는 것이다(Galbraith, 1967: 12). 즉, 공학이라는 용어는 사고하는 방식 또는 문제에 접근하는 방식을 의미한다고 볼 수 있다. 그러므로 교육공학은 교육의 문제를 해결하기 위해서 교육과 관련된 과학적 지식이나 그 밖의 정리된 지식을 체계적으로 적용하는 것이라고 볼 수 있다.

반면에 방법(method)이란 목표를 달성하기 위해 정의된 과제들을 수행하는 방식을 말한다. 그러므로 교육방법이란 학습자들이 교육의 목표를 달성하도록 교수자가 교육활동 운영을 설계하는 틀이라고 볼 수 있다. 이 틀에 따라 교수자와 학습자가 교수활동, 학습활동들을 수행하게 된다. 그러므로 문제에 대한 접근 방식을 의미하는 '공학'이라는 개념과 교육활동이 실제로 실행되고 있을 때, 이 활동들을 운영하는 틀을 말하는 '방법'이라는 개념을 비교하면 '공학'이라는 개념이 보다 더 넓은 의미로 사용되고 있다는 것을 알 수 있다. 저자에 따라 방법을 좀 더 넓은 의미로 사용할 수 있으나 이 책에서는 교육방법을 교육공학에 포함되는 개념으로 사용하고자 한다. 또한 교육방법을 교수자가 학교수업을 설계하는 교수적 상황에 국한해 협소하게 보고자 하므로 '교수방법'이라는 용어를 더 자주 사용하게 될 것이다.

2) 교수전략

이 책에서 자주 사용될 용어로 '교수전략(instructional strategies)'이 있다. 교수전략은 수업의 목표를 보다 더 효과적·효율적으로 달성하기 위해 적용하는 것이다. 교수전략은 교수방법과 자주 혼용되는데, 일반적으로 교수방법보다는 협소한 개념으로 사용된다고 볼 수 있다. 또한 교사가 수업을 진행하게 되면 강의법, 토의법, 플립드 러닝, PBL 등 어떤 유형의 교수방법을 하나 이상 적용할 수밖에 없게 된다. 반면에 교수전략은 교육적 효과를 높이기 위한 것이 므로 수업에 적용하지 않을 수도 있다. 예를 들어, 강의법으로 수업을 진행하는 김 교사, 박 교사, 홍 교사가 있다고 하자. 그들은 같은 교수방법을 사용하지만, 각자 사용하는 교수전략은 다를 수 있다. 예를 들어, 강의 중간에 학생의 학습동기를 유발하고 이를 유지하기 위한 전략으로 김 교사는 설명 중간에 학생의 호기심과 탐구심을 유발할 수 있는 질문을 도입하는 교수전략을 사용한다. 반면에 박 교사는 학생의 학습동기가 저하되려고 할 때 노래를 부르거나, 재미 있는 이야기를 하거나, 간단한 스트레칭을 하는 등 감각적인 자극을 도입하여 학생들을 각성시키는 교수전략을 사용한다. 그러나 홍 교사의 경우 별도의 학습동기 유발 전략 없이 강의식으로 수업을 진행한다.

소그룹 토의법이라는 교수방법을 적용한 수업을 진행하는 경우도 서로 다른 교수전략으로 운영할 수 있다. 학생들에게 모둠별로 토의를 하게 한 후, 김 교사는 교실을 순회하면서 토의하고 있는 내용을 모니터링한다. 이를 통해 학생들이 잘못 이해하고 있거나 잘못된 정보를 말하고 있다면 교정적 피드백을 한다. 그러나 박 교사의 경우 토의 과정에는 관여하지 않고 모둠별로 토의 결과를 발표하게 하여 총평을 하며 피드백을 한다. 최 교사는 토론하고 있는 모둠의 한 구성원으로 참여하여 토의를 더 활성화할 수 있는 전략을 구사한다. 소그룹 토의법이라는 동일한 교수방법을 사용하고 있지만 각 교사들의 피드백 전략은 다르다. 김 교사는 잘못된 정보에 대한 교정을 하는 전략을, 박 교사는 모둠별로 나온 토의 결과를 모아 학급 전체를 대표하는 결론을 도출하고자 하는 전략을, 최 교사는 모둠의 토론을 활성화하기 위한 토의 지원 전략을 사용한 것이다. 이렇듯 같은 교수방법을 사용하지만, 학생 특성이나 학습환경 등을 고려하여 다른 교수전략을 사용할 수 있다.

교수전략과 교수방법의 개념이 혼용되어 사용되는 경우가 많기 때문에 조규락과 김선연(2006: 297)은 이 둘을 선정할 때 초점을 두어야 하는 점을 강조하였다. 그리고 교수방법과 교수전략의 차이를 〈표 1-2〉와 같이 제시하였다.

표 1-2 교수방법과 교수전략의 차이

	교수방법	교수전략
선정	학습과제의 유형, 수업환경과 같은 교수·학습의 변인들을 고려하여 선정한다.	교수자의 교수활동이나 학습자의 학습활동에 도움을 주는 것에 초점을 두고 선정한다. 수업의 어느 특정 단계에서 어떻게 교수와 학습을 지원하는가에 관심이 있다.
예	30명의 학생을 대상으로 전통적인 교실환경에서 '청소년 비만의 원인과 해결방안'이라는 학습과제를 다루고자 할 때, 학생들을 몇 개의 소그룹으로 구성하여 문제기반학습법으로 수업을 운영한다.	학생들의 학습동기를 유지하기 위해 학생들에게 자신감을 향상하는 전략, 새로운 학습내용이 학생들의 장기기억에 잘 정착되도록 기존 지식과 연결하는 정교화 전략 등을 수업에 적용한다.

지금까지 살펴본 교육공학, 교수방법, 교수전략 개념의 의미적 범위를 도식화하면 [그림 1-3]처럼 교육공학을 가장 큰 개념으로 교수전략을 가장 작은 개념으로 그려 볼 수 있다. 교육공학에서 교수설계를 하는 가운데 교수방법과 교

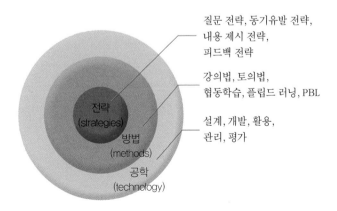

[그림 1-3] 공학, 방법, 전략의 개념 크기

수전략이 개발 또는 선정되고, 교수방법이 실행되면서 교수전략이 구사되기 때문이다. 이 책에서도 교육공학을 가장 크고 넓은 개념으로 보며, 교육공학의 활용 영역에서 프로그램이 실제로 실행될 때 따르는 틀인 교수방법, 교수방법 속에서 교수·학습을 보다 촉진하기 위해서 적용하는 교수전략으로 그 개념의 범위를 규정하고자 한다.

생각해 볼 문제

• 학습자의 입장에서 지금까지 경험했던 교수방법과 교수전략 중 가장 효과적이라고 생각되는 것은 각각 무엇인가? 그것이 왜 효과적이라고 생각되는가?

기록도구를 선정하는 기준

학기 초 새로운 마음가짐으로 플래너나 노트를 준비하면서 열심히 기록한다. 실제로 학기 초에는 학생들이 열심히 필기하는 모습이 자주 보인다. 하지만 시간이 흐를수록 수첩이나 노트에 채우지 못한 빈 공간이 점점 생겨나면서 기록을 지속하지 못한다.

기록은 정보의 습득과 활용의 시점을 메우는 일이다. 갑자기 떠오른 영감을 잡아채서 냅킨이든 뭐든 손에 잡히는 대로 그려서 활용하는 이제석 씨는 광고 디자인 천재로 불린다. 그는 기록을 통해 현재와 미래를 잇는 일을 습관적으로 한다. 정보를 얻는 시점과 정보를 활용하는 시점의 간격을 참지 못한다. 그의 머리는 이미 정보가 필요해진 미래를 살아 내고 있으며, 그의 손은 얻은 정보를 놓치지 않으려고 애쓴다. 성공한 인사의 양복 주머니에서 나오는 작은 수첩의 깨알 같은 글씨는 바로 그 간격을 기록으로 메꾸고 있다는 증거이다. 그렇다면 기록의 방법은 기록이 사용될 미래의 시점에서 가장 효과적으로 활용될 수 있는 형태로 만들어 둘 수 있어야 한다.

우리는 기록의 중요성은 알지만 현재 시점에서 편리한 방식으로 기록한다. 그러나 기록의 목적은 활용이므로 기록물이 잘 활용될 수 있는 방식으로 기록해야 한다. 강의 중 노트필기는 복습을 하거나 시험을 준비할 때 잘 활용될 수 있는 형태로 기록해야 한다. 종이로 된 노트에 필기할 것인지 태블릿 앱에 필기할 것인지는 그 기준에 맞추어 결정할 수 있다. 플래너에 계획을 빼곡하게 세우지만, 정작 플래너를 잘 안 열어 본다면, 때로는 작은 포스트잇에 적어 눈에 잘 띄는 책상에 붙여 두는 것이 더 좋을 수 있다.

한때 가죽 커버로 된 묵직하고 비싼 유명 플래너를 구입해서 쓰기는 했지만, 무겁기도 하고 손에 들기도 애매한 사이즈라 휴대를 안 하게 되는 불상사가 생긴 적이 있다. 기록도구는 쓸 때보다 찾아볼 때 쉽게 열려야 한다. 필요할 때 쉽게 검색이 안 되는 자료는 존재가치가 없기 때문이다.

교수설계

　　육방법과 교육공학의 개념을 이해하였다면, 이제 본격적인 수업설계를 진행하기 위해 먼저 교수설계에 대해서 이해하여야 한다. 교수설계의 개념을 간단히 살펴본 후 대표적인 교수설계 모형인 ADDIE, Dick과 Carey의 체제적 교수설계 모형, ASSURE 모형에 대해서 살펴보고자 한다. 교수설계 모형은 학습할 때 각 단계의 활동이 목표를 달성하기 위해 어떻게 기능하고 있는지와 각 단계에서 산출되는 결과들이 다른 단계에 어떠한 영향을 미치게 될 것인지에 대해 생각하는 것이 중요하다. 특히 ADDIE 모형은 이후 수업설계 활동에 적용할 예정이므로, 실제 교육 프로그램을 설계한다는 맥락을 설정해 두고 각 단계에서 수행되는 교수설계 활동을 이해하는 것이 필요하다.

1. 교수설계의 개념

교육공학이라는 학문을 공부한 이들이 주로 하게 되는 일 중 하나가 교수설계이다. 교수설계(Instructional Design: ID)는 '체제'를 강조하여 교수체제 설계(Instructional System Design: ISD)라고 부르기도 하고, 설계를 '개발'이라는 용어로 대체하여 교수체제 개발(Instructional System Development: ISD)이라고 부르기도 한다. 이 용어들의 공통점은 교수를 일회성 행위로 보는 것이 아니라, 하나의 체제로 보고 접근(systems approach)을 한다는 점이다. 하나의 체제는 그 수준에 따라 한 차시의 수업이 될 수도 있고, 비교적 장기간에 걸친 교육 프로그램이 될 수도 있으며, 때로는 국가 수준의 교육과정과 운영을 설계하는 일이 될 수도 있다. 어느 정도의 규모와 수준인지에 상관없이 교수 자체를 여러 개의 하위 구성요소가 서로 영향을 주고받으며 공통된 교육의 목적을 달성해 가는 하나의 유기체와 같은 체제로 보고 설계하는 것이 교수설계이다.

교수설계의 초창기 인물 중 하나는 Edward L. Thorndike이다(Newby et al., 2008). 이미 교육심리학 과목을 이수하였거나 학습이론에 대해서 공부한 독자들은 그가 고양이를 상자(puzzle box)에 넣고 한 실험을 잘 이해하고 있을 것이다. 기대하는 학습목표(상자 탈출하기)를 달성하기 위하여 Thorndike는 학습자(고양이)를 분석하고 자극과 반응을 연결하기 위해서 보상(먹이)을 계획하고 학습환경(상자)을 설계하였다.

교수설계의 개념을 이해하기 위해서 교수를 건축에 비유하여 설명하는 경우가 많다. 건물을 짓는다는 것은 가장 먼저 건물주의 요구로 시작된다. 건축설계사는 건물주의 요구를 분석하여 건물의 목적과 용도를 결정하고 그에 맞도록 건축물의 규모, 내부 설계, 자재, 인테리어 등을 결정하며 설계도를 그리게 된다. 건축설계사는 건설현장에서 직접 작업을 하기보다는 건물이 설계도에 맞게 지어지고 있는지를 확인하고, 현장에서 문제가 발견되면 설계도를 수정하여 다시 건축현장에서 일하는 사람들에게 전달하는 일을 주로 한다. 건축현장에서 일하는 이들이 설계도에 맞게 건물을 짓고 나면, 비로소 사람들이 그 공간을 목적에 맞게 이용할 수 있게 된다. 그리고 일정 기간이 지나면 그 건물이 목적한 대로 지어졌는지 하자는 없는지 등에 대한 평가가 이루어질 것이다.

교수설계도 마찬가지이다. 학교의 교실수업, 원격수업, 기업의 사원교육, 교사연수, 평생교육 등 우리 주변에서 다양한 교육 프로그램이 실행되고 있다. 이러한 교육은 짧게는 초등학교의 40분짜리 한 차시 수업이기도 하고, 2박 3일 워크숍이 되기도 하며, 수십 시간 동안 또는 그 이상 진행되기도 한다. 대학은 보통 15주차로 한 과목의 코스를 설계하게 된다. 이러한 교육 프로그램과 교육이 진행되는 모든 과정을 체계적으로 설계하는 것이 교수설계이다.

교수설계자는 단편적인 아이디어만을 가지고 설계하는 것이 아니다. 건축설계사나 의류디자이너는 자신이 디자인의 목적과 과제를 명확하게 분석하고, 수요자들의 요구와 그들이 처한 그 제품을 사용하는 환경에 대한 철저한 분석을 한다. 교수설계자도 교수의 목적과 과제들을 분석하고 학습자의 학습요구와 학습 환경에 대해 철저하게 분석해야 한다. 또한 각 시간마다 달성하고자 하는 교수목표가 존재하고 그 목표를 달성하기 위해서 적절한 교수방법을 선택하고 교수전략을 개발해야 한다. 최근에는 교수목표 달성을 돕기 위한 테크놀로지 기반 교수매체의 설계와 개발도 교수설계자가 고려해야 하는 매우 중요한 영역이 되었다.

교수자가 교육 프로그램을 실행할 때에 가급적 설계한 대로 진행될 수 있도록 모든 교수·학습 상황을 예상하고 점검해야 한다. 교육 프로그램이 종료되었을 때, 학습자가 프로그램에 대해 얼마나 만족하는지와 프로그램의 교육적 효과성에 대해서는 어떻게 평가해야 할지도 설계해야 한다. Richey, Klein과 Tracey(2012: 4)는 교수설계를 "학습과 수행성과를 촉진하는 상황을 개발하고, 평가하며, 유지하기 위하여 상세한 명세서를 창출하는 과학이자 예술이다."라고 정의하였다.

이처럼 교수설계는 매우 정교하고 체계적이고 과학적인 일이다. 그러므로 교수설계자도 이러한 성향이 있어야 하며, 각종 교수와 학습에 관한 이론과 모형에 능통해야 한다. 또한 추상적 이론뿐만 아니라 다양한 교육 상황을 읽어 내는 능력도 필요하다. 상황에 이론을 적용할 수 있는 능력, 즉 이론(text)과 상황(context)을 오가면서 목적을 달성하는 능력이 필요하다고 하겠다.

생각해 볼 문제

• 교수설계자를 영어로 'Instructional Designer'라고 부름에도 불구하고 그동안 교수설계자에게 교육에 대한 체계적이고 과학적인 접근만을 요구하였다. 그러나 Richey, Klein과 Tracey가 교수설계를 과학이자 예술이라고 정의하였다는 점과 패션 디자이너, 제품 디자이너, 인테리어 디자이너 등 각 분야 디자이너들의 사고방식을 고려해 볼 때 앞으로 교수설계자에게 요구되는 사고방식 또는 역량이 무엇이 있는지 생각해 보자.

• 최근 교육현장에서도 '수업준비'라는 용어보다 '수업설계'라는 용어를 더 빈번하게 사용한다. 만일 교수설계의 개념이 없는 사람들이 수업이나 교육 프로그램을 개발한다면 어떠한 현상이 일어날지 예상해 보자.

---

2. 거시적 교수설계와 미시적 교수설계

조규락과 김선연(2006)은 거시적 교수설계와 미시적 교수설계를 〈표 2-1〉과 같이 구분하였다.

표 2-1 | 거시적 교수설계와 미시적 교수설계의 비교

구분	거시적 교수설계(ISD)	미시적 교수설계(ID)
대상 및 범위	국가의 교육체제, 교육과정, 교과 전체	소규모 수업, 단위 수업
목적	교과내용 및 교육내용 선정	수업 실행에 대한 전략 수립
초점	교육훈련 프로그램 및 교육과정	최적의 교수방법 결정

출처: 조규락, 김선연(2006: 170)의 내용을 재구성함.

이들은 거시적 교수설계와 미시적 교수설계를 교수의 분량과 목적으로 구분하였다. 비교적 많은 분량의 교육과정을 선정하고 개발하는 것이 목적인 교수설계를 거시적 교수설계라고 보았다. 이때 교육과정을 개발할 때에는 적어도 교수목적을 달성할 수 있는 수십 시간의 프로그램이나 한 학기 또는 수년이 지속되는 교육과정을 말한다. 그리고 이러한 광범위한 교수설계에는 여러 사람의 협력이 필요하며, 교수의 각 요소들의 기능과 목표가 조화로워야 하고, 공동의 목표를 달성할 수 있도록 하기 위해서는 체제적 접근이 꼭 필요하기 때문에 교수체제 설계(Instructional System Design: ISD)라고 할 수 있다. 반면에 교사가 이미 정해진 국가교육과정을 가지고 자신의 수업에서 어떻게 효과적으로 가르칠 것인가에 초점을 두는 교수설계를 미시적 교수설계라고 할 수 있다. 미시적 교수설계는 교사가 혼자서 수업을 준비하고 실행하기 때문에 개별 교사의 교육 철학과 교수 아이디어가 적용되기 마련이다. 따라서 체제적 접근을 굳이 강조하지 않아도 교수자에 의해 일관된 관점이 적용될 수 있어 교수설계(Instructional Design: ID)라고 부른다.

학교현장의 교사들은 대체로 자신의 수업을 설계하는 미시적 교수설계를 주로 하게 된다. 그러나 일부 교사들은 국가교육과정이나 교과서를 개발하거나, 교사연수 프로그램을 개발하는 일에 참여하는 등의 거시적 교수설계를 하기도 한다.

3. ADDIE 모형

교수설계에 대한 개념이 정립되었다고 하여 곧바로 교수설계에 착수하기는 어렵다. 교수설계는 일종의 절차적 지식으로 어떤 순서에 따라 의사결정을 하면서 진행된다. 교수설계를 연구하는 이들이 그 절차들을 모형으로 만들어서 보급하였는데, 그러한 모형을 알고 있으면 교수설계를 하는 데 많은 도움이 된다. 예를 들어, 여러분이 중학교 교사로 근무하고 있는데, 학급 학생들을 위한 진로교육 수업을 매주 1시간씩 한 학기 분량으로 16차시를 개발해야 한다면 어떤 일들을 해야 할지 생각해 보자. 상당히 많은 일을 해야 하는데, 그 일들을 어떤 것을 고려해서 어떤 순서로 해야 할지에 대한 이론적 · 실제적 안내를 얻을 수 있는 것이 교수설계 모형이다. 이 책에서는 가장 빈번하게 활용되는 세 가지 교수설계 모형인 ADDIE 모형, Dick과 Carey의 체제적 교수설계 모형, ASSURE 모형을 살펴보고자 한다.

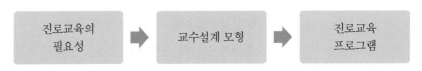

[그림 2-1] 교수설계 모형의 기능

ADDIE 모형은 가장 일반적이고 범용적인 모형으로 분석(Analysis), 설계(Design), 개발(Development), 실행(Implementation), 평가(Evaluation)의 앞 글자를 따서 이름이 지어졌다. 이 모형은 1975년에 플로리다 주립대학교의 교육공학센터(Center for Educational Technology)에서 미군을 위해서 최초로 개발되었다. 실제로 ADDIE의 다섯 단계는 미 공군에서 개발된 교수체제 개발 모형에 근거하여 도출된 것이다(Branson et al., 1975). 그 후 오랜 시간에 걸쳐 다듬어졌

으며, 특히 마지막 평가의 단계가 여러 차례 수정된 결과 현재의 모습을 갖추게
되어, 1995년에 비로소 각 단계의 첫 글자를 따 ADDIE라는 이름을 가지게 되
었다(Schlegel, 1995). 초기에는 각 단계들이 순서적으로 진행되는 형태를 띠다
가 1980년대 중반에 각 단계가 서로 영향을 주는 동적인 모형으로 정리되었다
(U.S. Army Field Artillery School, 1984).

ADDIE 모형은 다른 교수설계 모형의 원형으로 볼 수 있으며, 다른 모형은
이 모형의 특정 단계를 강조하여 확장하거나 축소한 형태라고 볼 수 있기 때문
에 이 모형을 잘 이해하고 있으면 다른 모형을 이해하는 것이 수월하다. 따라
서 이 책에서는 다른 모형보다 ADDIE 모형에 대해 더 많은 지면을 할애하여
설명하고자 하므로 ADDIE의 각 단계에서 수행하는 교수설계 과업들에 대해
서 잘 이해하고 개념을 형성하기를 바란다.

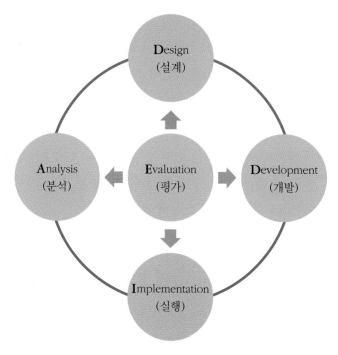

[그림 2-2] ADDIE 교수설계 모형

[그림 2-2]에 ADDIE 모형을 제시하였다. 이 절에서는 ADDIE의 각 단계에서 수행되는 교수설계자의 과업을 이해하기 위해 '중학생을 위한 진로교육 프로그램 개발'의 예를 들어 설명하고자 한다.

1) 분석

분석 단계에서는 개발하고자 하는 교육 프로그램의 최종 목적을 확인하고 이와 관련된 요인을 분석한다.

(1) 학습요구 분석

교육 프로그램을 필요로 하는 기관이나 개인의 요구에 대해서 분석한다. 진로교육은 교육부, 각 시·도 교육청과 같은 기관에서 정책적으로 학교에 요구할 수도 있고, 교사나 학부모의 요구가 있을 수도 있다. 가장 바람직한 것은 학생 스스로 자신의 진로를 탐색하고 개발하고자 하는 필요성을 느껴 학교에 교육을 요구하는 것이다. 이러한 모든 차원의 요구를 분석하여 결과로 도출하는 것을 학습요구 분석이라고 한다. 분석한 결과는 진로교육 프로그램에 개발에 반영되어야 하는데, 동일한 진로교육이더라도 어떠한 주체의 교육적 요구에 따른 것인지에 따라 매우 다르게 개발될 수 있다. 학습요구를 분석하는 것은 최종적으로 개발된 프로그램이 최초에 설정한 목적과 일치하는지를 판단하는 기준이므로 매우 중요한 교수설계 과업 중 하나이다.

(2) 학습자 분석

교육의 대상이 되는 학습자들의 일반적 특성과 해당 교육에서 고려해야 할 특성들을 조사하고 분석한다. 진로교육은 학생의 학년, 진로교육 경험 유무, 진로성숙도, 진로효능감, 직업체험 정도, 진로 적성 등을 학생 개인의 특성을 고려해야 한다. 이뿐만 아니라 학생을 둘러싼 환경, 예를 들어 부모나 친인척의 직업, 가정에서의 지원, 물리적 환경 등도 조사하여 분석하여야 한다.

(3) 학습환경 분석

개발된 교육 프로그램이 실행되어 학습이 일어나는 환경에 대한 분석이 필요하다. 진로교육을 각 학급별로 교실에서 진행할 것인지, 강당과 같은 공간에서 학년 단위로 진행할 것인지를 결정하고 그곳의 물리적 환경(설치된 기자재나 장비 등), 심리적 환경(익숙한 환경, 새로운 환경, 낯선 환경 등), 인적 환경(지원 인력 등) 등을 분석한다. 만일 학교 외부에서 진행될 경우 그곳의 학습환경도 조사해야 한다. 최근에는 원격 형태로도 교육을 제공하기 때문에 학생들이 진로교육 콘텐츠에 접근할 때 사용하는 플랫폼, 스마트 기기의 종류나 사양, 주로 학습하는 물리적 공간, 시간 등도 분석해야 한다. 최근에는 학교 밖에서 온라인으로 접속하여 학습하는 경우가 많아 학습환경이 학생마다 다르다. 따라서 학습환경 분석에 보다 유의해야 교육을 실행할 때 생길 수 있는 운영상의 문제들을 최소화할 수 있다.

(4) 학습과제 분석

프로그램의 목표를 달성하기 위하여 프로그램에서 학습해야 하는 과제들을 분석한다. 학습과제(learning tasks)란 학습할 내용이 학생들에 의해 수행되는 것을 말한다. 예를 들어, 진로에서 꼭 다루어야 할 내용으로 자기이해가 있다. 자기이해를 잘해야 자신에게 맞는 진로를 개발할 수 있다. 자기이해가 가르쳐야 할 내용이라면, 학생이 어떤 수행을 해야 자기이해를 할 수 있을까? 예를 들어, DISC나 MBTI, 다지능 검사 등 표준화 도구를 주고 개인별로 검사하여 자신의 행동 유형, 성격 유형, 발달된 지능과 적성을 알 수 있도록 학습과제를 설계할 수 있을 것이다. 아니면 조를 구성하여 자신의 하루 일과를 기록하고 분석하여 어떠한 일과를 할 때 가장 효율적이고 행복감을 느끼는지를 말해 보는 학습과제를 설계할 수도 있다. 이때 Gagné, Bloom, Merrill 등이 분류한 학습과제 유형 분류법을 활용할 수 있으며, 각 학습과제별 하위 기능 분석이나, 학습과제들 간에 위계나 계열을 밝히는 작업도 필요하다.

2) 설계

설계 단계에서는 분석 단계에서 조사된 결과들을 반영하여 교육 프로그램을 구체적으로 구성하는 작업을 한다.

(1) 수행목표 진술

프로그램에서 달성해야 할 목표들을 학습자 수행의 관점에서 진술한다. 수행목표의 예로는 다음과 같다. 'DISC 검사를 통해 자신의 행동 특징, 장단점을 설명할 수 있다.' '자신의 관심 분야와 관련된 직업을 선택하고 진로 로드맵을 개발할 수 있다.' '자신의 진로와 관련성이 높은 직업 세 가지를 체험하고 체험으로 인한 자신의 생각 변화를 말할 수 있다.'

(2) 평가도구 설계

진술한 수행목표의 달성 정도를 측정할 수 있는 평가도구를 개발한다. 수행목표 진술 이후에 곧바로 평가도구를 개발하는 이유는, 수행목표를 평가의 준거로 삼는 준거지향평가의 성격이 강하기 때문이다. 그러므로 앞서 진술한 수행목표가 그대로 평가항목에 반영되어야 한다. 예를 들어, 'DISC 행동유형 중 자신이 속하는 행동유형을 설명하시오.' '스마트 모빌리티 산업과 관련된 직업 한 가지를 선택하고 해당 직업에 종사하기 위한 커리어 로드맵을 개발하시오.' 등이 있다.

(3) 교수방법과 교수전략 개발

교육 프로그램의 특징을 좌우하게 되는 교수방법과 교수전략을 개발한다.

교육 프로그램의 궁극적 목적과 진술한 수행목표를 효과적으로 달성하는 데 가장 적합한 교수방법과 교수전략을 선정하거나 개발하여 적용해야 한다. 예를 들어, 진로교육은 매우 개별적인 특성이 강하므로 대규모 강의보다는 학생 개인별 개입이 많은 상담, 코칭, 멘토링과 같은 교수방법과 개인별 피드백과 같은 교수전략을 자주 적용해야 할 것이다. 또한 진로는 일관성과 지속성도 중요한 특징이므로 학생이 지속적으로 진로를 개발할 수 있도록 관심과 동기를 유지시키는 전략도 필요하다. 또한 진로는 과거나 현재보다는 미래지향적인 교육이므로 미래에 유망한 진로 분야의 전문가 초빙이나 직업 현장 방문(소방서, 경찰서, 로봇개발 연구소 등)이나 모의경험을 할 수 있는 장소(모의법정, 박물관 및 전시관 등) 방문과 같은 체험 중심 교수방법도 필요하다.

(4) 프로그램의 구조화와 계열화

교수방법과 교수전략이 개발되었으면 학습과제들을 이에 맞추어 조직하고 배열하는 작업이 필요하다. 계열화(sequencing)란 교수·학습의 순서를 정하는 작업으로, 모든 교육을 순차적으로 나열하여 계열화할 수도 있고, 의미 있는 단위로 잘라 몇 시간씩 모듈(module)로 조직할 수도 있다. 예를 들면, 진로교육을 진로인식, 진로탐색, 진로설계, 진로선택, 커리어 개발 등으로 구분하고 각 단계를 거치면 목표에 달성할 수 있도록 순차적으로 계열화할 수 있다. 또는 각 단계를 모듈로 개발하면 진로교육 대상자의 진로성숙도 수준에 따라 불필요한 모듈을 제외하고 필요한 모듈만 사용할 수 있으므로 프로그램 전체를 하나로 설계하는 것보다 경제적인 구조화 및 계열화라고 볼 수 있다.

(5) 교수매체 선정

교육에서 사용하게 될 교수매체를 선정한다. 학생 개인의 특성을 파악하기 위한 각종 검사도구, 진로를 직접 체험해 볼 수 있는 현장, 진로에 관한 전문가 영상이나 직업을 간접 체험할 수 있는 VR 콘텐츠와 기기, 전문가 인터뷰를 위한 실시간 화상회의 플랫폼 등을 선정할 수 있다.

3) 개발

개발 단계에서는 분석과 설계 단계에서 만들어진 정보나 자료를 가지고 교육 프로그램에 사용될 자료들을 개발하게 된다. 자료는 한국직업능력연구원, 커리어넷, 교육부 등과 같은 기관에서 제공하는 다양한 자료나 앱 등을 선택하여 활용하거나, 자신이 설계한 프로그램에 맞게 수정할 수도 있으며, 적합한 자료가 없다면 새롭게 개발해야 한다.

(1) 디지털 자료 개발

영상자료나 이미지 자료, 프레젠테이션 자료들이 여기에 속한다. 주로 진로에 대해 강의할 때 사용하는 프레젠테이션이나 영상자료, 온라인 검사도구, 각종 앱, 메타버스나 VR과 같은 가상 공간에서의 직업체험을 위한 실감형 콘텐츠 등이 있다.

(2) 아날로그 자료 개발

주로 교육에 사용될 교재나 활동지에 해당한다. 진로체험을 위한 실물자료(판사복, 의사가운 등) 준비, 진로학습지, 진로체험 보고서 양식과 같은 자료를 개발해야 한다.

4) 실행

실행 단계에서는 완성된 교육 프로그램을 시범적으로 실행해 보고, 형성평가를 한 후 수정을 한다. 형성평가는 프로그램의 개선 혹은 향상을 목적으로 정책이나 프로그램의 시행 중에 이루어지는 평가이다. 이를 통해 프로그램 자체에 대한 수정과 보완뿐만 아니라, 조직에서 이 프로그램을 정착시키고 유통 · 보급하기 위한 방안도 모색할 수 있게 된다.

(1) 프로그램 투입

몇몇 학생을 대상으로 개발한 진로교육을 전체 또는 일부를 실행해 보고 학생들과 학부모들의 만족도 검사나 각종 피드백을 받아 여러 차례에 걸친 보완 작업을 통해 진로교육 프로그램의 완성도가 높아졌다고 판단되면 실제 대상 학습자들에게 프로그램을 투입하게 된다.

(2) 유지 및 관리

프로그램을 투입하게 되면 문제점이나 보완해야 할 점들이 나타난다. 실행 단계에서는 이것들을 유지 · 보수하는 작업이 항상 동반되어야 한다. 예를 들어, 프로그램 중 일부인 '진로체험 교육'을 외부 전문기관에 위탁해서 교육을 할 경우, 그 기관의 진로체험의 준비, 과정, 결과를 모니터링하고 보고받아야 할 것이다. 진로체험을 마치고 발생한 모든 자료도 이관받아야 하는데 이 자료들을 어떻게 받고 어떻게 관리할 것인지도 매우 중요한 문제이다. 원격교육의 경우도 학습하는 플랫폼과 콘텐츠 등에 오류나 오작동 문제가 생기면 학생이 곧바로 지원을 요청하여 문제를 해결할 수 있어야 한다. 이러한 문제가 발생하지 않도록 지속적으로 관리하는 인력이 별도로 있어야 할 것이다.

5) 평가

평가 단계에서는 교육 프로그램을 실행한 결과에 대한 자료를 바탕으로 프로그램의 설계와 효과에 대해서 총괄평가를 한다.

(1) 프로그램의 효과와 효율 평가

초기에 분석한 교수목적과 진술했던 수행목표들을 달성하는 데 이 교육 프로그램이 효과적 또는 효율적이었는지를 평가한다. 예를 들어, '자신의 관심분야와 관련된 직업을 선택하고 진로 로드맵을 개발할 수 있다.'라는 수행목표를 '스마트 모빌리티 산업과 관련된 직업 한 가지를 선택하고 해당 직업에 종사하기 위한 커리어 로드맵을 개발하시오.'라는 구체적인 내용을 통해 달성 여부를 평가한다. 목표를 달성하였다 하더라도 그 과정의 효율성이 낮았다면 좋은 프로그램이 될 수 없으므로 프로그램의 효율성도 종합적으로 평가해야 한다.

(2) 프로그램의 가치 평가

학생이 교육의 목적과 수행목표를 달성하는 것은 초기 분석했던 학습요구를 충족하는 것이며, 곧 그 프로그램의 가치를 평가하는 자료가 된다. 즉, 이 평가결과를 바탕으로 프로그램의 분석, 설계, 개발, 실행 등에 문제가 없는지, 이 프로그램이 지속될 것인지 혹은 수정이나 보완될 것인지 혹은 폐기될 것인지를 결정하게 된다. 예를 들어, 진로교육 프로그램을 통해 해당 중학교 학생들의 진로성숙도가 현저하게 높아졌다면 이 프로그램은 전문가들의 심의를 통해 가치를 인정받아 교육청을 통하여 다른 중학교에도 보급될 수 있을 것이다.

이상으로 교수설계의 대표적인 모형인 ADDIE를 중학교 진로교육 프로그램의 예를 들어 살펴보았다. 분석에서부터 평가까지 각 단계가 모두 중요하고 주의 깊게 진행되어야 한다. 그러나 들이는 시간과 노력을 어느 정도 배분해야 할지에 대한 고민이 있을 수 있다. 일반적으로 프로그램이 원래의 목적에 맞게 설계되고 원활하게 개발되기 위해서는 초기, 즉 분석과 설계 단계에 많은 시간과 비용을 들일 것을 추천한다. Lee와 Owens(2004)는 디지털 기반 교수설계의 단계를 ① 분석, ② 설계, ③ 개발, ④ 실행·평가·유지·보수의 네 단계로 제시하였다. 그들은 [그림 2-3]과 같이 교수설계에 필요한 시간을 분석에 1/3, 설

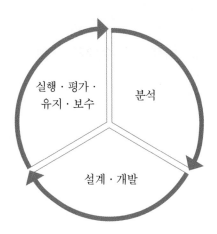

[그림 2-3] 교수설계에 투입할 시간 비율

계와 개발에 1/3, 실행·평가·유지·보수에 1/3로 배분할 것을 제안하였다.

Lee와 Owens는 디지털 매체의 교수설계를 기준으로 말하였기 때문에 매체를 개발하는 데 23%의 많은 시간을 들일 것을 제안하였으나, 일반적인 교수설계에서는 설계에 투입하는 시간이 훨씬 더 많아야 할 것이다. 저자는 개인적으로 ADDIE의 A와 D, 즉 분석과 설계에 절반 이상의 시간을 투입해야 이후의 단계가 원활하게 진행될 것이라고 생각한다.

생각해 볼 문제

• ADDIE 모형의 다섯 단계를 건물 짓는 과정에 비유하여 설명해 보자. 교수설계와 건축설계의 공통점과 차이점은 무엇인가?

4. Dick과 Carey의 체제적 교수설계 모형

Dick과 Carey의 체제적 교수설계 모형은 1970년대 교육공학이 체제이론을 받아들이면서 개발된 모형이다(Dick & Carey, 1978). 초기 모형은 행동주의와 인지주의적 학습관에 기반하였으나, 이후 지속적인 보완으로 구성주의적 접근도 포함하여 현재의 모습을 가지게 되었다.

이 모형은 총 열 가지 구성요소를 가지고 있다. 그렇기 때문에 ADDIE 모형에 비해 매우 복잡해 보이기는 하나, 실제로 ADDIE 모형의 특정 하위 단계(예: 학습과제 분석, 학습자 분석, 학습환경 분석)를 상위로 올려 제시하였기 때문에 ADDIE 모형을 잘 이해하고 있다면 이 모형 또한 쉽게 이해할 수 있다. 그럼에도 불구하고 이 모형을 ADDIE와 비교한다면, ADDIE는 절차적인 성격이 강한 반면, 이 모형은 교수설계 활동의 각 요소들이 서로 유기적으로 영향을 주고받는 것을 보다 더 강조하였다. 이 점에 유의하면서 각 단계를 나타낸 [그림 2-4]를 살펴보도록 하자.

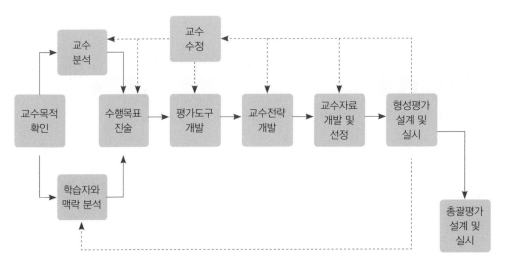

[그림 2-4] Dick과 Carey의 체제적 교수설계 모형

ADDIE 모형에서 중학교 진로교육 프로그램 개발을 예로 들어 설명하였다. 이 모형이 제시된『체계적 교수설계(The Systematic Design of Instruction)』에서는 각 단계를 설명할 때 그룹 리더십 훈련(group leadership training) 프로그램 설계를 사례로 제시하고 있다(Dick, Carey, & Carey, 2009). 그러나 이 모형은 ADDIE 모형과 많은 부분에서 중복되므로 여기서는 ADDIE를 설명하면서 구체적인 예를 들지 않은 부분들만 사례를 들어 설명하고자 한다. 각 단계의 설명은 Dick, Carey와 Carey(2009: 6-7)의 내용을 바탕으로 작성하였다.

1) 교수목적 확인하기

교수목적 확인하기(identifying instructional goal)란, 교수설계에서 가장 처음에 할 일로 설계하고자 하는 프로그램을 학습자들이 이수하였을 때 어떤 새로운 지식, 기술, 태도들을 습득하게 될 것인지를 결정하는 것이다. 이것을 이 모형에서는 교수목적(goal)이라고 부르며, 수행목표(objectives)보다는 보다 포괄적인 개념으로 사용하고 있다.

교육 프로그램에 대한 요구분석, 학습에 문제가 있는 학생들의 실제 경험 분석, 현재 그 일을 하고 있는 사람들이나 새로운 프로그램 개발을 요구하는 사람들을 인터뷰하여 얻은 자료를 분석하여 교수목적을 도출할 수 있다.

2) 교수분석 실행하기

교수목적을 정하였다면 그 목적의 하위 기능을 분석하는 교수분석 실행하기(conducting a goal analysis)를 진행한다. 대상 학습자들이 각각의 목적을 수행할 때 무엇을 할 것인지와 그 목적을 성공적으로 완수하기 위해서 갖추어야 하는 하위 기능들(sub-skills), 즉 출발점 능력(entry skills)이라고 볼 수 있는 지식, 기술, 태도가 무엇인지를 밝혀야 한다. 이를 교수분석 또는 하위 기능 분석이라고도 한다.

3) 학습자와 맥락 분석하기

교수분석과 동시에 이루어지는 분석으로, 학습자 분석과 맥락 분석(analyzing learners and contexts)이 있다. 학습자 분석이란 교수 프로그램을 이수하게 될 대상자들의 일반적인 특성이나 현재 능력, 선호하는 것, 태도 등의 특징을 분석하는 것이다. 맥락 분석이란 학습자들이 이 교수 프로그램을 통해 습득한 기술을 어떠한 맥락에서 사용하게 될 것인지를 알아내는 것을 말한다. 이러한 분석 결과는 이후 교수설계의 단계에 영향을 미치게 되는데, 특히 학습자에게 적합한 교수전략을 개발하기 위해서 중요하게 고려되어야 한다.

4) 수행목표 진술하기

수행목표 진술하기(writing performance objectives)란 교수분석 단계에서 하위기능 분석을 한 결과에 근거하여 학습자들이 교수 프로그램을 이수한 후에 무엇을 할 수 있을 것인지를 구체적으로 기술하는 것이다. 이 목표들은 교수분석에서 확인된 능력, 학습되어야 할 능력, 어떠한 조건에서 그 능력들이 나타날 수 있는지, 어느 정도의 수행 목표를 달성했다고 볼 것인지를 포함하여 기술되어야 한다.

5) 평가도구 개발하기

진술된 수행목표에 근거하여 그 목표를 얼마나 달성했는지를 측정할 수 있는 평가도구를 개발(developing assessment instruments)한다. 학습자가 목표를 성취하는 정도를 판단하기 위해서 시험을 본다든지, 수행을 시켜 본다든지, 포트폴리오를 평가하거나, 인터뷰를 하거나, 관찰 등을 할 수 있다. 중요한 것은 수행목표에서 다루는 능력을 정확하게 판단할 수 있는 평가방법을 선정해야 한다는 점이다.

6) 교수전략 개발하기

앞의 다섯 단계의 결과를 바탕으로 교육 프로그램에 적용할 교수전략을 개발(developing instructional strategy)한다. 교수전략은 학습을 보다 촉진하기 위해서 사용하는 것이다. 예를 들어, 동기를 유발하거나 주의를 집중시키는 것, 사례나 자료를 제시하는 전략, 학습자들을 수업에 참여시키기 위한 전략, 새롭게 습득한 능력을 실세계에서 적용하게 하는 추수활동 구상, 매체 활용을 통한 학습자 참여를 높이는 전략, 학생 수행에 대한 피드백 제시 전략 등이 있다.

7) 교수자료 개발과 선정하기

교수전략을 사용하여 교육 프로그램의 초안을 확정하고 관련된 자료들을 개발(developing and selecting instructional materials)하는 단계이다. 교수자료란 교수자를 위한 안내서, 학습자 읽기자료 목록, 프레젠테이션 자료, 사례들, 활동지, 영상자료, 가상현실, 웹 사이트, 앱 등이 있다.

8) 형성평가 설계와 실행하기

형성평가 설계와 실행하기(designing and conducting formative evaluation of instruction)는 다음과 같은 과정으로 이루어진다. 먼저, 교육 프로그램의 초안 (prototype)이 완성되면 이 프로그램을 실제로 조직에 적용할 때 발생되는 문제점들을 알아내고 관련된 자료를 수집하는 과정이 필요해진다. 그리고 그 자료는 프로그램을 수정하고 보완하는 데 활용될 수 있다. 이를 위해 형성평가를 하게 되는데, 형성평가는 일대일 평가, 소그룹 평가, 현장 시범 평가 등으로 운영할 수 있다. 교수설계자는 형성평가 결과에서 수집된 자료들을 교수 프로그램을 개선하는 데 사용할 수 있다. 예를 들어, 진로교육 프로그램 초안을 보완하기 위해서 7~8명의 학생을 소집하여 프로그램의 일부를 시범적으로 운영하면서 학생들을 관찰하고 소그룹 인터뷰를 해 볼 수 있다. 이러한 형태의 형성평가 방식을 포커스 그룹 인터뷰(Focus Group Interview: FGI)라고 부른다.

9) 교수 수정하기

교수 수정(revising instruction)의 단계는 Dick과 Carey의 모형에서 순환하는 사이클의 가장 마지막 단계로서, 형성평가 후 수집된 자료들을 바탕으로 앞 단계들 중 수정되어야 할 부분을 수정하는 것이다. [그림 2-4]에서는 이 부분을 점선으로 표시하였다. 예를 들어, 진로교육 프로그램 형성평가 결과 학생들의 진로성숙도에 큰 변화가 없었다면 교수설계자는 교수설계의 어떤 부분이 잘못되었는지를 파악하여 수정하는 과정을 거쳐 프로그램을 보완해야 한다.

10) 총괄평가 설계와 실행하기

마지막으로 교육 프로그램의 효과나 효율에 대한 총괄평가(designing and conducting summative evaluation)를 실시한다. 이 단계는 보통 교수설계 과정에 포함되지는 않는다. 이미 프로그램이 실행되었고, 그 결과 이 교육 프로그램이 목적을 달성하는 데 효과적이었는지를 판단하는 것이므로 일반적으로 교수설계자가 평가하기보다는 외부 전문가들이 평가한다.

5. ASSURE 모형

ASSURE 모형은 Heinich 등(1999)이 개발한 교수설계 모형으로 다른 모형에 비해 교수매체의 체계적 선정을 강조한 절차적 모형이다. ASSURE란 여섯 단계의 앞 글자를 따서 만든 이름이다. 이 모형은 매체와 공학을 결합하는 수업을 설계하고 수행하는 절차적 모형으로 개별교사가 교실 수업에 적용하기 적합하다. ASSURE 모형의 각 단계를 제시하면 [그림 2-5]와 같다.

학습자 특성 분석 Analyze	목표 진술 State	교수방법, 매체, 자료 선정 Select	교수 매체와 자료 활용 Utilize	학습자 참여 유도 Require	평가와 수정 Evaluate
• 일반적 특성 • 특별한 출발점 역량 • 학습양식	• 대상 • 행동 • 조건 • 정도	• 기존 자료 선택 • 기존 자료 수정 • 새로운 자료 설계	• 자료 사전 검토 • 자료 준비 • 환경 준비 • 학습자 준비 • 학습경험 제공	• 연습 • 피드백	• 학습자 성취 평가 • 수업(방법과 매체) 평가 • 수정

[그림 2-5] ASSURE 교수설계 모형

1) 학습자 특성 분석

ASSURE 모형은 요구분석이나 환경분석을 생략하고 곧바로 학습자의 일반적인 특성, 특별한 출발점 역량, 학습양식 등을 표준화 검사지나 면담 등을 통하여 파악하고 분석(analyze learner characteristics)한다. 매체 활용을 강조한 모형이기 때문에 학습자 특성을 분석한 자료는 이후 이 학습자들에게 적합한 매체와 테크놀로지를 선정하고 활용하는 데 필요한 정보로 활용된다.

2) 목표 진술

학습목표를 구체적으로 진술(state objectives)한다. Dick과 Carey의 수행목표 진술하기와 마찬가지로 구체적으로 진술하는 것이 좋으며, 추가적으로 그 목표가 누구를 위해 의도하는가를 밝히는 것이 좋다. 따라서 잘 진술된 수업목표는 ABCD, 즉 대상자(Audience), 행위(Behavior), 조건(Condition), 정도(Degree)의 요소를 갖추어야 한다고 볼 수 있다.

3) 교수방법, 매체, 자료 선정

학습자의 특성을 분석한 자료는 수업의 시작점이라고 볼 수 있으며, 진술된 목표는 수업의 도착점이라고 볼 수 있다. 시작점과 도착점을 확인했다면 그 사이의 간격을 메우기 위하여 적절한 교수방법, 교수매체 그리고 자료를 선정(select method, media, and materials)한다. 여기서 '선정한다'의 의미는 기존의 것을 선택하거나, 필요에 따라 수정 · 보완하거나, 새롭게 제작하는 것을 모두 포함하는 말이다. 예를 들어, 원격수업과 PBL을 혼용하여 플립드 러닝 기반의 PBL 교수방법을 적용한다거나, EBS의 교육 다큐멘터리 영상을 선정하거나, 프레젠테이션 슬라이드를 제작하는 일 등을 말한다.

4) 교수매체와 자료 활용

교수매체와 자료를 활용(utilize media and materials)한다는 의미는 1)~3)의 분석과 설계를 거친 수업이 실제로 학교수업에서 실행됨을 의미한다. 교수매체와 교수자료가 원활하게 활용되기 위해서는 교사가 매체와 자료를 미리 검토하는 것이 중요하다. 교사는 제작된 수업이 시작되기 전에 자료를 준비하고, 수업 내용과 순서에 맞게 제시될 수 있도록 준비해야 한다. 또한 수업 중에 학생들에게 자료를 제시할 때 도움이 되는 설명을 제공하는 것이 좋다. 제시할 자료에 대한 전반적인 개요를 제시하거나 어떤 내용에 중점적으로 주의를 기울여야 하는지 등의 안내는 일방적으로 매체와 자료를 활용하는 것보다 학습에 효과적일 수 있다. 예를 들어, 수업에서 영상을 활용할 때 학생들에게 영상의 어떤 부분에 초점을 두고 시청해야 하는지를 먼저 안내하고 제시하는 것이 아무런 안내 없이 제시하는 것보다 더 효과적일 수 있다.

5) 학습자 참여 유도

지금까지 교사가 주도적으로 수업과 매체를 설계하여 제시하였다면, 이제는 학습자의 참여를 유도(require learner's participation)해야 한다. 여기서의 참여는 다양한 형태가 있을 수 있는데, 악기연주와 같이 행동이나 조작이 필요한 연습, 질문과 대답과 같은 언어적 참여, 표면적으로 드러나지는 않지만 탐구할 주제 등을 제시하여 학생의 적극적인 사고활동을 유도할 수도 있다. 학생의 참여에는 반드시 교사의 피드백이 제공되어야 한다. 피드백은 학생 활동의 오류를 교정해 주기도 하고, 정답을 알려 주기도 하며, 정서적인 지지를 제공해 주기도 한다. 풍부한 피드백은 다시 학습자의 적극적인 참여를 유도할 수 있으므로 매우 중요하다.

6) 평가와 수정

마지막으로 평가와 수정(Evaluation and revise)이 이루어진다. 평가는 두 가지 측면을 고려해야 한다. 먼저, 학습자가 학습목표를 얼마나 성취하였는지를 측정해야 한다. 그리고 수업에 활용된 방법, 매체, 자료가 학습목표 성취에 도움이 되었는지를 평가해야 한다. 만일 학습자가 기대한 성취를 하지 못했거나, 방법, 매체, 자료가 적절하게 활용되지 못한 점이 발견된다면 교사는 그다음 수업을 하기 전에 이에 대한 대안을 마련하여 수업을 수정해야 한다.

　　ASSURE 모형을 다룬 교육방법 및 교육공학 교재들을 분석해 보면, 이 책과 같이 교수설계 모형의 일종으로 다루기도 하지만, 교수매체 영역에서 교수매체를 선정하고 활용하는 모형으로 소개하기도 한다. 이렇게 다른 영역에 소개하는 이유는 다음 두 가지 측면에서 생각해 볼 수 있다.

　　먼저, 오늘날 교수매체와 테크놀로지가 인간의 사고와 학습에 변화를 주고 있는 상황을 고려해 본다면, 단순히 수업의 보조도구로만 활용되어야 한다고 생각하는 것은 적절한 판단이 아니다. 원격교육, 디지털 기반 교육, 학습관리 시스템, 메타버스에서 아바타로 참여하는 교육 등은 테크놀로지가 교육의 플랫폼이 되는 상황이기 때문에 수업설계의 처음부터 고려되어 수업의 전 과정에서 효과성과 효율성을 나타낼 수 있도록 수업이 개발되어야 한다. 그렇지 않으면 매체가 오히려 학습에 역효과를 낼 수도 있기 때문이다(박성익 외, 2011). 이에 근거한다면, ASSURE 모형은 교수매체의 활용을 수업설계와 실행의 전 과정을 다루기 때문에 교수설계의 한 모형으로 소개될 수 있다.

　　반면에 ASSURE 모형은 다른 교수설계 모형과 비교하면 상대적으로 단순하다. 다른 모형에서 포함하고 있는 요구분석, 학습과제분석, 평가설계, 교수전략개발 등의 단계들이 생략되어 있기 때문이다. 교수체제 전체를 설계하는 전 과정을 다루는 모형들은 교수설계 전문가들이 참여하여 많은 시간과 비용을 투입하는 경우가 많다. 그러나 ASSURE 모형은 개별교사가 학급 학생들을 대상으로 수업할 때, 공학과 매체를 체계적으로 적용하는 모형이다. 개별교사는 자신의 학생들을 가르치기 위해 교수설계자(instructional designer), 교과전문가(subject matter expert), 교수자(instructor)의 역할을 모두 수행해야 한다. 그런데 ASSURE 모형은 요구분석, 과제분석, 실행과 형성평가와 같은 단계는 절차상에서 과감하게 생략하고 있다. 교수설계의 모든 요소를 다루지 않으면서도 매체를 활용한 수업에서 강조되어야 할 절차만을 포함하고 있다. 그러므로 가르칠 교육과정이 이미 결정되어 있고, 동일한 환경에서 매체를 활용해 반복적으로 수업을 하는 교사들이 활용하기에 적합한 모형이라고 볼 수 있다. 그렇기 때문에 교수설계 모형보다는 교수매체 활용 모형으로 소개될 수도 있다.

생각해 볼 문제

- ASSURE 모형의 학습자 특성 분석을 통해, 중학교 1학년 남학생들은 설명식 수업을 지루해하며, 신체를 움직이는 활동을 좋아하는 것으로 나타났다. 과학 수업에서 이들을 대상으로 '마찰력'을 가르치고자 할 때, 어떠한 교수방법, 매체, 자료 등을 사용하는 것이 좋을지 생각해 보자.

수저보다 그릇

우리 사회 수저계급론 때문에 부모들이 금수저를 못 물려주어 안달이라 한다. 금수저, 흙수저라는 말은 영어의 'born with a silver spoon in one's mouth'에서 차용한 것 같다. 중세 유럽에서는 사람들이 숟가락을 지갑이나 신분증처럼 가지고 다녔는데, 이때 은 숟가락은 자신이 토지를 소유한 계급임을 나타내기도 하였다.

인간은 하루에 3만 5,000번의 크고 작은 의사결정을 한다. 이 중 1%만 의식적으로 판단하고, 99%는 직관을 사용한 fast thinking을 따른다. 매 순간 변하는 상황과 변수를 고려해 합리적으로 판단하려면 머리가 아프기 때문이다. 중요하지 않은 일에는 뇌를 덜 사용하기 위해 단순하게 판단하고 결정하는데, 이때 정체성이라는 메커니즘을 사용한다.

평소 자신을 '초밥 킬러'라고 인식하는 사람은 새로 생긴 동네 초밥집에 눈길이 자동으로 간다. 교사는 문제 행동을 하는 학생을 보고 '사춘기라 그러는 것이겠지……'라는 핑계를 대고 지도에 소홀해서는 안 된다. 다수의 민족에서 청소년기를 어른과 좋은 관계로 보낸다. '나는 수포자야.'라는 정체성을 가진 학생은 수학 공부를 안 하는 것을 선택하고, 그것을 빠르게 정당화한다. 그래서 흙수저라는 말은 함부로 해서도 함부로 들어서도 안 된다. 흙수저라는 정체성을 가지는 순간 그 사람의 인생 99%가 흙수저라는 정체성에 영향을 받기 때문이다.

숟가락보다는 그릇이 되자. 차려 준 밥상에 숟가락 얹기는 유명 배우의 겸손함 표현용으로 남겨 두자. 금과 은이 아닌 토기장이의 질그릇도 좋다. 흙이 왜 나쁜가? 오가닉해서 좋지 않나? 재질이 뭐든 그 안에 좋은 것을 담으면 된다. 그릇을 준비하고 싶은 사람은 새벽의 비밀을 느껴 보라. 만물이 깨어날 때의 창조적 에너지가 샘솟고 남과의 경쟁이 없어 삶을 좀 더 장기적 시각으로 볼 수 있는 이 새벽이란 그릇은 고픈 무리에게 퍼 주어도 계속 차오르는 광주리와 같다. 그 안에 무엇을 얼마나 담을지 찾고 노력하는 것은 각자의 몫이다. 그것까지 정해 달라고 하면 반칙이다.

학습이론과 교수원리

　　교수설계를 할 때에는 학습에 대한 많은 이론적 배경이 필요하다. 학습에 대해 이해해야 교수를 적절하게 설계할 수 있기 때문이다. 그러므로 교수설계자들은 학습이론에 대해 잘 이해하고 적용할 수 있어야 한다. 학습이론은 매우 다양한데, 이는 학습에 대한 관점이 시대에 따라 변화되어 왔기 때문이다. 즉, 학습을 보는 관점에 따라 학습이 가장 효과적으로 일어날 수 있는 조건, 원리, 절차가 달라진다. 이 장에서는 대표적인 학습관인 객관주의와 구성주의에 대해 살펴보고, 각각에 따른 학습이론들을 제시하였다. 학습관과 학습이론에 대한 이해는 교수설계를 할 때 교수와 학습에 대한 일관된 관점을 가지도록 돕기 때문에 매우 중요하다고 볼 수 있다.

1. 객관주의와 구성주의

1) 학습에 대한 관점의 차이

교수설계를 하기 위해서 먼저 학습이론을 잘 이해하고 있어야 한다. 학습이 어떠한 원리로 이루어지는지에 대해서 이해하고 있어야 어떻게 가르치는 것이 효과적이고 효율적인지를 논할 수 있기 때문이다. 학습에 대한 관점을 보통 행동주의적 관점, 인지주의적 관점, 구성주의적 관점 등으로 구분한다는 것은 교육학개론이나 교육심리학 시간을 통해 이미 학습하였을 것이다. 이처럼 학습에 대한 관점이 다양한 것은 학습이 하나의 관점만으로 충분하게 설명되지 않는 복합적인 구인이기 때문이라 볼 수 있다.

행동주의는 '기대하는 행동의 변화'를 학습으로 본다. 행동이란 눈으로 관찰 가능하다. 그러나 인지주의에서는 눈으로 관찰이 불가능한 인지구조의 변화에 관심을 가진다. 즉, 눈으로 볼 수는 없지만 '학습자의 인지구조에 변화'가 일어나면 학습이 되었다고 본다. 이 두 가지는 눈으로 관찰이 가능하거나 불가능하거나 상관없이 교수자가 기대하는 변화가 학습자에게서 일어난 '결과'를 학습이라고 본다. 그리고 그 변화는 누구나 객관적으로 인정하는 행동이나 지식이기 때문에 행동주의나 인지주의는 객관적인 지식관에 근거하고 있다고 할 수 있다. 그래서 이 둘을 객관주의라고 부르기도 한다. 그러나 구성주의는 상대주의적인 지식관에 근거하고 있다. 즉, 절대적 지식이란 존재하지 않고 개인이 처한 상황이나 맥락에 따라 지식은 의미를 달리 가지게 된다고 본다. 따라서 객관적 지식보다는 구성원들과의 교류를 통한 합의된 지식을 만들어 나가는 것을 중요시하게 되고(Schunk, 1996), 합의된 지식을 구성하는 '과정' 자체를 학습이라고 본다.

2) 교수에 대한 관점의 차이

객관주의와 구성주의가 학습에 대한 관점이 다르기 때문에, 교수에 대한 관점도 다른 것은 어찌 보면 매우 당연한 일이다. 객관주의에 근거한 교수설계를 하는 사람들은 객관적인 지식의 전달을 강조하기 때문에 그 지식을 가지고 있는 교사가 지식을 적극적으로 전달하는 형태로 설계하게 된다. 교사는 그 분야의 지식전문가이므로 교사가 가르치거나 시범을 보이게 하고 학생을 그대로 따라 하도록 하는 티칭(teaching)을 설계한다. 그러나 구성주의적인 교수설계를 하는 사람들은 각 학생의 지식 구성과정이 모두 제각기 다르다고 생각하므로 그 과정을 도와주는 형태의 교수활동으로 설계를 하게 된다. 최근 학생별로 잠재 역량을 이끌어 내기 위해 코칭(coaching)하고 학생이 교과의 내용은 자기 주도, 능동적 방식으로 스스로 학습하게 하는 방법이 각광받는 이유도 개인의 지식 구성을 극단적으로 추구하게 되면서 나타난 교수설계의 한 현상으로 볼 수 있다.

학생의 활동을 설계할 때에도 객관주의적인 설계를 하는 사람들은 학생들이 혼자 학습한다는 가정하에 학습활동을 설계한다. 학생에게 정리가 잘되어 있는 좋은 자료를 완벽하게 제공하면 학생은 이 자료들만으로 완벽한 학습이 가능하다고 본다. 그러나 구성주의적 학습관을 가진 교수설계자들은 잘 정리되어 있지 않은 원자료를 학생들에게 제공하여 학생들이 스스로 의미를 부여함으로써 지식을 구성해 나가도록 한다. 그러므로 혼자서 학습하기보다는 협동적이고 능동적으로 학습하도록 설계한다. 왜냐하면 학습자는 각기 다른 지식 구성과정을 거치기 때문에 서로 토론과 질문, 협력적 작업을 통해서 그 지식 구성과정의 타당성을 검증받고 보완할 필요가 있다고 생각하기 때문이다.

표 3-1 객관주의와 구성주의의 비교

	객관주의	구성주의
지식관	누구나 타당하다고 생각되는 객관적인 지식을 가르쳐야 한다.	지식은 개인이나 공동체가 처한 상황에 따라 의미가 달라진다.
학습	객관적인 지식을 통해 행동이나 인지구조에 기대하는 변화가 일어나야 한다.	지식을 변형하고 새로운 지식을 구성해 나가는 과정 자체가 학습이다.
교수	객관적인 지식을 효과적·효율적으로 전달해야 한다.	학생이 지식을 구성해 나가는 과정을 돕는 교수활동을 한다.
자료	지식이 체계적으로 잘 정리되어 있는 자료를 활용한다.	정리되지 않은 원자료가 학습을 더 촉진한다고 생각한다.
방법	개인이 객관적인 지식을 잘 습득할 수 있도록 돕는 방법을 사용한다.	토론과 협동의 과정을 통해 학습할 수 있는 방법을 사용한다.
평가	학습의 결과 기대한 변화가 일어났는지를 평가한다.	학습의 과정에서 지식 구성의 과정이 타당한지를 평가한다.

과거에는 객관주의적 교수원리가 우세하였다면, 최근에는 사회문화적 맥락에서 지식이 변형되고 새로운 지식이 창출되는 것을 중시하기 때문에 구성주의 교수원리가 강조되고 있다. 그러나 이 두 관점은 상호보완적이기 때문에 어느 한 가지가 다른 것보다 더 중요하다고 보기는 어렵다. 왜냐하면 객관적으로 인정되는 지식이 존재하지 않는 한 지식의 변형과 지식들 간의 연결을 통한 새로운 지식의 창출은 쉽지 않기 때문이다.

- 객관주의적인 학습관을 가진 교수자와 구성주의적인 학습관을 가진 교수자의 수업
  의 실례를 들어 설명해 보자. 가장 크게 드러나는 차이점은 무엇인가?

- 나는 학습자로서 어떠한 학습관을 가진 교수자의 수업을 선호하는가? 그리고 그 이
  유는 무엇인가?

2. Skinner의 강화이론과 교수원리

Skinner는 쥐를 대상으로 한 Skinner Box 실험으로 유명하다. Pavlov나 Thorndike와 같은 학자들도 행동주의 심리학자들로 유명하지만, Skinner의 강화이론이 교수원리를 비교적 많이 제공했기 때문에 여기서는 강화이론에 대해서 주로 살펴보고자 한다.

Skinner는 학습목표(레버 누르기) 달성을 위해서 학습자(쥐)가 일단 학습목표를 수행하면, 그 후 즉시 강화물(먹이)을 제공하여 다시 그 행동 반응을 할 가능성을 높일 수 있다는 강화이론(reinforcement theory)을 제시하였다. Pavlov가 학습목표(침 흘리기)를 위해서 자극제(먹이)를 침 흘리기 전에 제시한 것과는 차이가 있다. 즉, 같은 먹이라도 기대하는 반응을 하기 전에 제공하는지, 한 후에 제공하는지에 따라 전자는 자극제(stimulus)가 되고 후자는 강화물(reinforcement)이 되는 것이다.

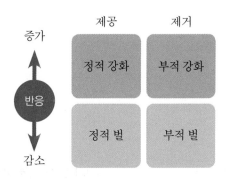

[그림 3-1] 강화와 벌

　이러한 강화의 원리를 교수설계에 어떻게 적용할 수 있을까? 예를 들어, 문제를 풀면 점수를 주거나, 과 수석을 하면 장학금을 지급하는 것, 일찍 등교하는 사람은 청소를 면제해 주는 것이 그 예이다. 이러한 강화물을 학생들에게 예고할 때 기대하는 반응의 빈도를 높일 수 있다. 이때 학생이 좋아하는 쾌 자극을 제공하는 것을 정적 강화, 학생이 싫어하는 불쾌 자극을 제거해 주면 부적 강화라고 한다.

　강화를 응용한 것으로 벌이 있다. 벌 또한 강화처럼 반응 다음에 제공한다는 면에서는 공통점이 있지만, 그 반응을 할 가능성을 줄이는 것이 목적이라는 점에서 강화와 차이가 있다. 지각을 하면 화장실 청소를 시키거나, 흡연을 하

표 3-2 강화계획

강화계획	예	반응 정도	반응 소거 정도
고정간격	월급, 쉬는 시간	낮음	간격이 길수록 소거에 대한 저항은 강하다.
변동간격	낚시, 추첨	보통	평균 간격이 비슷하다면 고정간격보다 소거에 저항이 강하다.
고정비율	인센티브	높음	비율이 높을수록 소거에 대한 저항이 강하다.
변동비율	도박	매우 높음	소거에 대한 저항이 가장 강하다.

다가 발각된 경우 벌점을 주는 것, 축구 경기에서 경고를 여러 번 받으면 경기장에서 퇴출되어 경기를 할 수 있는 자격을 박탈하는 것 등이 그 예이다. 이때 학생이 싫어하는 불쾌 자극을 제공하는 것을 정적 벌, 학생이 좋아하는 쾌 자극을 제거해 주면 부적 벌이라고 한다.

〈표 3-2〉와 같이 학생들에게 강화를 제공해 주는 시기(schedule)에 따라서 강화계획을 구분할 수도 있다.

반응 정도는 일반적으로 간격강화보다는 비율강화가 반응이 강하게 나타난다. 그 이유는 반응의 세기에 따라 강화를 더 크게 받을 수 있다고 예상하기 때문에 그 반응을 할 가능성이 높아지기 때문이다. 월급보다 인센티브를 더 받기 위해 노력하는 현상이 그 예이다. 반응 소거 저항, 즉 반응하지 않는 것을 방해하는 힘은 고정강화보다 변동강화가 강하다. 그 이유는 그다음 강화에 대해 예측이 불확실하기 때문에 다음 강화를 얻기 위해 더 많은 반응을 할 가능성이 크기 때문이다. 그래서 낚시나 도박과 같은 행동을 시작하게 되면 거기에 몰두하는 사람들이 많다.

이러한 강화기법은 교실현장에서 자주 사용된다. 특별히 학생의 행동을 단계별로 변화시켜야 하는 프로그램의 교수설계에 이 기법을 적용하면 보다 효과적으로 목표를 달성할 수 있다.

생각해 볼 문제

- 학교현장에서 자주 사용되는 강화와 벌을 조사해 보자.

- 학교에서 변동간격, 변동비율 강화를 사용하기 어려운 이유는 무엇일지 생각해 보자.

3. 정보처리 이론과 교수원리

정보처리이론(information-processing theory)은 Miller(1956)에 의해 제안되었으나, ADDIE와 같이 오랜 시간 동안 여러 학자에 의해 보완되어 정립된 이론 중 하나이다. 정보처리이론은 정보가 인간의 뇌에서 어떻게 저장되는지에 대한 것을 설명한 이론으로, 컴퓨터 메모리에 정보가 저장되는 원리와 유사하다. 컴퓨터는 입력장치를 통해 정보를 받아들인 후 처리의 과정을 거쳐 기억장치에 저장한다. 이때 처리과정에서는 정보를 일시적으로만 저장하는 메모리가 사용되고, 처리 후에는 영구적으로 정보를 저장할 수 있는 메모리에 저장한다.

이러한 정보처리 기제로 인간의 학습을 설명하면 다음과 같다. 인간은 감각기관을 통해 엄청난 양의 자극을 받아들인다. 학생들은 수업시간에 시각 · 청각 · 촉각 · 미각을 통해 셀 수 없이 많은 정보를 동시에 입력받고 있다. 입력된 자극의 대부분은 유실되고 특별하게 주의를 집중한 정보들이 단기기억(short-term memory)으로 저장된다. 단기기억은 15초 정도 기억이 유지되나, 이 또한 대부분 망각되며 일부분만 부호화의 과정을 거쳐 장기기억으로 저장된다. 단기기억의 시간을 늘리기 위하여 머릿속으로 정보를 계속 반복하는 시연(rehearsal)을 하기도 한다. 전화번호를 잊지 않으려고 머릿속으로 계속 반복

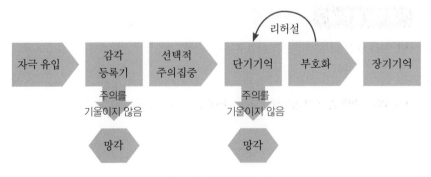

[그림 3-2] 정보처리의 과정

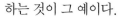

하는 것이 그 예이다.

단기기억의 또 다른 특징은 처리 용량이 제한적이라는 점이다. 보통 7개의 항목을 처리하게 되는데, 이보다 많을 경우 학습자들은 인지적 부담을 느끼게 된다. 반면에 7개의 항목보다 적을 경우에는 학습내용이 매우 쉽다고 느끼게 된다. 만일 교수설계자가 인지주의적 관점, 특히 정보처리이론에 근거한 학습을 설계한다면 학습자에게 제시되는 정보의 용량을 7±2개의 항목으로 조정하여 제시하는 교수전략을 사용하면 학습자의 인지적 부담을 줄여 줄 수 있다. 많은 항목을 7±2개의 항목으로 줄이기 위해 정보들의 공통점을 찾아 하나의 항목으로 묶는 것을 청킹(chunking)이라고 한다. 휴대전화 번호의 010이나 지역번호인 063을 기억할 때, '0' '1' '0' 또는 '0' '6' '3'을 3개의 항목으로 따로 기억하지 않고 청킹하여 1개의 항목으로 처리하는 것이 그 예이다.

단기기억에서 장기기억(long-term memory)으로 저장될 때 부호화의 과정을 거치게 된다. 장기기억은 무한대의 용량을 가지고 있으며, 정보가 저장되는 형태는 그물망처럼 정보들이 연결된 형태이다. 인지전략 중 하나인 정교화 전략은 새로운 정보를 기억하기 위해 이미 장기기억에 저장되어 있는 것(이미 알고 있는 것)과 연결시키는 전략이다. 이것은 장기기억이 정보를 망구조로 연결시켜 저장하는 점을 이용한 인지전략이라고 볼 수 있다. 어떠한 정보를 기억하거나 사고를 확장시킬 때 마인드맵 기법을 사용하곤 하는데, 이것 또한 정보의 망구조를 응용한 예라고 볼 수 있다.

4. Gagné의 외적 교수사태

Gagné는 그의 저서인 『학습의 조건(Conditions of Learning)』에서 학습의 내적 과정을 단계별로 설명하고, 이 내적 과정이 불완전하기 때문에 각 단계에서 교수자가 외적 교수사태(9 events of instruction)를 제공함으로써 학습이 보다

잘 일어나게 할 수 있다고 하였다(Gagné, 1985). '사태(event)'라는 용어는 일반
적으로 어떤 일이 일시적으로 발생하였다가 특정 시간에 종료되는 한시적인
일을 가리키는 용어이다. 교수사태도 내적 학습과정의 각 단계가 시작되고 다
음 단계로 넘어가기 전에 이루어져야 할 교수행위를 말한다고 볼 수 있다. 그
는 내적 학습과정과 외적 교수사태의 관계를 [그림 3-3]으로 나타내었다.

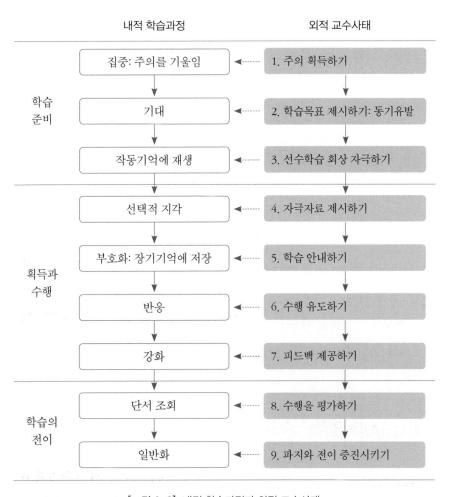

[그림 3-3] 내적 학습과정과 외적 교수사태

출처: Gagné(1985: 304)의 [Figure 15-1]을 번역함.

교수·학습을 이해하기 위해서는 내적 학습과정과 외적 교수사태를 모두 이해해야 하는 것이 옳다. 그러나 교수설계를 하고 직접 교수자로 실행을 해야 하는 교사들에게는 기술적인(descriptive) 학습이론보다 처방적(prescriptive) 교수이론이 실제적 의미가 크다고 생각되어 여기에서는 아홉 가지 외적 교수사태만 자세히 알아보고자 한다.

1) 주의 획득하기

교사가 수업을 시작하기 전 가장 먼저 해야 할 것은 학습자들의 주의를 집중시키는 것(gaining attention)이다. 학습자의 주의를 집중시키기 위해서는 교사는 항상 변화를 도입해야 한다. 교실에 들어가 반갑게 인사를 한다거나, 출석을 부르거나, 수업내용과 관련된 도입질문을 제시하는 등의 행위로 학생들의 주의를 끌 수 있다. Keller의 ARCS 동기유발 전략에서 주의집중 전략을 적용하면 다양한 주의획득 전략을 개발할 수 있다.

> 예 수학을 가르치는 김 교사는 수업시작 전에 출석을 부른 후, 학생들과 간단한 여담을 나누었다. 그리고 오늘 수업에서 이차 방정식의 근의 공식을 가르치기 전에 칠판에 곡선 모양의 그래프를 제시하였다. 지금까지 직선 그래프만을 배웠던 학생들은 곡선 모양의 그래프도 존재한다는 것을 알게 되면서 오늘 배울 내용에 관심을 가지게 되었다.

2) 학습목표 제시하기

학습자가 주의집중을 하면 학습목표를 제시(informing the learner of the objective)한다. 일반적으로 학습목표는 언어적인 형태로 제시된다. 반면에 예체능 교과처럼 절차적 영역이나 심동적 영역의 학습목표의 경우에는 교사가 시범을 보이거나 모델이 되는 작품으로 학습목표를 제시할 수도 있다.

예1 수학을 가르치는 김 교사는 오늘의 학습목표인 '이차 방정식의 근의 공식의 원리를 이해한다.'와 '5개의 이차 방정식이 주어지면 4개 이상 답을 구한다.'를 칠판에 적고 다 같이 읽게 하였다.

예2 체육을 가르치는 최 교사는 오늘의 학습목표인 '높이뛰기 중 하나인 배면뛰기의 과학적 원리를 설명할 수 있다.'와 '배면뛰기를 할 수 있다.'를 말하고 학생들 앞에서 배면뛰기 시범을 보여 주었다.

3) 선수학습 회상 자극하기

본시 학습내용과 관련된 선수지식의 회상을 유도하는(stimulating recall of prerequisite learning) 교수활동이다. 이는 학생이 장기기억에 저장되어 있는 선수지식들을 작동기억으로 인출하여 본시 학습내용을 학습하는 데 도움을 받는 것을 말한다. 학생은 그들의 인지구조 속에서 선수지식과 본시 학습내용을 연결시키는 준비를 하게 된다.

예 이차 방정식을 이해하기 위해서는 인수분해 공식을 알고 있어야 하기 때문에 김 교사는 지난 시간에 배운 인수분해 공식을 기억하고 있는지를 학생들에게 질문하였다. 잘 기억하지 못하는 학생들을 위해 교과서나 노트를 통해 확인할 시간을 주었다.

4) 자극자료 제시하기

본시 학습내용이 시작되는 단계로, 교사가 준비한 학습자료를 제시하면서(presenting stimulus materials) 본격적으로 새로운 학습을 진행하게 된다. Gagné가 이 단계를 자극자료라고 표현한 이유는 교사가 제시하는 자료들이 학생에게 인지적 자극이 되고 학생은 그 자극들을 선택적으로 수용하면서 학습이 이루어진다고 보았기 때문이다. 이러한 용어의 사용을 통해서 Gagné의 이론이 행동주의적 요소가 남아 있는 인지주의에 기반한 교수이론이라고 추론해 볼 수 있다.

> 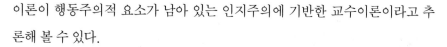 김 교사는 먼저 이차 방정식의 뜻을 설명하고 이를 푸는 다양한 방법, 즉 인수분해를 이용한 방법, 제곱근을 이용한 방법, 완전제곱식을 이용한 방법을 설명하였다. 그 후 이차 방정식의 근의 공식을 유도하는 과정을 판서하면서 설명하였다.

5) 학습 안내하기

학습 안내하기(providing learning guidance)란 '4) 자극자료 제시하기'가 주로 새로운 정보를 제시하는 데 초점을 둔다면, 이 단계는 자극자료의 정보들이 학습자의 장기기억에 저장이 잘될 수 있도록 하는 데 초점을 둔다. 학습자의 인지구조에 잘 정착될 수 있도록 질문을 하거나 배운 내용을 서로 비교하여 유사점과 차이점을 발견하게 하거나, 다른 정보와 연결 지어 정교화하는 활동 등으로 학습 안내하기를 진행할 수 있다.

> 예 김 교사는 이차 방정식에 대해서 준비한 내용을 모두 가르친 후에 이차 방정식 풀이방법과 일차 방정식 풀이방법의 차이에 대해서 질문을 던졌다. 그리고 이차 방정식을 푸는 다양한 방법에 각각 어떤 장단점이 있는지를 비교하도록 모둠별로 토론하게 하였다.

6) 수행 유도하기

일반적으로 교수상황에서 제시(presentation)란 교수자가 주로 하고, 수행(performance)은 학습자가 주로 하게 된다. 앞 단계까지 주로 교사가 제시를 하였다면, 수행 유도하기(eliciting performance) 단계에서는 학습자에게 수행을 하게 하여 자신의 학습이 성공적으로 이루어졌는지를 확인할 수 있도록 하는

것이 중요하다. 배운 내용을 활용하여 해결할 수 있는 과제를 주어 수행하게
하거나 연습문제를 풀게 할 수 있다.

> 예 김 교사는 성취 수준이 비슷한 학생들끼리 짝을 지어서 앉게 하였다. 그
> 리고 교과서에 제시된 연습문제 중 학생들의 수준에 맞는 것들을 지정해
> 주고 풀게 하였다. 그리고 연습문제를 풀 때, 짝과 풀이과정에 대해서 상
> 의하면서 풀게 하였다.

7) 피드백 제공하기

피드백 제공하기(providing feedback)는 6)의 학생 수행을 돕거나 수행의 정
확성을 교사가 확인하고 교정하는 단계이다. 교사가 피드백을 제공하면 학생
은 수행에 대한 강화를 받기 때문에 수행을 더욱 촉진하게 된다. 피드백의 유
형은 정답확인 피드백, 교정적 피드백, 설명적 피드백, 정서 지지적 피드백, 즉
각/지연 피드백, 동료 피드백 등 다양하다.

> 예 김 교사는 학생들이 문제를 푸는 동안 교실을 돌면서 제대로 수행을 하
> 고 있는지를 확인하였다. 어떤 학생들은 문제를 전혀 이해하지 못하고
> 있어서 김 교사가 직접 문제를 푸는 과정을 보여 주었고, 어떤 학생들은
> 짝과 토의하지 않고 각자 문제만 풀고 있어 상호작용을 할 수 있도록 개
> 입하여 토의를 진행시켰다. 어떤 학생들은 쉽게 문제를 풀어 짝과 정답
> 을 확인하도록 하였다.

8) 수행을 평가하기

학습자가 학습목표를 어느 정도 달성하였는지를 확인하는 학생 수행의 결
과를 평가(assessing performance)하게 된다. 6)의 수행을 평가할 수도 있고, 새
로운 수행을 실시하고 평가할 수도 있다.

예 김 교사는 준비해 온 수행평가지를 학생들에게 제시하였다. 수행평가는 총 3개 문항으로 이차 방정식의 근의 공식을 유도하는 문제와 이차 방정식의 근을 구하는 문제가 포함되어 있었다. 김 교사는 학생들에게 수행평가지를 5분 동안 풀게 하고 답을 알려 준 후 스스로 채점을 한 점수를 기록하였다.

9) 파지와 전이 증진시키기

파지란 학습한 내용의 기억을 지속하는 것이며, 전이는 학습한 내용을 새로운 상황과 맥락에서도 적용하여 활용할 수 있는 것이다. 파지와 전이를 증진시키기(enhancing retention and transfer) 위해 복습을 하게 하거나 새로운 상황을 제시하고 문제를 해결하도록 한다. 학습자는 이를 통해 학습한 내용을 일반화하게 된다.

예 김 교사는 수업을 마무리하면서 학생들이 이차 방정식의 근의 공식을 암기하고 있는지를 확인하기 위해 외워 보도록 요구하였다. 그리고 실생활에서 이차 방정식의 계산이 필요한 문제 상황을 주고, 이차 방정식 계산을 통해 그 문제를 다음 시간까지 풀어 오는 것을 과제로 제시하고 수업을 마쳤다.

생각해 볼 문제

- Gagné의 외적 교수사태는 인지주의적 수업을 설계할 때 수업의 절차로도 활용할 수 있다. 이 아홉 가지 외적 교수사태에서 우리나라 교사들이 자주 간과하는 교수사태에는 어떤 것들이 있는가? 그리고 해당 교수사태를 생략하면 어떠한 문제점이 발생되는지 말해 보자.

5. Jonassen의 구성주의 학습환경 설계

Skinner의 강화이론이나 Gagné의 교수이론과 같이 객관주의 학습관에 기반한 교수이론들은 다양한 학습의 유형이 각각의 학습 조건과 원리에 기초한다고 할지라도, 그것들이 학습자에게 학습될 때에는 동일한 방식으로 학습된다고 보았다. 그러나 1980년대의 인지과학의 발전으로 학습은 구체적인 상황과 맥락에 따라 그 의미와 과정이 달라진다는 관점이 부각되기 시작하였다(Brown, Collins, & Duguid, 1989). 이로 인해, 같은 지식이라도 학습자가 어떠한 상황과 맥락 속에 있는지에 따라서 다른 학습이 일어날 수 있다는 상대주의적 관점에 근거한 구성주의 학습관이 보급되었다.

구성주의 학습관에 근거한 교수설계 중 대표적인 사례가 Jonassen의 구성주의 학습환경(Constructivist Learning Environments: CLEs) 설계이다(Jonassen, 1999). CLEs는 학습자가 지식을 구성해 나갈 수 있도록 조성된 학습자 중심 학습 환경을 말한다. Jonassen은 학습을 학습자가 문제를 해결해 나가거나 프로젝트를 수행해 나가는 과정으로 보고, 교수자는 이를 통해 지식을 잘 구성해

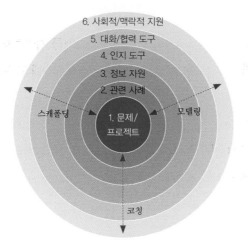

6. 사회적/맥락적 지원
5. 대화/협력 도구
4. 인지 도구
3. 정보 자원
2. 관련 사례

스캐폴딩   1. 문제/   모델링
프로젝트

코칭

[그림 3-4] Jonassen의 구성주의 학습환경 설계 모형

나갈 수 있도록 필요한 내용 지식과 맥락 지식과 도구 등을 지원하는 환경을 설계해야 한다고 하였다. 그는 CLEs설계를 위해 여섯 가지 학습지원 체제와 세 가지 교수지원 활동을 제안하였다.

1) 학습지원 체제

(1) 문제/프로젝트

구성주의 학습은 질문, 주제, 문제, 문제 상황 등이 제시되면서 시작된다. 이러한 문제들은 정답이 정해져 있지 않은 비구조적인 문제로 다양한 관점과 지식이 융합되어 다양한 해결안을 도출할 수 있는 것들이어야 한다. 문제는 문제가 발생한 맥락(context), 문제를 표현하여 제시하는 방식인 표상(representation), 문제해결을 위한 조작 공간(manipulation space)을 포함하여 제시되어야 한다.

(2) 관련 사례

문제를 이해하고 해결하는 데 도움이 되는 사례를 제공하여 학습자가 문제를 명확하게 파악하고 실제적인 문제해결안을 개발하는 데 도움을 주어야 한다.

(3) 정보 자원

문제를 해결하기 위한 가설을 수립하고 검증하는 과정에 필요한 지식과 정보들이 필요하므로 이를 지원해야 한다.

(4) 인지 도구

지식과 정보들을 수집하고 분석하기 위한 도구들로 정보를 수집하는 도구, 정보를 시각화하는 도구, 정보의 처리 및 분석 등의 수행을 지원하는 도구 등이 제공되어야 한다.

(5) 대화/협력 도구

구성주의 학습에서 문제해결은 혼자 수행하기보다는 여러 학습자와 교류하고 협력하면서 학습이 진행되기 때문에 학습자 간 대화와 협력을 지원하는 도구들이 필요하다.

(6) 사회적/맥락적 지원

구성주의 학습은 지식이 특정 상황과 맥락에 따라 다른 의미와 기능을 하기 때문에 학습에서 사회맥락적 요소를 꼭 고려해야 한다. 학습자들이 사회 맥락을 고려한 문제해결 학습을 할 수 있도록 지원하는 것을 잊지 말아야 한다.

2) 교수지원 활동

(1) 모델링

교수자가 시범을 통해 지식을 구성하는 학습의 과정을 보여 주면 학습자는 그 과정을 관찰하는 것이다. 교수자의 시범과 학습자의 관찰은 학습자가 문제에 대한 인지적 틀을 구성하는 데 용이하다. 이때 교수자가 문제를 해결하거나, 프로젝트를 진행하거나, 추론하는 과정을 말로 설명하면서 시범을 보인다면 학습자가 인지적 틀을 구성하는 데 큰 도움이 될 수 있다.

(2) 코칭

학습자가 문제를 해결해 나가는 수행을 교수자가 면밀하게 관찰하고 분석하여 적절한 피드백을 제공하는 것을 말한다. 교수자는 코칭을 통해 학습에 필요한 안내를 제공하거나 학습 동기를 부여할 수 있으며 질문을 하기도 한다.

(3) 스캐폴딩

학습자가 문제해결 과정에서 어려움을 겪고 있다면 과제의 난이도를 조정하거나 필요한 인지적 도구들을 일시적으로 제공하여 학습자의 수행을 도와준다.

6. 상황학습 설계

1) 상황학습 설계 원리

구성주의 학습관 중 상황학습(Situated Learning: SL)은 학교에서 배운 지식들이 실생활과 상황과 분리된 채 탈맥락적(de-contextualized)으로 제시되기 때문에 시험을 위해 지식을 암기할 수는 있지만 그 지식이 일상에 전이되지 않는다는 문제점의 대안으로 등장하였다. 즉, 상황학습에서는 지식을 제시할 때 그 지식이 활용되는 맥락을 같이 제시하는 것을 강조함으로써 학교교육의 탈맥락성을 극복하고자 한 것이다.

상황학습으로 수업을 설계하기 위해 가장 중요한 것은 교사가 실제 상황을 학습 맥락으로 설계(contextualization)하는 것이다. 모든 지식을 실제 상황에서 학습하는 것이 이상적이겠지만, 학교 교육과정 특성상 그렇지 못한 경우가 많다. 또한 교수설계에서는 교육 프로그램에서 의도하는 교육목표가 실제 상황에서 완벽하게 성취된다는 보장을 할 수가 없다. 그러므로 상황학습 수업을 설계하려는 교수설계자는 지식이 실제로 활용되는 상황을 포착한 후 이것을 학습의 맥락으로 설계하고, 이를 가르치고자 하는 학습과제와 같이 제시하는 능력이 필요하다. 실제 상황을 맥락화할 때에는 교수설계자의 의도에 따라서 복잡한 실제를 단순화할 수도 있고, 강조하고자 하는 상황을 실제보다 더 강조하거나 세밀하게 그려 낼 수도 있다.

이러한 이유로 상황학습의 가장 큰 장점은 지식이 상황과 함께 제시되기 때문에 전이력이 높은 학습이 가능하다는 것이다. 박성익 등(2011: 241)은 지식의 일반성과 구체성 중 어느 것이 지식의 전이력을 높이는지에 대해 오랫동안 논쟁이 있다고 하였다. 이러한 논쟁에서 상황학습은 지식의 구체성이 지식의 전이를 더 촉진시킨다는 입장을 취하고 있다고 볼 수 있다.

2) 앵커드 수업 설계

상황학습에 근거한 수업 모형의 하나로 앵커드 수업(anchored instruction)이 있다. 앵커드 수업은 밴더빌트 대학교의 인지공학 그룹에서 개발한 모형이다 (CTGV, 1993). 당시 비디오와 같은 멀티미디어 교수매체들이 수업에 활발하게 활용될 때, 이들은 그 매체에 지식이 활용되는 상황적 맥락을 담아서 학습과제를 제시하였다. '앵커(anchor)'란 배를 특정 위치에 정착시키는 닻으로, 학습자

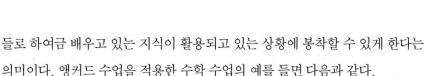

들로 하여금 배우고 있는 지식이 활용되고 있는 상황에 봉착할 수 있게 한다는 의미이다. 앵커드 수업을 적용한 수학 수업의 예를 들면 다음과 같다.

중학교에서 수학을 가르치는 장 교사는 2개의 미지수가 있는 방정식 (ax+by=0)의 해를 찾는 방법을 상황학습에 근거하여 가르치고자 하였다. 그는 부모님 생신에 드릴 꽃을 사기 위해 자신의 아들과 직접 꽃 가게를 방문하였다. 두 종류의 꽃을 구입하면서 꽃의 가격, 각각 몇 송이를 구입할지, 지불해야 될 돈이 얼마인지에 대하여 주인과 이야기하였다. 그리고 아들과 같이 꽃을 사러 가는 이유, 꽃 가게를 찾아가는 상황, 꽃을 고르는 상황, 주인과 꽃의 가격에 대해 나누는 모든 이야기를 영상으로 녹화하였다.

이 영상은 약간의 편집을 거쳐 다음 날 수학 시간에 학생들에게 제시되었다. 학생들은 무의미한 x, y의 값을 구하는 것이 아니라 자신의 담임 선생님이 사간 꽃다발 속에 무슨 꽃이 몇 송이 들어 있는지, 거스름돈은 얼마를 받아야 하는지를 알아맞히기 위해서 방정식을 풀게 되었다.

−KBS 〈현장 다큐 선생님〉, 장홍월 선생님 편에서 인용−

앞의 장 교사는 이 외에도 2개의 미지수가 있는 방정식을 가르치기 위해 미술관 입장권을 구입하는 상황이 담긴 녹음 파일이나, 지하철에서 할머니들의 대화 속에서 나이를 계산하는 상황을 연극으로 만들기도 하는 등 다양한 형태로 앵커를 제작하여 수학 수업에 적용하고 있었다. 최근 VR, AR과 같은 가상현실이나 메타버스 기술은 지식이 활용되고 있는 상황에 직간접적으로 봉착할 수 있는 앵커이자 환경이 된다. 이러한 기술로 개발된 앵커는 학생들이 지식을 활용하는 상황에 봉착하게 하는 역할을 하여, 지식의 탈맥락성을 극복하게 한다.

생각해 볼 문제

• 자신의 교과의 한 차시를 정하여 앵커드 수업으로 설계한다고 가정한 후, 어떠한 내용을, 어떠한 상황에 어떤 앵커를 사용하여 봉착하게 할 것인지를 이야기해 보자.

7. 인지적 도제학습 설계

상황학습이론에 근거한 또 다른 학습 모형으로 인지적 도제 모형(cognitive apprenticeship model)이 있다. 도제교육에서는 교사, 학생이라는 용어보다는 전문가(마스터)와 초보자라는 용어를 주로 사용한다. 도제란 특정 기술을 보유한 전문가가 그 기술을 초보자에게 전수하는 것을 말한다. 그러나 이 모형에서는 주로 과제수행이나 문제해결과 같은 인지적 영역의 기술을 다루기 때문에 인지적 도제라고 부른다. 전통적 도제에서 초보자는 전문가로부터 기술을 전수받기 위해 그가 살고 있는 삶의 현장으로 들어가게 된다. 그리고 학교수업과 같은 형식적 교육이 아닌 전문가가 그의 삶에서 어떻게 그 기술을 얻게 되었는지, 어떻게 발전시키게 되었는지를 직간접적으로 관찰하면서 학습을 하게 된다. 그리고 초보자는 자신이 원하는 기술을 얻게 되면 전문가를 떠나 홀로 자립하게 된다. 예를 들어, 인간문화재로 지정된 이들이 그들의 전통문화나 기술을 문하생들에게 전수하는 방식이 대표적인 도제교육이라고 볼 수 있다. 이러한 도제 모형은 전문가의 삶을 초보자가 공유하기 때문에 상황에 기반한 학습이 이루어질 수밖에 없다.

인지적 도제학습은 일반적으로 다음의 여섯 단계를 거친다고 볼 수 있다

(Collins, Brown, & Newman, 1989). 여기서는 학교학습을 가정하여 설명하고자 하므로 전문가와 초보자라는 용어 대신 교사와 학생이라는 용어를 사용하도록 하겠다.

첫째, 모델링 단계이다. 모델링(modeling)이란 교사가 문제를 해결하거나 과제를 수행하는 과정을 시범으로 보이는 것이다. 이것은 교사의 인지과정(눈에 보이지 않음)을 학생이 관찰할 수 있도록 표현해 주는 단계이다. 학생은 교사의 시범을 관찰하면서 학습을 하게 된다.

둘째, 코칭 단계이다. 코칭(coaching) 단계에서는 학생이 수행하면 교사가 관찰하면서 외적인 조력을 제공한다. 학생이 과제수행을 처음부터 끝까지 완성해 볼 수 있도록 중간과정에서 필요한 도움들을 힌트, 피드백, 암시, 시범과 같은 형태로 제공한다.

셋째, 스캐폴딩 단계이다. 스캐폴드는 건축용어로 높은 곳에서 공사를 할 수 있도록 설치한 가설물을 말하며, 건물이 완성되면 철거된다. 스캐폴딩 (scaffolding) 단계에서도 교사가 학생에게 도움을 제공하지만, 코칭 단계와는 달리 학생이 일정 수준에 도달하였다고 보고 후에 독립적인 수행이 가능하도록 수행의 발판(scaffold, 비계), 즉 간접적인 도움을 제공한다. 후에는 점차적으

[그림 3-5] 건축현장의 스캐폴드

로 스캐폴딩 제공을 줄이며 궁극적으로는 제거(fading)하여야 한다.

넷째, 명료화 단계이다. 명료화(articulation) 단계에서 학생은 자신의 과제수행 과정에서 학습한 지식, 기술, 태도 등을 정리한다. 이를 통해 학생은 문제해결에 사용하는 절차적 지식들과 인지 기술들을 완성하게 된다.

다섯째, 성찰 단계이다. 학생은 반성적 성찰(reflection)을 통해 자신과 교사의 수행을 비교할 수 있다. 이를 통해 학생은 자신이 도제의 과정 속에서 익힌 지식과 인지기술들을 보다 세련되게 정리할 수 있게 된다.

여섯째, 탐색의 단계이다. 탐색(exploration) 단계는 학생이 교사의 개입 없이 독립적인 학습을 할 수 있는 단계를 말한다. 학생이 전문가로서 활동할 수 있는 단계이다.

인지적 도제 모형을 적용하여 교수설계를 하기 위해서는 전문가와 초보자(교사와 학생)의 관계를 설정하고, 모델링에서부터 탐색에 이르기까지 각 단계에서 전문가 개입을 적절하게 줄여 나가면서 독립적인 학습이 가능하도록 설계하는 것이 매우 중요하다.

생각해 볼 문제

• 인지적 도제 모형의 여섯 단계는 도제학습이 시작되어 완성되어 가는 단계이다. 인지적 도제 모형을 적용한 수업을 설계하고자 할 때 ① 모델링, 코칭 그리고 스캐폴딩 단계에서 교수자의 역할과 ② 명료화와 성찰 단계에서 교수자의 역할과 ③ 탐색 단계에서 교수자의 역할은 서로 다를 것이다. 각각을 구분하여 이야기해 보자.

8. 자원기반학습 설계

자원기반학습(Resource-Based Learning: RBL)은 학습자 스스로 다양한 자원을 활용하여 자료를 수집, 분석한 후 과제 해결에 필요한 결과물을 만들어 내는 구성주의 기반의 학습자 중심 학습이다. 자원기반학습에서는 교수자가 학습을 지원하는 역할이 매우 제한적이어서, 학습자가 학습자원을 가지고 학습을 주체적으로 이끌어 가게 된다. 교수자가 학습에 직접 관여하지 않기 때문에 학습자의 자기주도성과 자원 활용 능력이 매우 강조되고, 학습자원도 학습자와의 상호작용이 가능하도록 매우 정교하게 설계되어야 할 필요가 있다. 학생들이 수강하는 인터넷 강의, 학교의 교사나 기업의 사원 재교육을 위한 원격연수, MOOC를 활용한 자학자습 등이 자원기반학습의 예라고 볼 수 있다.

Hill과 Hannafin(2011)은 자원기반학습 환경의 구성요소로 자원, 맥락, 도구, 스캐폴드를 제시하였다. 맥락과 스캐폴드는 구성주의 학습의 공통적 요소이다. 여기에 자원기반학습에서는 자원과 도구가 필수적으로 제공되어야 한다. 이들은 자원을 정적인 자원과 동적인 자원으로 분류하였다. 정적인 자원이란, 논문, 책, 뉴스 기사와 같은 정적인 내용을 담고 있는 인쇄물을 말한다. 동적인 자원이란, 지속적으로 바뀌는 내용을 담은 것으로 웹 사이트의 자료나 기상청의 날씨 데이터베이스, 소셜미디어 등이 그 예이다. 도구는 탐색도구, 과정도구, 조작도구, 커뮤니케이션 도구로 분류하였다.

Eisenberg와 Berkowitz(1990)는 문제해결 과정에서 요구되는 정보활용기술(Information, Communication, & Technology: ICT)을 인간의 인지 단계에 따라 여섯 단계로 제시하고 이를 Big 6 모형이라고 하였다.

Big 6 모형은 학습자들이 필요한 자원을 파악하고 이를 활용하는 능력을 개발하기 위한 교육과정 및 평가의 준거가 되고 있다.

자원기반학습을 적용한 교수설계를 하기 위해서 교수설계자는 학습자원을

표 3-3 │ Big 6 모형

인지 단계	문제해결 단계	정보활용기술
인식	과제 정의 (task definition)	• 해결할 과제의 요점 파악 • 과제해결에 필요한 정보의 유형 파악
이해	정보탐색 전략 (information seeking strategies)	• 사용 가능한 정보원 파악 • 최적의 정보원 선택
적용	소재 파악과 접근 (location and access)	• 정보원의 소재 파악 • 정보원에서 정보 찾기
분석	정보활용 (use of information)	• 찾아낸 정보를 읽고, 보고, 듣기 • 적합한 정보 가려내기
통합	통합 정리 (synthesis: putting it all together)	• 가려낸 정보들의 체계적 정리 • 최종 결과물 만들기
평가	평가(evaluation)	• 결과의 유효성 평가 • 과정의 효율성 평가

설계하는 데 중점을 두어야 한다. 학습자의 학습에 대한 자기주도성이 부족한 경우에 학습자원의 상호작용성을 높이거나, 피드백을 풍부하게 제공하거나, 학습자원을 찾아내고 활용하는 안내를 자세하게 하는 등 여러 가지 면에서 세밀한 설계가 필요하다. 특히 대면으로 만나는 교수자나 동료학습자 없이 학습이 진행되는 경우가 많으므로 학생이 학습에 능동적으로 참여하여 학습의 질이 떨어지지 않도록 다양한 교수전략을 개발하여야 한다.

생각해 볼 문제

• 여러 가지 학습 자원을 사용하여 과제를 수행할 때 자신이 적용하고 있는 절차와
  Big 6 모형에서 제시하는 절차를 비교하여 무엇이 다른지를 설명해 보자.

쉬어가기

공부의 진입장벽 낮추기

　H는 임용시험을 준비하는 취준생이다. H의 하루 일과는 거의 공부로 채워져 있다. 그의 공부 패턴의 문제는 오전에 의욕 넘치게 전공 공부를 하지만 점심을 먹고 나서 조금 쉰 후에 교육학 공부에 빨리 착수하지 못한다는 것이다. 전공책은 잘 펴는데, 교육학 책 앞에서 머뭇거리는 H는 교육학 공부에 대한 심리적 진입장벽이 높다.

　심리적 장벽을 낮추기 위해서 내가 도전하는 대상과 관련해서 가지고 있는 자원을 적극적으로 치밀하게 활용해야 하는데 이를 Gagné는 사전학습 회상(Stimulating Recall of Prior Learning)이라고 하였다. 오늘 내가 해야 할 과제는 나에게 완전히 새로운 것은 아니다. 이미 이 내용과 관련된 상당량을 알고 있다는 것을 스스로에게 말해 주어야 한다.

　"그러니까 H야, 매번 새로운 책으로 공부하기보다는 기존에 공부하던 자료를 같이 활용하는 것이 좋겠지? 그러기 위해 너의 공부역사를 담아낸 사료를 잘 만들어 두는 것이 중요하겠지? 공부를 시작하기 전에 공부할 내용에 대한 자신의 사전 지식을 정리해 보아야 한단다. 계획표에 공부시간＋공부량뿐만 아니라 공부 내용을 간략히 써 두어야 한단다."

　이러한 계획표는 마치 선생님이 수업을 시작하면서, "얘들아 어제 우리 이런 것을 배웠는데, 오늘은 이어서 이런 걸 공부할 거야."라고 말해 주며 내용의 수직적 계열성을 확인해 주는 일이다. 혼자서 공부하는 이들은 스스로가 자신의 선생님이 되어 공부를 시작할 때 사전학습회상 작업을 해 주어야 한다. 그래야 혼공시간이 두렵지 않고, 기다려지게 된다.

Instructional Method and Technology

PART 02

교수설계의 적용과 실천

교수분석

이 장에서는 ADDIE 모형의 첫 단계인 분석(Analysis) 단계를 다루고 있다. 교육의 목적에 맞는 타당한 교수설계를 하기 위해서는 분석의 단계가 매우 중요하다. 경영에서는 고객의 요구에 부합하는 제품을 개발하기 위해서 정기적으로 고객에 대한 자료를 수집하고 분석한다. 교수설계도 마찬가지이다. 대상 학습자들에게 유익한 교육 프로그램이 개발되기 위해서는 학습자나 학습환경 또는 왜 이러한 학습을 필요로 하고 있는지에 대한 요구도 조사해야 한다. Lee와 Owens(2004)는 멀티미디어 기반 교수설계를 할 때 필요한 시간 중 '분석'의 단계에만 1/3의 시간을 들여야 한다고 하였다. 분석이 충분하게 수행되지 않았거나 오류가 있다면 이후의 단계인 설계, 개발, 실행, 평가에 모두 부정적인 영향을 미치기 때문이다. 조사한 자료를 분석한 결과는 다음 단계인 설계의 방향과 전략을 결정하는 데 유용하게 활용된다.

1. 요구 분석

요구 분석(needs analysis)이란 개인이나 조직의 기대와 현실이 불일치하는 부분을 찾아내는 작업이다. 이것은 당사자들에 의해서 그 불일치가 인식되어 있을 수도 있고, 때로는 인식조차 못하고 있을 수도 있다.

예를 들어, 학교 흡연예방 및 금연교육 프로그램의 경우 어떠한 요구들이 있을 수 있을까? 먼저, 교육부 또는 보건복지부와 같은 정부기관의 학생과 국민들의 건강을 증진시키기 위한 정책으로서의 요구가 있을 수 있다. 또는 교사나 학부모들 또는 지역 주민들로부터의 요구가 있을 수 있다. 드물겠지만, 흡연 학생 개개인으로부터 금연의 필요성을 자각하여 발생된 요구도 있다. 이와 같은 요구들은 금연과 관련된 당사자들이 금연교육에 대한 필요성을 인식하고 있는 예이다. 교수설계자들은 이들의 요구에 대해 객관적인 자료를 수집하고 분석할 수 있는 능력이 있어야 한다.

그러나 때로는 기대와 현실의 불일치 문제가 사람들에게 명확하게 인식되지 않거나 심한 경우 문제를 잘못 인식하고 있는 경우가 있다. 사회에서는 청소년들의 흡연을 건강이나 공중도덕의 문제로 접근하고 있지만, 실제로는 청소년들의 학업 스트레스, 낮은 자존감, 비행문화 등 심리사회적 문제가 그 원인이 될 수 있다. 문제를 잘못 인식하여 청소년의 건강 증진을 목적으로 프로그램을 설계한다면, 실제로 학생들이 흡연을 하는 원인을 제거하지 못하였기 때문에 효과가 없는 프로그램이 개발될 수도 있다.

또 다른 예로, 사회에서는 창의적으로 문제를 해결하고, 인성이 좋고, 대인관계 역량이 높은 사람을 원하지만, 학교에서는 여전히 지식을 암기하고 답을 고르는 능력을 평가하는 교육을 하고 있다. 이러한 기대와 현실의 불일치를 교수설계자들은 정확하게 파악해야 한다. 이때 교수설계자들은 학습요구 분석을 통해서 이러한 불일치를 정확하게 파악하여야 이후 교수설계가 교육의 목적에 맞게 이루어질 수 있다.

학습요구를 분석하는 기법은 다음과 같다. 첫째, 대상자들의 학습 자원들을 모두 조사해 본다. 즉, 대상 학습자들이 소속된 조직으로부터 어떠한 교육을 받고(받을 수 있고), 어떠한 학습자원을 지원받고(받을 수) 있는지를 모두 조사해 본다. 흡연예방 및 금연교육의 예에서, 금연에 대한 교육과정이 어느 교과 어느 단원에서 다루어지고 있는지, 금연과 관련된 어떤 교육을 받아 왔는지, 학교에서 보유하고 있는 교육 콘텐츠와 자료들은 무엇이 있는지를 파악한다.

둘째, 설문 조사를 해 본다. 해당 조직에 속한 다양한 사람 중 표본을 정하여 설문지를 통해 자료를 수집한다. 앞의 예에서, 학생들이 과연 금연에 대한 요구가 있는지, 있다면 어느 정도인지, 금연을 위해 노력해 보았는지 등을 설문을 통해 알아본다.

셋째, 인터뷰를 실시한다. 설문 조사보다 몸짓, 목소리, 자세, 표정 등 더 자세한 반응을 얻기 위해서는 직접 대면하여 이야기를 나누는 것이 좋다.

이와 같은 방법을 통해 학습요구를 철저하게 분석하여야 이 요구를 충족시킬 수 있는 교수설계가 가능하게 된다.

2. 과제 유형

과제(task)는 내용과 같다고 볼 수 있지만, 관점의 차이에 따라 다르게 표현한 것이라고 볼 수 있다. 즉, 학습내용은 학습되는 내용 그 자체를 말하지만, 학습과제는 그 내용이 학생이 수행할 수 있는 과제의 형태로 가공되어 주어지는 것을 말한다. 예를 들어, 이순신 장군의 일생에 대해서 학습한다고 할 때, 『난중일기』와 같은 역사적 문헌을 읽는 과제를 통해 배울 수도 있고, 이순신 장군을 다룬 영화나 드라마를 시청하는 과제를 통해 배우게 할 수도 있다. 또는 이순신 장군이 대승을 거둔 명량해전이 있었던 전라남도 해남의 울둘목 현장을 방문하게 하는 과제를 제시할 수도 있겠다. 교수자는 학습내용을 적절한 형태의 학습과제로 바꿀 수 있어야 한다. 또한 특정 학습과제가 어떠한 특성을 가지고 있으며 어떻게 가르치는 것이 효과적인지에 대해서도 잘 알고 있어야 한다. 이를 위해서 학습과제가 특성에 따라 어떻게 분류될 수 있는지를 알아야 한다. 또한 특정 유형으로 분류된 학습과제의 하위 기능을 어떻게 분석해야 할지도 알고 있어야 한다. 그래야 학생들의 출발점 수준에 맞는 곳에서 학습이 시작될 수 있도록 설계할 수 있기 때문이다.

학습과제는 학자들에 의해서 학습목표, 학습내용, 학습결과 등으로 표현되어 다양하게 분류되어 왔다. 그 표현은 다양하지만 결국 학습내용이 제시되는 형태와 시점이 다를 뿐, 학습자에 의해서 인지되고 수행된다는 측면에서 본질적으로는 같은 것을 말하고 있다. 일반적으로 Bloom은 교육목표 분류, Merrill은 내용×수행 분류, Gagné는 학습과제 분류라고 부른다.

1) Bloom의 교육목표 분류

Bloom은 교육목표를 인지적 영역, 정의적 영역, 심동적 영역으로 나누었다 (Bloom, et al., 1956). 그리고 그 목표를 수행하는 학습자의 수행 수준에 따라 학습을 분류하였다.

(1) 인지적 영역

인지적 영역(cognitive domain)이란 사실, 개념, 지적 기술을 사용하여 대상을 이해하는 것이다. 인지적 영역의 교육목표를 가장 낮은 수준부터 분류하면 기억하기(remembering), 이해하기(understanding), 적용하기(applying), 분석하기(analyzing), 평가하기(evaluating), 창조하기(creating)이다(Anderson & Krathwohl, 2001). Bloom은 초기에 평가하기를 가장 높은 수준으로 두고 그 밑에 종합하기(synthesis)를 두었으나, 이후 Anderson과 Krathwohl에 의해 창조

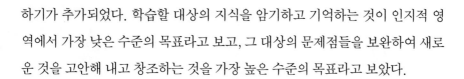

하기가 추가되었다. 학습할 대상의 지식을 암기하고 기억하는 것이 인지적 영역에서 가장 낮은 수준의 목표라고 보고, 그 대상의 문제점들을 보완하여 새로운 것을 고안해 내고 창조하는 것을 가장 높은 수준의 목표라고 보았다.

(2) 정의적 영역

정의적 영역(affective domain)은 대상에 대한 느낌, 태도, 가치화와 같은 정서적 반응을 말한다. 감수(receiving)는 자극에 선택적으로 주의집중하여 수용하고 각성하는 것이다. 반응(responding)은 수용한 자극에 대해서 학습자가 반응하는 단계이다. 가치화(valuing)는 대상이나 현상에 대해서 가치판단을 하는 단계이며, 조직화(organization)는 가치가 있다고 생각한 것들을 자신만의 중요도나 우선순위를 매겨 가치체계로 조직화하는 것이다. 인격화(characterization)는 정의적 영역에서 가장 높은 수준의 학습으로, 가치체계를 자신의 것으로 내면화하여 자신의 인격을 성숙하게 하는 단계이다.

(3) 심동적 영역

심동적 영역(psychomotor domain)이란 몸의 대·소근육을 움직여서 수행하는 학습을 말한다. Bloom은 심동적 영역에 대해서 세부 분류를 하지 않았지만, Simpson(1972)이 다음 일곱 가지로 구분하였다. 지각(perception)은 감각기관을 통한 수용을 통해 대상의 특징과 관계 등을 파악하는 것이다. 태세(set)는 어떠한 행동을 하기 위해 신체적으로 준비하는 자세와 태도를 말한다. 인도된 반응(guided response)은 교수자의 도움을 통해서 나타나는 외적 동작을 말한다. 기계화(mechanism)는 특정 동작에 대해서 자신감이 생겨서 기계적으로 그 동작을 숙련되게 나타낼 수 있는 상태를 말한다. 복합적 외현 반응(complex overt response)은 고난이도의 복잡한 동작을 효율적이고 자연스럽고 효과적으로 해내는 것을 말한다. 적응(adaptation)은 특정 문제 상황에서 필요한 행동을 최적화하여 수행하는 것이다. 독창성(origination)은 심동적 영역에서 가장 높

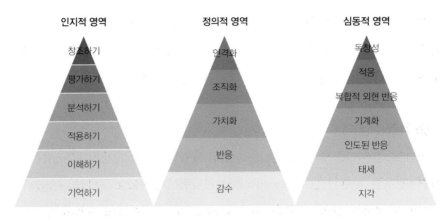

[그림 4-1] Bloom의 교육목표 분류

생각해 볼 문제

• 지금까지 학교 교육과정의 상당 부분이 인지적 영역을 중요하게 생각하고 많이 다루어 왔다. AI와 더불어 살아갈 사회에서는 AI가 하기 어려운 영역을 교육하는 것이 중요한데, Bloom의 교육목표 분류에서 AI로 구현하기 어려운 학습의 영역은 어떠한 것들이 있는지 생각해 보자.

은 수준의 학습으로 학생 스스로 창의적인 행동을 개발하여 수행하는 것이다.

2) Merrill의 내용×수행 분류

Gagné의 학습과제 분류가 내용의 차원이며, Bloom의 분류가 수행의 차원이라면 Merrill은 이 두 가지를 모두 포함한 내용×수행의 이차원적 분류를 시도하였다(Merrill, 1983). 그는 〈표 4-1〉과 같이 내용을 사실, 개념, 절차, 원리

표 4-1 Merrill의 내용×수행 행렬표

		개념×발견	절차×발견	원리×발견
발견 (find)		다양한 동물 중에서 같은 특성을 가진 동물군을 분류하고 이들을 다른 동물군과 구분할 수 있다.	자신의 체형에 맞는 골프 스윙을 개발할 수 있다.	증산작용 시 기공의 여닫힘의 원리를 발견할 수 있다.
		개념×활용	절차×활용	원리×활용
활용 (apply)		다양한 동물 중에서 포유류에 속하는 동물을 고를 수 있다.	스윙하는 순서에 따라 골프공을 원하는 위치로 이동시킬 수 있다.	빨래가 잘 마르는 조건을 통해 증산작용이 활발한 날씨를 알아낼 수 있다.
	사실×기억	개념×기억	절차×기억	원리×기억
기억 (remember)	『혼불』의 작가가 누구인지 말할 수 있다.	포유류가 무엇인지 설명할 수 있다.	골프에서 스윙하는 순서를 말할 수 있다.	식물의 증산작용의 원리를 설명할 수 있다.
	사실 (fact)	개념 (concept)	절차 (procedure)	원리 (principle)

수행 수준 (좌측)　내용 유형 (하단)

로 유형화하고, 수행을 기억, 활용, 발견으로 수준을 구분하였다.

〈표 4-1〉에서는 각 학습과제의 유형에 해당하는 예를 제시하였다. 학습과제 유형을 수행 차원까지 포함하여 기술하다 보니 마치 학습자의 수행목표처럼 느껴지기도 한다. 그러나 내용과 수행을 모두 포함하여 학습과제를 분류한 시도는 각 학습과제 유형별로 보다 미시적이고 구체적인 교수전략을 수립하는 데 도움이 될 수 있다.

생각해 볼 문제

• Merrill의 학습과제 분류에서 사실×활용, 사실×발견이 없는 이유는 무엇일지 생각
해 보자.

3) Gagné의 학습과제 분류

Gagné(1985)는 학습과제를 분류하기 위해서 일단 학습이 이루어지면 학습의 결과(learning outcomes)로서 학습자에게 어떠한 유형의 능력이 길러지는가를 분석하였다. 그 결과 학습자가 학습을 하게 되면 언어적 정보, 지적 기능, 인지전략, 운동 기능, 태도라는 능력 중 어느 한 가지 이상의 유형이 길러지게 된다는 것을 알아내었다. 그리고 이 다섯 가지 유형을 학습과제 분류에 사용하였다. 즉, [그림 4-2]와 같이 학습한 결과의 유형을 다시 학습과제의 유형을 분류할 때 사용한 것이다.

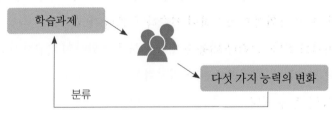

[그림 4-2] Gagné의 학습과제 분류

(1) 언어적 정보

언어적 정보(verbal information)란 주로 기억을 해야 하는 것으로, 사물, 사건, 현상 등을 언어적으로 표현하는 능력을 말한다. 예를 들어, '사과는 영어로 apple이라고 한다.' '미국의 수도는 워싱턴 D.C.이다.' '한 해 중 가장 더운 계절을 여름이라고 한다.' 등이 있다. 이러한 언어적 정보는 논리적 관계나 인과적 관계 등이 없기 때문에('사과'를 영어로 'apple'이라고 함에 있어서 논리적 근거는 없다) 주로 암기해야 하는 학습과제이며, 지적인 능력을 사용해서 이해하거나 분석해야 하는 대상이 아니다.

(2) 지적 기능

지적 기능(intellectual skills)이란 인간이 살아가고 있는 자연환경이나 사회환경을 이해하고 적용하기 위해서 상징적 부호를 사용하는 능력을 말한다. 예를 들어, 높은 위치에 있는 물건이 위치에너지를 가지고 있다는 것을 이해하기 위해서 공식 Ep=9.8mh라는 상징적인 기호를 사용하여 가르치고 배운다. 또한 경제학에서 엥겔지수란 전체 생활비에서 식료품비가 차지하는 비율을 말하며, 엥겔지수를 통해 가정 경제가 부유한지 가난한지를 파악할 수 있다고 배운다. 이렇듯 자연현상이나 사회현상을 이해하고 분석하기 위해 이론, 법칙, 공식과 같은 상징적 기호들을 통하게 되며, 이러한 내용들을 지적 기능 영역의 학습과제라고 한다. 학교학습에서 다루는 많은 학습과제가 이 지적 기능에 속한다.

언어적 정보는 논리적 관계가 없기 때문에 암기해야 한다. 반면에 지적 기능은 단순 암기가 아닌 인간의 지적인 능력을 활용해서 이해하고 분석하는 것이 중요하다. 그러므로 Ep=9.8mh를 이해하지 않고 외우는 것은 지적 기능 영역의 학습을 언어적 정보 영역처럼 학습하는 것이므로 적절하지 않다.

지적 기능을 활용한 학습은 학습자가 단순한 지적 기능을 사용해야 하는 학습부터 고차원적이고 복잡한 지적 기능을 사용해야 하는 학습까지 있으며, 이는 다음과 같이 분류할 수 있다.

- 변별(discriminations)학습: 대상의 속성을 파악하여 한 대상을 다른 대상으로부터 구별해 내는 능력이다. 예를 들어, 아동이 바둑알을 색깔에 따라 변별해 내거나, 종이에 인쇄된 '가'와 '거'를 구별할 수 있는 능력을 말한다.

- 구체적 개념(concrete concepts)학습: 대상을 특성에 따라 유형화할 수 있는 능력을 말한다. 예를 들어, 다양한 동물이 등장하는 동화책을 보고 있는 아동에게 '고양이'를 가리켜 보라고 요구하였을 때 올바르게 가리킨다면 그 아동은 고양이의 개념이 형성된 것으로 볼 수 있다. 고양이가 가지고 있는 공통된 외형적 특징, 즉 많은 털, 세모난 귀, 동그란 눈, 동공의 모양, 긴 꼬리 등을 통합적으로 고려하여 '고양이'의 개념을 형성한 것이다.

- 정의된 개념(defined concepts) 학습: 정의에 따라서 대상을 분류할 수 있는 능력을 말한다. 예를 들어, 다양한 강화물의 예를 제시한 후 이 예들을 '내재적 강화물'과 '외재적 강화물'로 구분해 내는 능력을 말한다. 학생이 내재적 강화와 외재적 강화의 정의를 정확하게 이해하고 있어야 이 과제를 수행할 수 있다.

- 규칙(rules) 학습: 규칙적으로 나타나는 현상을 개념이나 상징들 간의 관계를 가지고 이해하는 능력이다. 앞에서 제시한 위치에너지의 공식인 $E_p = 9.8mh$는 중력가속도와 질량과 높이를 곱하여 '위치에너지'를 측정할 수 있다는 것을 의미한다. 위치에너지, 중력가속도, 질량, 높이는 모두 개념이며, 이 개념들의 관계가 규칙이 된다. 또한 영어의 동사를 과거형으로 만들 때 y로 끝나는 동사의 경우 y를 i로 바꾼 후 ed를 붙일 수 있는 능력은 규칙적으로 나타나는 언어적 현상을 이해하고 있기 때문에 가능한 것이다.

- 고차적 규칙(higher-order rules)학습: 두 가지 이상의 규칙을 적용하여 문제를 해결하는 능력이다. 글쓰기는 수많은 문법과 작문의 규칙을 적용해야 할 수 있는 일이므로 고차적 규칙학습의 대표적 예이다. 일상에서 부딪히는 문제들이 대체로 다양한 원리와 법칙이 복잡하게 얽혀 일어나기 때문

에 고차적 규칙을 해결하는 학습을 문제해결학습(problem solving)이라고 부른다.

(3) 인지전략

인지전략(cognitive strategies)이란 학습자가 학습을 할 때 특정 방법이나 전략을 사용하여 인지하는 능력을 말한다. 전략이란 어떤 목표를 효율적·효과적으로 달성하기 위해서 적용하는 것으로 학습에서 인지전략은 효과적으로 학습내용을 인지하고 이해하는 데 도움이 된다. 예컨대, 외워야 할 내용이 있을 때 그 내용의 특성에 적합한 암기법을 개발하여 적용하거나, 새로운 내용을 이해할 때 기존에 알고 있던 내용과의 연관성을 찾는다든지, 노트 필기할 때 자신의 인지 스타일에 맞도록 하는 것을 말한다(예: 코넬 노트 작성법). 일반적으로 학습 능력이 뛰어난 학생들이 학습에 인지전략을 자주 사용한다. 학교 교육과정에서는 인지전략에 해당하는 학습과제를 별도로 잘 다루지 않고 있다. 그러나 최근 학습방법이나 학습전략에 대한 많은 관심을 보이고 이에 대한 책이나 영상 콘텐츠가 많아지는 것을 볼 때 인지전략 학습과제에 대한 관심이 커지고 있다는 것을 알 수 있다.

(4) 운동 기능

운동 기능(motor skills)이란 근육을 움직여서 조작을 해야 하는 학습과제로, Bloom의 심동적 영역과 유사한 학습과제이다. 예를 들어, '재봉틀을 사용하여 테이블보 만들기' '100m 달리기' '피아노 연주하기', '영상을 촬영하여 플랫폼에 탑재하기' 등이 있다.

(5) 태도

태도(attitude)란 어떤 대상이나 현상에 대해서 마음가짐을 선택하는 경향성을 말한다. 예를 들어, '부모님 공경하기' '바닥에 침 뱉지 않기' '새치기하지 않기' '소셜 미디어에 악성 댓글 달지 않기' 등이 있다. 주로 윤리적 · 도덕적 자세를 가르칠 때 이러한 학습과제를 가르치게 된다.

3. 과제 분석

분석이란 어떤 대상을 더 작은 단위로 나누어서 이해하는 것을 말한다. 하나의 학습과제도 그것을 구성하고 있는 하위 요소로 나누어 분석해 볼 수 있다. 앞의 예에서 '다음에 제시된 동물 그림 중에서 고양이를 찾으시오.'라는 학습과제를 제시하였다. 이 학습과제를 올바르게 수행하기 위해서 아동은 먼저 과제가 지시하는 사항을 이해해야 하고, 고양이가 공통적으로 가지고 있는 특징을 알고 있어야 한다. 또한 그 특징에 맞는 대상을 변별해 낸 후, 변별한 것을 손으로 가리킬 수 있어야 한다. 이처럼 아주 단순한 학습과제도 그것을 분석해 보면 몇 가지 이상의 하위 기능으로 구성되어 있다는 것을 알 수 있다.

학습과제를 하위 기능으로 분석하는 방법은 위계적 분석, 절차적 분석, 군집 분석, 혼합 분석이 있다. 이 분석 방법을 Gagné의 다섯 가지 학습과제 유형에 적용하여 설명하면 다음과 같다.

1) 위계적 분석

위계적 분석이란, 해당 학습과제를 수행하기 위해서 미리 학습되어야 하는 하위 학습과제가 무엇인지 밝히는 것이다. 주로 지적 기능 영역의 학습과제를 분석할 때 위계적 분석법을 자주 사용하게 된다. 앞에서 지적 기능 영역의 학습과제가 지적 능력의 복잡성 수준에 따라 변별, 구체적 개념, 정의된 개념, 규칙, 고차적 규칙의 위계로 구분할 수 있다고 하였기 때문에 이에 근거하여 위계적 분석을 할 수 있다. 수학과 같은 교과는 학습의 위계가 매우 강한 교과 중

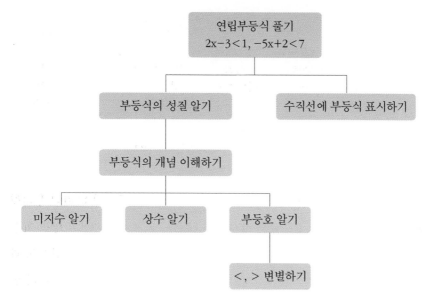

[그림 4-3] 연립부등식의 해를 구하는 과제의 위계적 분석

하나이다. 즉, 수학에서는 하위 기능의 과제를 제대로 학습하지 못하면 그 상위기능의 과제를 학습하는 것이 거의 불가능하다고 볼 수 있다. 위계적 분석을 하기 위해서는 학습과제에 대한 폭넓고 깊이 있는 이해가 필요하므로, 교수설계자는 학습과제를 분석할 때 교과내용 전문가에게 도움받을 수 있다.

2) 절차적 분석

절차적 분석이란 주로 운동 기능 영역의 학습과제를 분석할 때 사용되는 기법으로, 순차적으로 실행해야 하는 학습과제를 분석할 때 사용한다. 예를 들어, 현미경의 조작, 자동차 타이어 교체 작업, 영상 촬영과 편집 등은 정해진 하위 기능을 순서대로 수행하면 목표에 도달할 수 있게 된다. 교수설계자는 운동 기능 영역의 학습과제를 분석할 때, 학습자의 수준에 맞게 한 번에 수행할 수 있는 단위별로 수행의 순서와 절차를 분석할 필요가 있다. 예를 들어, 자동

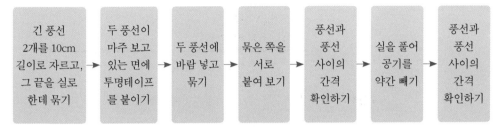

[그림 4-4] 기공의 여닫이 실험 과제의 절차적 분석

차 타이어 교체 작업을 절차적 분석할 때에는 자동차의 구조나 타이어에 대해서 전혀 문외한인 학습자에게는 자동차에 대해서 기본적인 상식이 있는 학습자보다 훨씬 더 상세한 절차적 분석이 필요할 것이다. [그림 4-4]는 중학교 과학 교과인 식물의 증산작용 단원에서 풍선을 이용하여 식물 기공의 여닫이 원리를 학습하는 실험의 절차를 분석한 것이다.

3) 군집 분석

군집 분석이란 주로 언어적 정보 영역의 학습과제를 분석할 때 사용되는 기법으로, 학습과제 간 논리적 관계가 없는 경우에 교수설계자가 임의로 과제들을 묶는 것(clustering)을 말한다. 예를 들어, 각 나라의 수도를 암기하는 학습과제를 무작위로 제시하기보다는 대륙별로 묶어서 제시할 수 있다. 또는 신체의 각 부분의 영어 명칭을 알고 가리키는 학습과제는 몸을 머리, 팔, 몸통, 다리로 묶어서 제시할 수 있다. 이와 같이 대상을 언어로 표현해야 하는 언어적 정보의 과제는 무작위로 암기하기보다는 주제나 유형별로 군집으로 묶어서 학습하는 것이 효과적이다. 교수설계자는 교수자가 언어적 정보의 유형에 속하는 학습과제를 덩어리로 묶어서 학생에게 제시할 수 있도록 군집 분석을 하여야 한다.

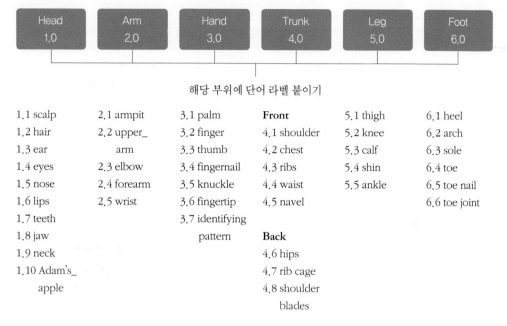

해당 부위에 단어 라벨 붙이기

1.1 scalp	2.1 armpit	3.1 palm	**Front**	5.1 thigh	6.1 heel
1.2 hair	2.2 upper_	3.2 finger	4.1 shoulder	5.2 knee	6.2 arch
1.3 ear	arm	3.3 thumb	4.2 chest	5.3 calf	6.3 sole
1.4 eyes	2.3 elbow	3.4 fingernail	4.3 ribs	5.4 shin	6.4 toe
1.5 nose	2.4 forearm	3.5 knuckle	4.4 waist	5.5 ankle	6.5 toe nail
1.6 lips	2.5 wrist	3.6 fingertip	4.5 navel		6.6 toe joint
1.7 teeth		3.7 identifying			
1.8 jaw		pattern	**Back**		
1.9 neck			4.6 hips		
1.10 Adam's_			4.7 rib cage		
apple			4.8 shoulder		
			blades		

[그림 4-5] 영어 단어 암기 학습과제 군집 분석의 예

4) 혼합 분석

혼합 분석이란 위계적 분석, 절차적 분석, 군집 분석의 기법들을 동시에 혼합하여 학습과제를 분석하는 것을 말한다. 일반적으로 학습과제의 대부분이 언어적 정보, 지적 기능, 운동 기능 등의 학습영역들이 복합적으로 포함되어 있는 경우가 많다. 따라서 결과적으로 학습과제 분석을 할 때 혼합분석을 하게 되는 경우가 일반적이다.

Gagné가 분류한 학습과제의 유형에 적합한 하위 기능 분석을 〈표 4-2〉에 정리하였다(Dick, Carey, & Carey, 2009: 68).

표 4-2 학습과제 유형에 따른 과제분석 방법

학습과제 유형	교수분석(학습과제 분석) 방법
지적 기능	위계적 교수분석
운동 기능	절차적 교수분석
언어적 정보	군집 분석
태도	위계적 분석 또는 군집 분석

생각해 볼 문제

• 무작위로 제시되는 단어들을 얼마나 많이 암기할 수 있는지를 성취 수준이 낮은 집단과 성취 수준이 높은 집단으로 나누어 실험을 하였다. 이 실험의 결과를 예측해 보자. 그리고 그러한 결과가 나타난 이유를 Gagné의 학습과제 분류에 근거하여 설명해 보자.

• 커피 바리스타를 훈련하는 프로그램에서 원두를 로스팅하는 교육을 하고자 한다. 원두 로스팅 학습과제의 하위 기능을 분석해 보자.

---

4. 학습자 분석

학습자 분석(learner analysis)은 대상학습자들에 대한 자료를 수집한 후, 그중 개발하고자 하는 교육 프로그램에 영향을 미칠 요소들을 찾아 분석하는 것이다. 첫째, 학습자들의 일반적인 특성인 성별, 연령, 학교급, 공유하고 있는 문화, 학습 스타일 등을 알아본다. 이렇게 분석된 자료는 이후 설계 단계에서 학습자들에게 맞는 교수방법, 교수전략, 교수매체를 설계하는 데 매우 유용한 정보를 제공한다. 예를 들어, 학습자들이 소셜 미디어 사용을 즐긴다면 소셜 미디어는 교수매체로 활용될 수 있다. 다른 예로, 학생들이 집중력이 부족하여 산만하다고 분석되었다면, 이들에게 강의식 수업을 적용하는 것은 적합하지 않다. 또한 언어적 상호작용 능력이 부족하다고 분석된 학생들에게는 토의식 수업보다는 구체물을 통해 조작하는 학습활동을 설계해야 한다.

둘째, 학습자들이 어느 정도의 성취 수준을 나타내고 있는지를 파악하여야 한다. 금연교육과 같은 비교과교육의 경우에는 그 중요성이 덜하나, 수학, 과학, 영어와 같은 교과교육을 설계하는 경우에는 이 부분이 매우 중요하다. 앞에서 위계적 · 절차적 · 군집 분석을 통해 학습과제를 분석하였기 때문에 이를 근거로 새롭게 배울 학습과제가 학습되기 위해서는 무엇을 꼭 이해해야 하는지, 어떤 수행을 할 수 있어야 하는지를 파악할 수 있다. 이를 통해 학습자들에게 무엇부터, 어디부터 가르쳐야 하는지를 알 수 있다. 예를 들어, 물리에서 압력의 개념을 가르치고 압력을 계산하는 방법을 가르쳐야 한다고 할 때, 학습자들은 힘과 면적의 개념을 알아야 하고, 힘의 크기와 면적을 계산할 수 있어야 한다. 그래야 압력을 이해하고, 압력을 계산할 수 있기 때문이다. 그렇다면 대상 학습자들이 실제로 힘과 크기와 면적의 개념을 알고 계산할 수 있는지를 학습자 분석 단계에서 파악하여야 한다.

셋째, 학습자들의 동기를 파악하여야 한다. 학습동기가 높고 낮음은 물론이며, 학습동기가 높은 학생들도 학습동기를 어디서 얻고 있는지 파악해야 한다. 학습자체에 대한 내재적 동기인지 시험점수나 대학입시와 같은 외재적 동기인지 알아야 한다. 이들의 학습동기는 학습태도에도 큰 영향을 미치기 때문이다.

5. 교수 · 학습 환경 분석

교수 · 학습 환경 분석은 인적 환경과 물리적 환경으로 구분하여 볼 수 있다. 우선, 인적 환경이란 학습요구가 발생된 개인이나 조직을 둘러싼 인적 환경을 분석해 보는 것이다. 학교의 경우 담임 교사, 교과담당 교사, 업무분장에 따른 담당 교사(교무기획, 교육연구부, 학생안전부 등), 교장 · 교감과 같은 관리자, 행정직 직원들, 학부모, 지역사회 인사들이 있다. 예를 들어, 학교폭력 예방 프로그램을 설계한다면 대상 학생들만 관심을 가지기보다는 '학교'라는 환경을 거시적으로 분석하는 것이 필요하다. 학교폭력 가해자, 피해자, 또한 그들의 부모, 담임 교사, 담당 업무를 맡은 학생안전부의 교사들, 교장 · 교감 등이 학교폭력에 대해 어떠한 인식을 가지고 있으며, 이 프로그램을 적용할 때 어떠한 지원을 해 줄 수 있는지를 분석한다.

반면, 물리적 환경은 학교폭력 예방 프로그램을 개발하고 적용하는 데 소요되는 예산, 프로그램이 운영될 학습 공간, 사용할 수 있는 기자재 등이다. 이를 분석하기 위해서는 학교폭력이 자주 일어나는 장소를 탐색하여 프로그램 참가자가 함께 순회하는 시간을 가져 보는 것도 유익하므로 학교 내 폭력 유발 장소도 조사해 볼 수 있다.

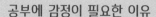

공부에 감정이 필요한 이유

공부가 어려운 이유는 결과가 나오는 데 오랜 시간이 걸리기 때문이다. 오래 해야 실력이 쌓인다. 과외 몇 달 했다고 성적이 오를 수 있지만, 그게 진짜 실력은 아니다.

뭔가 오래 하려면 그것과 동반된 감정과 느낌이 좋아야 한다. 너무 통제하면 답답함을, 너무 자유로우면 불안함이 생긴다. 규범과 자율의 균형이 적절할 때 그리고 그 규범을 같이 지켜 내는 공동체가 있을 때 그리고 그 공동체에 좋은 모델이 있을 때, 우리는 그것이 무엇이든 안정감 있게 지속할 수 있다.

캐나다 거위는 혼자서 한 번에 60마일을 날 수 있지만, 리더를 앞세워 V자 대형으로 날면 한 번에 2,500마일을 날 수 있다. 공부는 장기전이다. 잘하고 싶다면 오래 해야 한다. 오래 하려면 기분이 좋아야 한다. 공부를 좋은 감정으로 오래 하기 위해서는 두 가지가 필요하다.

첫째, 배우는 것을 격려하는 공동체에 들어가야 한다. 없다면 만들면 된다. 그 공동체에 캐나다 리더 거위와 같은 좋은 모델이 있으면 더 좋다.

둘째, 공부할 때 나에게 좋은 기분을 만들어 주기 위해 고민해야 한다. 그것이 잔잔한 음악, 아늑한 공간, 구수한 커피향처럼 외부 환경일 수도 있고, 모호한 것이 명확해지고, 남들이 알려 주지 않는 것을 알아 가는 짜릿한 내적 통찰일 수도 있다.

이 두 가지만 있다면 공부를 시작하는 것이 수월해진다. 다른 일을 하다가 책상 앞에 앉기 전 장시간 고민의 터널을 지나지 않아도 된다. 공부는 사회적(social)이어야 한다. 그리고 공부는 좋은 감정(emotion)을 동반해야 한다. 그래야 오래 지속할 수 있다.

목표와 평가도구

이 장에서는 ADDIE 모형의 두 번째 단계인 설계(Design) 단계 중 가장 먼저 해야 할 목표 진술과 평가도구 설계를 다룬다. 교수 프로그램의 목표를 진술하는 일이다. 학교수업의 경우 교육 프로그램이나 수업이 종료된 후에 학생들이 달성해야 할 목표를 진술해야 하고, 그 목표를 달성한 것을 어떻게 평가할 것인지에 대한 설계가 곧바로 이어져야 한다. 수업목표와 평가도구는 다음 이어지는 설계의 과업들과 개발, 실행, 평가에서 이루어지는 교수설계 활동의 적절성을 판단하는 기준이 되므로, 매우 중요한 활동이라고 볼 수 있다.

1. 목표 진술

1) 수업목표 진술

수업목표는 해당 수업의 내용을 모두 포괄하면서도 구체적이고 명확하게 진술되어야 한다. Mager(1997)는 수업목표를 진술할 때 가급적 구체적인 행동형 동사를 사용하여 진술할 것을 주장하였다. 앞에서 언급한 Dick과 Carey의 체제적 교수설계 모형의 '수행목표 진술하기'에서 학습자들이 교수 프로그램을 이수한 후에 무엇을 수행할 수 있을 것인지를 구체적으로 기술하라고 하였다. 교사가 구체적인 수업목표 없이 수업에 임할 때, 수업의 방향이 모호해지고 목표와 무관한 교수활동을 진행하는 경우가 많다. 예를 들어, 수업시간에 학생들의 흥미를 유발하기 위해서 영상을 시청하게 하는 경우가 있는데, 수업목표가 불분명한 경우 교사들이 수업과 무관한 영상을 보여 주는 경우가 종종 있다. 영상이 교육적인 내용을 담고 있다고 하더라도 수업목표를 달성하는 데 불필요하다면 굳이 수업시간에 보여 줄 필요는 없다.

이처럼 일부 교사들은 목표와 무관한 교수활동을 설계하는 경우가 종종 있는데, 이를 방지하기 위해서 구체적이고 명확한 수업목표를 설계하는 것이 중요하다. Mager(1997)는 이를 위해 하나의 수업목표는 다음의 세 가지 조건을 충족시켜야 구체적이고 명확한 목표가 될 수 있다고 하였다.

첫째, 학생들이 학습했다는 것을 나타낼 수 있는 행동형 동사(behavior)를 사용하여 진술하여야 한다. 둘째, 앞의 행동을 어떠한 환경이나 조건(condition)에서 수행하는지를 기술하여야 한다. 셋째, 그 행동을 얼마나 잘 수행해야 목표를 달성했다고 볼 수 있는지의 기준(degree)을 표현하여야 한다.

예를 들어, '인터넷을 검색하여 아인슈타인의 상대성 이론이 실제로 우리 주변 환경에 적용되는 사례를 3개 이상 찾을 수 있다.'라는 수업목표에서 행동형 동사는 '찾을 수 있다', 조건은 '인터넷을 검색하여', 수락기준은 '3개 이상'이라고 볼 수 있다. 또 다른 예로 '한국고전종합DB를 활용하여 본문에 있는 여섯 가지 고사성어 중 세 가지 이상의 원문을 번역할 수 있다.'가 있다.

2) 수업목표에 대한 논쟁

수업목표를 구체화하는 것에 대한 비판도 없지 않다(Reiser & Dick, 1996; Yelon, 1996). 비판의 주요 논점은 수업목표를 너무 구체화하면 수업이 비인간화될 수 있으며, 문제해결력이나 비판적 사고력과 같은 고차원적 사고 기능을 제한하며, 목표에 제시되지 않았지만 중요할 수 있는 교육과정을 간과하게 되며, 평가를 염두에 둔 수업을 진행할 우려가 있다는 점이다. 그러나 이러한 주장에도 다음과 같은 반론을 제시하며 여전히 수업목표는 구체적이어야 한다는 의견들이 있다(Newby, Stepich, Lehman, & Russell, 2006: 112-113).

- 수업의 비인간화: 목표가 구체적이라고 하여 수업이 비인간화된다고는 볼 수 없다. 수업목표를 개별 학생들이 원하는 것을 성취하도록 진술함으로써 학생들의 학습동기를 유발할 수 있다.
- 고차원적 사고 기능 제한: 단순한 기억과 같은 저차원의 사고는 수업목표를 구체화하기 쉽다. 그러나 사고가 고차원적이고 복잡할수록 수업목표를 구체적으로 진술하는 것이 쉽지 않다. 그러나 이러한 사고의 과정을 구체적으로 진술하는 것이 더 중요하다. 구체적으로 진술한다고 해서 사고기능을 제한하는 것은 아니다.
- 교육과정의 융통성 제한: 수업목표를 구체화한다고 하여 변경할 수 없는 것은 아니다. 훌륭한 교사는 수업목표를 주기적으로 검토하고, 적절하지 않을 때에는 변경할 수 있다.
- 평가를 위한 수업: 만일 수업목표를 정확하게만 평가한다면 교수자는 수업

목표를 성취하도록 수업을 설계해야 하고, 학생들은 그 목표를 성취하는 데 도움을 받아야 하는 것이 옳다.

Mager가 제안한 수업목표 진술은 지극히 행동주의적 학습관에 근거하고 있다. 인지주의 학습관에 근거한 수업목표 진술은 단지 행동이 아닌 학생의 사고 과정을 나타낼 수 있도록 진술되어야 할 것이다. 이는 인지주의에서는 어떤 지식을 이해하고 습득하기까지 거쳐야 하는 인지의 작용을 중요하게 여기기 때문이다. 또한 구성주의적 학습관에 근거한 수업목표 진술은 학습의 결과를 강조한 Mager식 목표 진술과 달리 학생의 지식 구성과정을 나타내는 수업목표를 진술해야 할 것이다. 그리고 그 학습의 과정은 학생마다 제각기 다를 수 있기 때문에 교사가 일률적으로 미리 수업목표를 정하기보다는 학생들이 스스로 자신에게 적합한 학습목표를 설정하도록 할 수 있을 것이다.

2. 평가도구 설계

평가도구를 설계할 때 고려해야 할 것은 앞에서 진술한 수업목표와의 일관성이다. 목표를 어느 정도 성취했는지를 평가해야 하는데, 간혹 목표와는 무관한 평가를 하는 경우가 있기 때문이다. 또한 어떠한 형태로 평가의 결과를 확인할 것인지도 고려해야 한다. 일반적으로는 평가문항을 개발하여 지필고사 형태로 인쇄물을 만들어서 평가를 한다. 그러나 꼭 지필 형태의 평가만을 해야 하는 것은 아니다. 구술 형태로 평가를 할 수도 있으며, 어떠한 조작이나 행동을 하게 하여 관찰평가를 할 수도 있다. 또는 평가를 교수자가 할 필요가 없는 경우도 있다. 동료평가가 더욱 정확하고 신뢰할 수 있다면 학습자가 다른 학습자를 평가하게 할 수도 있다.

1) 평가의 목적과 시기

평가는 그 목적과 시기에 따라서 진단평가, 형성평가, 총괄평가로 구분할 수 있다. 진단평가란 교육 프로그램이 실행되기 이전에 학습자의 현재 학습 수준을 측정하기 위해서 실시하는 평가이다. 진단평가 결과는 프로그램에서 다룰 내용의 수준과 범위를 결정하는 데 좋은 정보를 제공해 준다. 진단평가 결과, 학습자 수준이 매우 낮은 것으로 보고되었다면 교수 프로그램에서 난이도가 높은 내용을 다루는 것은 적합하지 않다. 형성평가는 프로그램이 진행되는 중간에 실시하는 것으로, 그 목적은 프로그램의 수정에 있다. 학습자들이 기대하는 목표를 성취하고 있는지를 파악하여 목표 성취에 문제가 있다고 판단되면 그 문제의 원인을 파악하여 수정하는 것이 목적이다. 총괄평가는 프로그램을 투입하여 실행을 종료한 후 최종적으로 그 프로그램의 효과성을 판단하는 것이 목적이다. 총괄평가의 결과를 통해 해당 교수 프로그램을 수정·보완하여 지속할 것인지 철회할 것인지를 판단할 수 있다.

교수설계자는 평가도구를 설계할 때 이 세 가지 평가 중 어떠한 평가도구가 필요한지 판단하여야 한다. 또한 평가의 목적과 시기를 적절하게 설계할 수 있어야 한다.

2) 평가의 기준

평가는 무엇을 기준으로 삼는가에 따라서 준거지향평가와 규준지향평가로 나눌 수 있다. 준거지향평가에서 준거(criterion)란 목표 또는 이상적으로 생각하는 기준을 말한다. 그러므로 준거지향평가에서는 설계 초기에 설정한 수업목표를 기준으로 어느 정도 성취를 이루었는지를 평가하게 된다. 규준지향평가에서 규준(norm)이란 보편적으로 지켜지는 기준을 말한다. 그래서 일단 평가를 실시하고 난 후, 학생들의 평균 점수를 기준으로 상대적인 성취도를 판단하게 된다. 학습자 간 서열을 파악하거나 선발의 기능을 평가해야 할 경우, 규준지향평가를 실시한다. 규준지향평가의 선발 기능을 너무 강조하는 경우에는 목표와 무관하거나 중요하지 않은 평가문항을 제작하여 학습자를 서열화하는 폐단도 발생하게 된다.

일반적으로 교수 프로그램의 효과를 측정하기 위해서는 교수 프로그램에서 설정한 목표를 얼마나 달성하였는지를 판단하는 준거지향평가를 설계하는 것이 바람직하다.

3) 평가자의 주관성 개입

평가자(채점자)의 주관성이 개입되어 있는 평가도구를 주관식, 그렇지 않은 평가도구를 객관식이라고 한다. 주관식 평가는 보통 서술형 평가를 하게 되는데, 서술형 평가의 경우 여러 사람에게 평가를 맡기게 되면 평가자의 관점에 따라 평가의 결과가 다를 수 있다. 반면에 객관식 평가는 누가 평가를 하더라도 동일한 결과가 나오게 되는데, 일반적으로 진위형 평가나 선다형 평가가 객관식 평가라고 볼 수 있다. 단답식 평가의 경우, 학자에 따라 주관식으로 보기도 하고 객관식으로 보기도 한다.

교수설계자는 평가의 객관성과 신뢰성이 필요하다고 판단되면 객관식 평가를 도입하여야 하고, 학습자의 자유로운 반응을 통해 그들의 표현력, 창의력, 사고력, 분석력 등을 평가하고자 할 때에는 서술형의 주관식 평가를 도입하여야 한다. 객관식 평가의 경우 평가문항 개발이 까다롭지만 채점이 비교적 용이하며, 주관식 평가의 경우 평가문항 개발은 비교적 용이하지만 채점에 시간이 많이 소요된다(정범모, 2012: 32-37).

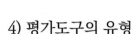

4) 평가도구의 유형

　다양한 도구가 평가에 사용될 수 있다. 학교수업에서는 가장 일반적으로 지필평가가 사용된다. 종이에 인쇄된 문제를 읽고 펜으로 답을 작성하게 된다. 구술평가는 말을 통해 평가하는 것으로, 개인 면담이나 집단 면담의 방식을 취한다. 특히 사회의 취업에서 면접이 매우 중요한 평가방법이 되면서 구어적 표현으로 자신의 생각을 표현하는 능력이 중요해지고 있다. 관찰평가는 교사가 학생의 수행을 관찰하여 평가한다. 관찰은 주관적일 수 있으므로 객관성을 보장하기 위해 평가항목(rubric)의 개발이 매우 중요하다. 원격수업에서 평가를 하거나, 대집단이 표준화 검사 등을 실시할 때 온라인 평가도구를 많이 사용한다. 예를 들어, 한 학년 전체를 대상으로 적성검사를 실시할 때, 온라인 도구는 시행하기도 용이하고 자동으로 결과가 처리되어 제시되므로 매우 편리하다. 자기평가의 경우 '자기소개서'와 같이 자신을 스스로 성찰하며 평가하는 것을 말한다. 동료평가는 협동학습과 같이 협력적 활동을 한 경우 자신의 학습과정 및 참여도를 동료가 평가하는 것이다.

　서술형 평가와 논술형 평가는 문제에 대해 학생의 사고의 과정과 결과를 여러 개의 문장으로 표현하게 하는 평가이다. 따라서 학생의 비판적 사고 능력, 창의성, 논리적 사고, 분석력 등을 평가하기에 적합하다. 서술형 답안은 논술형 답안에 비해 비교적 분량이 적고, 채점할 때에도 모범답안을 중심으로 오류 없이 사고하였는가를 평가한다. 반면에 논술형은 기술할 분량이 많고, 학생이 주어진 문제에 대해 주장하고자 하는 것을 얼마나 논리적이고 창의적으로 기술하였는지를 중심으로 보기 때문에 글쓰기 능력이나 문장력이 중요하게 평가된다.

　최근의 교육과정에서는 교수 · 학습 방법의 다양화와 더불어 평가 방식의 다양화를 기하고 있다. 특히 지금까지 결과 중심적인 평가가 주류를 이루었다면 과정중심평가에 대한 관심이 높아지고 있다. 과정중심평가는 수업의 과정에서 교사–학생, 학생–학생의 상호작용, 학생의 사고 및 행동의 변화 등을 교사가 평가하는 것으로 수업과 평가가 분리되지 않고, 평가를 수업의 한 형태로 인식하게 하는 것을 지향한다(교육부, 2015).

생각해 볼 문제

• 교수자들이 규준지향평가를 너무 강조한 나머지 중요하지 않은 항목을 평가하는 사례를 경험한 것을 나누어 보자.

• 과정중심평가에 대해서 조사하여 보고, 학교현장에서 과정중심평가를 정착시키기 위해 어떠한 노력이 필요할지 생각해 보자.

---

3. Kirkpatrick의 4수준 평가

Kirkpatrick(1994)은 교육평가는 개인과 조직의 수준을 동시에 고려하여 4수준으로 평가하여야 한다고 하였다. 즉, 학습자의 반응, 학습, 행동, 성과라는 4수준을 평가해야 한다는 것이다. 1수준에서는 학습자들의 반응(reaction)을 평가하는데, 이는 학습자들이 교육 프로그램에 대해서 만족하였는가를 평가한다. 종강이 되면 강좌평가를 하거나 연수가 종료되었을 때 연수에 대한 만족도 평가를 하는 것이 그 예이다. 2수준에서는 학습자들의 학습(learning)을 평가하는데, 이는 학습자들이 교육 프로그램에서 무엇을 얼마나 배웠는가를 평가한다. 전통적으로 2수준 평가는 학교에서 중요시되었으며, 학교에서 시행되는 성취도 평가가 대표적인 예이다. 3수준에서는 학습자들의 행동(behavior)을 평가하는데, 이는 학습자들이 학습한 것을 그들의 직무수행에 실제로 적용하고 있는가를 평가한다. 예를 들어, 교사들의 직무연수 프로그램이나 기업의 사원연수 프로그램이 3수준의 평가를 중시한다. 교육이 종료된 후 일정 기간이 지난 후에 측정하여 실제로 직무수행을 개선하였는지 평가하여야 한다. 4수준에서는 성과(results)를 평가하는데, 교육 프로그램이 학습자들이 속한 조직에 긍정적인 영향을 주었는가를 평가한다. 기업교육은 궁극적으로 4수준의 평가를 위해 교육 프로그램을 투입하고 있으나, 학교에서는 평가하기 쉽지 않은 영역이기도 하다.

4수준의 성과평가는 개인적 수준에서 조직의 수준으로 이어지는 하나의 연속적 평가 모형이다. 그리고 기업교육에서는 교육에 투자한 비용이 수익 창출로 이어지는 것이 중요하기 때문에 3수준 또는 4수준의 평가가 매우 중요하다고 볼 수 있다. 학교교육에서도 과거 2수준의 평가만을 해 오다가 1수준과 3수준 평가의 중요성을 깨닫고 이를 실시하고 있다.

학교수업 평가에서도 3수준 행동평가를 포함하기 위해 노력할 필요가 있

표 5-1 Kirkpatrick의 4수준 평가 모형

수준	평가내용	평가도구	시기
1. 반응평가	학습자들이 교육에 대해서 어떻게 느끼는가?	만족도 조사 도구	매일
2. 학습평가	학습자들이 교육을 통해 무엇을 얼마나 배웠는가?	개인별 사전·사후 검사	프로그램 종료 시
3. 행동평가	학습자들이 배운 것을 활용하고 있는가?	관찰, 인터뷰, 관심집단토론(Focus Group Discussion: FGD)	프로그램 종료 후 3~6개월 후
4. 성과평가	교육 프로그램이 조직에 이익을 주었는가?	관찰, 인터뷰, 투자수익률(Return On Investment: ROI)	프로그램 종료 후 3~6개월 후

다. 학생이 수업에서 배운 내용들이 자신의 삶의 질을 높이고 개선하는 데 도움이 되는 것을 주기적으로 확인할 필요가 있다. 특히 최근 역량 중심 교육과정에서는 학생이 삶을 행복하게 꾸려 나가기 위해 필요한 보편적인 역량을 키우는 것에 관심이 있기 때문에 무엇을 배웠는가에서 멈출 것이 아니라, 배운 것이 잘 활용되고 있는지를 평가하는 것이 매우 중요하다. 이 모형은 Kirkpatrick이 1959년에 처음 발표한 것으로, 교육평가에서 매우 고전적인 이론임에도 불구하고 현재까지도 널리 사용되고 있다.

기록, 생각을 물리화하는 힘

라스코나 알타미라 동굴벽화를 보면 인류는 문자가 없던 선사시대부터 기록을 남기려고 노력했다는 것을 알 수 있다. 벽화에서 흔히 보이는 동물 그림은 당시 인류가 수렵의 성공과 풍요로운 삶을 기원했으며 동굴 벽에 새겨 오랫동안 남기고 싶어 했다는 것을 보여 준다.

기록의 목적은 기록자의 머릿속 생각을 종이 위에 표현하여 미래에 실현시키는 것이다. 기록자는 임용시험에 합격해서 교단에 서 있길 원한다. 5kg을 감량하여 작아서 입지 못했던 옷들을 넉넉하게 입는 물리적 현상을 경험하길 원한다. 별표 5개를 쳐 둔 이론이 기말시험에 나와서 일필휘지하는 모습이 현실이 되길 원한다. 원하는 기업의 최종 면접에서 떨지 않고 자신감 있는 답변을 하길 원한다. 이들 모두 기대하는 미래를 상상하며 종이에 뭔가를 끄적인다. 그러므로 기록이란 기록자의 생각을 물리적 현상을 만들기 위한 일이다.

동굴벽에 조각까지 하며 들소 그림을 그렸던 구석기인들은 그림을 그리지 않은 이들보다 짐승 앞에서 자신 있게 돌화살을 쐈음에 틀림없다. 수천억 원의 자산을 일구어 자수성가한 사업가는 목표 매출을 달성한 모습을 상상하며 포토샵 작업으로 영화 포스터를 만들어서 회사에 붙여 두었다고 한다. 물론 주인공은 그 자신이다. 그리고 자신이 얻고자 하는 부의 숫자를 모든 웹 사이트 패스워드에 기록했다고 한다. 그리고 사이트에 로그인할 때마다 자신의 목표를 상기하였다고 한다. 그리고 매일 자신이 이루고자 하는 목표를 한 문장으로 만들어 100번씩 썼다고 한다. 그만의 영리한 기록 시스템은 그의 생각을 물리적 현상으로 만드는 시스템이 된 것이다. 이 분이 구석기시대에 태어났다면 분명 알타미라 동굴벽화를 그리고 있지 않았을까? 조심스레 생각해 본다.

교수 · 학습 방법

교수설계자는 학습요구, 학습자, 학습환경, 학습과제를 분석한 결과에 근거하여 목표를 진술한 후, 이 목표를 달성하기 위해 어떠한 교수 · 학습 방법을 적용하여야 할 것인지를 판단하여야 한다. 그러기 위해서는 다양한 교수 · 학습 방법의 유형별 특성을 잘 이해하고 있어야 한다. 적합한 교수 · 학습 방법이 있다면 선정하여 적용할 수도 있지만, 여러 가지 여건을 고려하여 기존의 교수 · 학습 방법을 변형해 적용할 수도 있어야 한다. 이 장에서는 강의법, 토의법, 탐구학습법, 협동학습법, 문제기반학습법, 디자인 싱킹, 플립드 러닝 등이 소개된다.

1. 강의와 시범

강의와 시범은 교수자 중심의 교수 · 학습 방법이다. 강의법은 교수자가 교수내용을 선정하고 조직하고 각색하여 언어적으로 전달하는 교수방법이다. 교수자가 강의의 질을 좌우하게 되며, 대집단에게 정확한 지식을 전달하거나 내용의 이해를 도울 때 적용할 수 있다. 최근에는 프레젠테이션 매체들의 발달로 시청각 자료를 활용하여 강의를 진행하는 것이 일반화되었다.

시범(demonstration)은 절차적 영역이나 심동적 영역의 과제를 학습할 때 교사가 직접 수행하는 모습을 학생들에게 제시하는 교수방법이다. 과학시간에 현미경을 사용하는 절차를 직접 시범을 보이거나, 체육시간에 배구 서브와 리시브하는 방법을 보여 주거나, 한문시간에 칠판에 한자의 획순을 순서대로 쓰는 것을 시범으로 보여 줄 수 있다.

2. 토의법

토의법은 한 주제에 대한 다양한 관점과 논리적 접근을 할 필요가 있거나, 서로 다른 의견에 대한 합의점을 도출하면서 학습목표를 달성하게 하고자 할 때 적용할 수 있는 교수방법이다. 학습자 간 언어적 의사소통이 기본이 되며, 한 학생이 의견을 이야기하면 다른 학생들은 비판적 수용을 통해 의견에 대한 오류를 비판하고 보완하면서 수업이 진행된다.

따라서 토의가 원활하게 진행되기 위해서는 학습자가 주제에 대해 충분히 토론할 수 있도록 준비되어야 한다. 학생이 토론에 참여할 준비가 되어 있지 않으면 토의에 소극적으로 참여하게 된다. 그러므로 교사는 토의에 대한 자료를 제공하여 읽게 하고, 질문이나 이슈에 대해서 자신의 생각과 논리를 미리 준비해 오도록 지도하여야 한다. 또한 교사는 토의 준비 외에도 토의 운영에 대한 안내도 하여야 한다. 토의 진행을 학생들에게만 맡기면 토의문화에 익숙하지 않은 학생들이 발언하는 데 시간과 에너지를 지나치게 낭비할 수도 있고, 반대로 토의가 너무 과열되어 소모적 논쟁으로 진행될 수 있다. 그러므로 교사는 학습주제와 학습자 수준에 적절한 토의법을 선정하고 적용할 수 있어야 한다. 토의법의 유형은 다음과 같다.

1) 소집단 토의

토의의 효율성과 학생들의 발언 기회를 높이기 위해 소집단으로 나누어 토의를 진행할 수 있다.

(1) 원탁 토의(round table discussion)

원탁은 토론 참여자들이 동등한 위치에 있다는 것을 의미한다. 그러므로 참여자들은 동등한 발언 기회를 가지고 대등한 상호관계를 유지하며 토의를 진행하게 된다. 따라서 참여자들의 지식 수준이나 발언 능력이 비슷해야 토의가 원활하게 진행될 수 있다.

(2) 버즈 토의(buzz discussion)

벌떼가 윙윙(buzz buzz)거리듯이 자유롭게 의견을 교환하도록 특별한 형식을 배제한 토의 방식이다. 형식이 배제되어 있으므로 상대적으로 발언할 기회를 최대한 많이 가질 수 있어, 주로 창의적인 아이디어가 필요한 브레인스토밍(brainstorming)을 할 때 버즈 토의 형식으로 운영한다.

2) 대집단 토의

대집단 토의는 대규모의 청중이 전문가나 대표들의 토의과정을 지켜보고 질의응답 형식으로 토론에 참여하는 형태이다. 대집단 토의에는 다음과 같은 유형들이 있다.

(1) 공개 토의(forum discussion)

특정 주제에 대해서 전문가가 공개적으로 발표를 한 후 청중들이 질의하고 전문가들이 답하는 형태이다. 대중적인 주제를 다루기 때문에 참여하는 청중들은 그 분야에 대한 전문성이 높지 않아도 가능하다. 토의 참여에 대한 개방성이 매우 높은 토의법이라고 볼 수 있다.

(2) 배심 토의(panel discussion)

한 주제에 대한 찬반 의견이 나뉠 때, 각 의견에 대한 대표 발언을 할 배심원들이 토의를 이끌어 가는 형태이다. 사회자는 중립적인 위치에서 양측 의견들이 활발하게 개진될 수 있도록 도와야 하며, 청중들은 대립된 주장을 들으며 자신의 생각을 정리할 수 있게 된다.

(3) 심포지엄(symposium)

매우 전문적인 지식을 다루며, 발표자, 사회자와 청중들도 그 분야의 전문가들인 경우가 많다. 격식을 갖추어 진행하며, 누구나 참여 가능한 공개 토의에 비하여 다소 폐쇄적이다.

3. 하브루타

하브루타(Havruta)는 유대인들이 그들의 경전인 토라와 탈무드를 공부할 때 사용하는 토의법이다. 주로 일대일로 논쟁하는 것으로 탈무딕 디베이트(talmudic debate)라고도 말한다. 유대인들은 학습할 때 질문을 매우 중요하게 여기기 때문에 이 논쟁도 주로 질문으로 이어지게 된다(김보경, 2016). 짝과 일대일로 논쟁하기 때문에 참여도가 매우 높으며, 질문을 하기 위해 단순히 내용을 이해하는 수준을 넘어 적용, 분석, 종합, 평가하는 수준을 요구하기 때문에

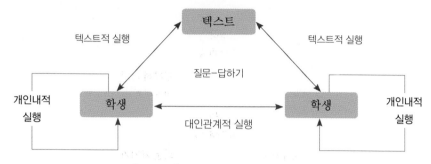

[그림 6-1] 하브루타 텍스트 연구 모형

심도 있는 학습이 가능하다.

　하브루타는 텍스트를 기반으로 한 일대일 토론활동으로 그 핵심에는 질문이 있다. 하브루타로 공부하는 한 쌍의 학생들을 하브루토트(havrutot)라고 부른다(Segal, 2003). 하브루타란 하브루토트와 텍스트 사이에서 일어나는 사회적 상호작용이며, 이들은 텍스트의 의미를 창조적으로 해석해 내기 위해서 질문하기와 답하기를 반복한다. Holzer와 Kent(2014: 54)는 하브루타 텍스트 연구 모형을 제시하며, 하브루토트와 텍스트 상호 간에 반복적으로 발생하는 실행(practice)을 텍스트적 실행, 대인관계적 실행, 개인내적 실행으로 표현하였다.

　하브루타는 다음과 같은 절차로 수업에 적용할 수 있다.

　① 짝 정하기
　② 학습할 본문 정하기
　③ 본문을 정독하면서 질문 만들기
　④ 짝에게 번갈아 질문하기
　⑤ 질문에 논리적으로 답변하기
　⑥ 답변의 오류 찾아내어 논쟁하기

[그림 6-2] 하브루타의 6요소

Kent(2010)는 유대인들이 하브루타 하는 과정들을 비디오로 녹화하여 내용을 분석하였다. 그리고 하브루타에는 경청하기, 명확히 하기, 의문 가지기, 초점 맞추기, 지지하기, 도전하기의 여섯 가지 요소가 존재한다고 제시하였다.

경청하기(listening)는 텍스트를 정독하면서 본문에 주의를 집중하여 그 내용을 이해하거나 상대의 말을 주의를 기울여 듣는 것이다. 명확히 하기(articulating)는 본문에 대한 자신의 생각을 명확하게 하는 것으로, 말이나 글을 사용하여 표현하는 것을 말한다. 의문 가지기(wondering)는 텍스트를 해석하는 다양한 관점을 찾아보는 것이다. 초점 맞추기(focusing)는 다양한 관점 중에서 자신이 가장 지지하는 한 가지 관점을 선택하여 텍스트를 해석하는 것이다. 지지하기(supporting)는 선택한 해석의 관점을 논리적으로 뒷받침하는 작업이다. 도전하기(challenging)는 상대에 의해 자신의 논리와 주장에 비약이 발견되면 그것을 보완하면서 수정하게 된다. 이 여섯 가지 요소는 하브루타에서 질문으로 표현된다.

4. 탐구학습법

탐구, 탐험, 탐색 등의 '탐(探)'은 무엇인가를 더듬으며 찾는다는 의미이다. 강의법이나 토의법이 교수자가 주로 진행하는 교수방법이었다면, 탐구학습은 학습자가 주체적으로 개념, 원리, 법칙들을 찾으며 발견하고 알아 가면서 학습의 과정을 주도하는 방법이다. 이러한 방법에서는 교수자가 정확한 지식이나 정답을 제공해 주지 않기 때문에 학습자들이 잠정적인 가설을 설정하는 것이 매우 중요하다. 학습자들은 현재 알고 있는 지식으로 가설을 설정하고 그 가설이 옳다는 것을 증명하기 위하여 객관적인 근거를 실험이나 조사를 통해 찾아내고 결과를 도출하는 과정에서 학습을 하게 된다.

1) 탐구학습

탐구학습은 학습자가 지식 획득의 과정에 주체적으로 참가하여 학생으로 하여금 사회환경이나 자연환경을 조사하는 데 필요한 탐구 능력을 익히게 하는 교수방법이다(변영계, 김영환, 손미, 2007). 탐구(探究)란 찾아내고 연구한다는 의미인데, 찾아내고 연구할 때 객관적인 근거를 제시할 수 있어야 하고 누구나 인정하는 타당한 방법을 사용해야 한다. 탐구학습을 강조한 학자로 Dewey가 있다. Dewey는 학습자들이 그들의 생활에 필요한 문제들을 해결하기 위해서 가설을 세우고 그 가설을 검증하기 위해 다양한 경험을 하는 과정에서 학습이 이루어진다고 보았다. Dewey는 교육은 미래를 위한 준비가 아닌 현재 삶의 과정이어야 한다고 하였다. 그리고 학교는 학생들의 현재의 삶을 그대로 표상해야 한다고 하였다. 그래서 학교는 아이들이 집에서, 이웃에서, 운동장에서 하는 실제적이고 생생한 현재의 삶을 반영해야 한다고 하였다. 그러나 대다수의 학교교육에서는 이러한 공동체의 삶을 형성하는 기본적인 원리를 간과했기 때문에 학생들의 삶을 교육에 반영하는 것을 실패했다고 하였다 (Dewey, 1929: 292).

따라서 Dewey의 이론을 적용한 교수설계를 하기 위해서는 학생의 실생활에서의 경험을 중시하면서 학습활동을 설계하여야 한다. 탐구학습의 문제도 학생의 학교생활, 가정생활, 문화생활, 교우관계, 자연체험 활동 등 실제의 삶에서 가져와야 한다. 또한 학생이 가설을 세우고, 스스로 그 가설을 경험적으로 검증할 수 있도록 교수자가 돕는 형태로 교수설계가 되어야 한다. 그러므로 교수설계자는 탐구학습을 통해 이루어지는 모든 활동이 학생 중심적 교육과정이 될 수 있도록 설계하여야 한다.

2) 발견학습

학습자가 학습의 주체가 되는 또 하나의 방법으로 발견학습이 있다. Bruner는 발견학습의 최종적인 목적은 '지식의 구조'를 발견하는 것이라고 하였다. Bruner는 모든 학문(교과)은 사실 · 개념 · 명제 · 원리 · 법칙이 구조화되어 있는데, 학습자들이 그러한 학문의 구조를 발견하기 위해서는 사고하고 탐구하여야 한다고 하였다. 이것은 마치 그 분야의 학자들이 새로운 사실이나 개념을 찾아내고, 현상들의 연관성을 밝히는 일과 유사하다. 그래서 Bruner는 학습자를 '꼬마 학자'라고 불렀다. 예를 들어, 물리학의 상대성이론을 공부할 때, 학습자들은 물리학자들이 정리해 놓은 것을 공부하는 것이 아니라, 아인슈타인이 되어 그 이론을 마치 자신이 처음 발견해 내고자 하는 사고의 과정을 거치면서 학습해야 한다는 것이다. 수학의 법칙도 마찬가지이다. 피타고라스의 정리를 배우는 것이 아니라, 자신이 피타고라스가 되어서 그 법칙에 관심을 가지고 증명해 내고 찾아내는 그 과정을 피타고라스와 유사하게 거쳐야 한다는 것이다. 이렇게 해서 수학이라는 학문의 구조의 중요한 일부인 피타고라스의 정리를 발견해 내어야 한다. 그래야 그것을 발견학습이라고 부를 수 있다. Bruner는 자신의 책 『교육의 과정(The Process of Education)』에서 다음과 같이 이야기하였다(Bruner, 1960/1973: 63-64).

> 지식의 최전선에서 새로운 지식을 만들어 내는 학자들이 하는 것이거나 초등학교 3학년 학생이 하는 것이거나를 막론하고 모든 지적 활동은 근본적으로 동일하다는 것이다. 과학자가 그의 책상이나 실험실에서 하는 일, 문학평론가가 시를 읽으면서 하는 일은 누구든지 이와 비슷한 활동, 다시 말하면 모종의 이해에 도달하려는 활동을 할 때, 그 사람이 하는 일과 본질상 다름이 없다. 이런 활동들의 차이는 하는 일의 '종류'에 있는 것이 아니라, 지적 활동의 '수준'에 있는 것이다. 물리학을 배우는 학생은 다름 아니라 바로 '물리학자'이며, 물리학을 배우는 데에는 다른 무엇보다도 물리학자들이 하는 일과 똑같은 일을 하는 것이 훨씬 쉬운 방법일 것이다. 물리학자들이 하는 일과 똑같은 일을 한다는 것은 물리학자들이 하듯이 물리 현상을 탐구한다는 뜻이다.

그러나 많은 경우 수학이나 과학의 가설을 교사들이 증명하고 검증하는 과정을 학생들이 그저 지켜보고 이해하고 암기하는 것이 현실이다. 그러나 발견학습의 견해에서 그것은 학문적 발견이 전혀 이루어지지 않은 것이다.

Bruner의 발견학습을 적용한 교수설계를 하기 위해서 교수설계자들은 학생의 인지발달 단계에 따른 표상의 방식을 잘 알고 있어야 한다. Bruner는 Piaget의 인지발달 단계 이론을 수용하여 학습자들의 인지발달의 수준이 각기 다르다고 인정하였다. Piaget는 인지발달 단계를 감각운동기(0~2세), 전조작기(2~7세), 구체적 조작기(7~11세), 형식적 조작기(11세 이후)로 나누었다. 또한 인지발달 단계가 다르기 때문에 학생의 인지발달 수준에 벗어난 내용은 학생이 이해하기 어렵다고 생각하였다. 그러나 Bruner는 교육과정이 적절한 형태로 제공되기만 하면 모든 학생은 항상 학습할 준비가 되어 있다고 보았다. 예컨대, Bruner는 유치원생에게도 유치원생이 이해할 수 있는 형태로 교육과정을 제공하기만 한다면 수학의 어려운 함수도 가르칠 수 있다고 보았다. 학생이 이해할 수 있는 형태란 학생의 인지발달 단계에 맞는 표상의 방식대로 교육과정을 제시하여야 한다는 것이다. 즉, 유치원생들은 주로 조작을 하는 작동적(enactive) 표현 방식으로 학습을 하기 때문에 함수를 그림이나 수식이 아닌 블록이나 자료를 손으로 조작하면서 배울 수 있다는 것이다. 그다음 수준의 인지발달 단계가 되면 함수를 그림이나 사진과 같은 영상적(iconic) 표현 방식으로 익힐 수 있으며, 그다음 수준에서는 수식과 같은 상징적 · 추상적(symbolic) 표현 방식으로 익힐 수 있다는 것이다. 그러므로 교수설계자들은 Bruner의 이론에 근거한 교수설계를 할 때에는 교과 내용의 표현 방식을 학생의 인지발달 단계에 맞도록 하는 것이 매우 중요하다.

다음으로 교수설계자들은 그 분야의 내용전문가들(Subject Matter Expert: SME)과 특별한 협조가 필요하다. 왜냐하면 지식의 구조를 발견해 나가는 과정을 설계해야 하기 때문에 교수설계자에게 그 분야의 학문적 구조에 대한 이해가 꼭 필요하기 때문이다. 물론 다른 교수방법을 적용한 설계에서도 내용전문가의 역할은 중요하다. 그러나 발견학습의 경우 학문(교과)을 이루고 있는 사실 · 개념 · 명제 · 원리 · 법칙을 발견해 가는 과정을 설계해야 하기 때문에 그 학문(교과)에 필요한 사고방식과 학문적 원리의 체계에 대한 이해가 특히 중요하다. 그래서 내용전문가의 역할이 더 중요하다고 볼 수 있다.

변영계, 김영환과 손미(2007)는 발견학습과 탐구학습을 비교하면서 Dewey 와 Bruner 모두 인식의 방법에서는 탐구할 주제나 문제에 대한 가설을 세우고 그 가설을 검증해 나간다는 점에서 공통점이 있다고 하였다. 또한 교수방법에 서도 암기나 기억에 의존하는 것이 아니라 문제-가설-검증-결론의 과정을 거치며 학생들의 능동적인 지적 활동인 '탐구'를 강조한다는 공통점이 있다고 하였다. 또한 차이점도 제시하였는데, 그 내용은 다음과 같다.

> 이 두 학자는 모두 탐구를 중요시했으면서도 Dewey의 교육철학은 지나치게 흥미와 실용성 위주로 해석된 나머지 학문의 기본적인 사고와 학문적 원리의 체 계에 대한 몰이해를 초래하게 되었다. Dewey의 교수 모형은 지식을 아동의 사 회적 활동과 관련을 지으려고 했고, Bruner는 지식을 지식 자체와 관련을 지으 려 하였다. Dewey의 교육과정을 경험 중심 교육과정, Bruner의 교육과정을 학 문 중심 교육과정이라고 부르는 것도 이와 맥락을 같이하는 것이다(변영계, 김 영환, 손미, 2007: 130-131).

생각해 볼 문제

• 교수자가 정해 준 내용과 방법이 아닌 어떤 대상이나 현상에 대해서 호기심을 가지 고 스스로 탐구하며 공부했던 경험을 나누어 보자.

5. 협동학습법

일반적으로 몇몇의 학생이 소그룹으로 모여서 공동의 과제를 수행하면 협동 학습이 이루어지는 것으로 생각하기 쉽다. 그러나 학습에서 실제적으로 협동이 이루어지기 위해서는 몇 가지 요건이 충족되어야 한다. 그 요건을 제시한 학자 로는 Kagan이 있다. Kagan(1994)은 협동학습을 설계하기 위해서는 협동의 기 본 요건인 긍정적 상호의존성, 개별적 책무성, 동등한 참여, 동시적 상호작용성 이 충족되어야 한다고 하였다. 각각의 요건에 대해서 살펴보면 다음과 같다.

- 긍정적 상호의존성(positive interdependence): 협동학습을 하는 동료학습 자가 과제를 성실하게 수행하고 좋은 보상을 잘 받으면 자신의 과제 수행 과 보상에도 긍정적인 영향을 미치도록 설계해야 협동이 잘 일어날 수 있 다는 것이다. 반대로 자신이 과제 수행을 성실하게 하고 좋은 보상을 받 으면 동료학습자에게도 긍정적 영향을 미치도록 협동의 구조를 설계해야 한다. 그리고 동료학습자 간에 긍정적인 상호의존성이 강할수록 협동은 잘 일어나게 된다.
- 개별적 책무성(individual accountability): 비록 협동학습이지만, 개인이 공 동의 목표를 달성하기 위해 개인이 분담한 과제를 얼마나 성실하게 수행 했는지를 평가하고 그에 따른 책임이나 보상을 개인이 받도록 설계해야 한다. 만일 개별적 책무성을 간과하여 개인이 협동학습에 얼마나 기여하 였는지를 평가하지 않고 모든 구성원에게 동일한 점수를 부여하면, 무임 승차자(free rider)가 발생하게 된다.
- 동등한 참여(equal participation): 협동학습 구성원이 협동학습에 기여할 기 회를 동등하게 부여받아야 한다는 것이다. 특정 학습자가 능력이 있다고 하여 그가 학습과제 수행의 대부분을 맡아서 하는 것은 다른 동료학습자

들의 학습권을 침해하거나 무임승차자를 발생시킬 수 있다.

- **동시적 상호작용성**(simultaneous interaction): 협동은 동시에 일어날 때 비로소 의미 있는 학습이 일어난다. 간혹 구성원들이 학습과제를 1/n로 분담한 후 다시 조합하는 것을 협동학습으로 오해하는 경우가 있다. 그러나 이것은 일의 분업일 뿐 진정한 협동학습이라고 볼 수 없다. 진정한 협동은 학습자들이 각자 분담한 과제를 수행하는 과정에서 동시에 상호적으로 도움을 주고받을 때 일어나기 때문이다.

협동학습(cooperative learning)의 이론적 배경은 사회심리학으로 동일한 과제라도 혼자 학습할 때와 여러 사람과 같이 학습할 때 학습의 양태가 다르다는 것을 전제로 한다. 협동학습과 유사한 용어로 협력학습(collaborative learning)이라는 용어가 있다. 많은 경우 이 두 용어를 혼용해서 사용하지만 두 용어의 학술적 발전 맥락은 다르다. 협동학습은 독일의 Lewin 등의 사회심리학자들의 연구들을 기반으로 미국의 Johnson, Slavin과 같은 사람들이 발전시킨 교수방법이다. 반면에 협력학습은 Vygotsky, Piaget와 같은 유럽의 구성주의자들을 중심으로 제안된 것이다. 우리나라는 주로 협동학습이라는 용어를 사용하였는데, 최근 구성주의가 큰 영향을 미치고 혁신학교 운동이 전개되면서 다시 협력학습이라는 단어가 강조되고 있다(김현섭, 2013).

협동학습은 과제를 분담시키는 방식에 따른 과제 중심 협동학습 모형, 보상을 분배하는 방식에 따른 보상 중심 협동학습 모형, 교과별 특성에 따른 교과별 협동학습 모형 등으로 분류할 수 있다. 이 책에서는 범교과적으로 적용할 수 있는 과제 중심 협동학습과 보상 중심 협동학습만을 다루고자 한다.

1) 과제 중심 협동학습

과제 중심 협동학습은 학습과제를 구성원들에게 분담하여 협동의 구조를 만든다는 의미이다. 대표적인 모형으로 Jigsaw와 그룹조사(Group Investigation: GI)가 있다.

(1) 과제분담 협동학습(Jigsaw)

Jigsaw는 과제 중심 협동학습의 일종으로, 하나의 대주제(topic)를 소주제 (sub_topics)로 나눈 후 소주제를 개별 학생이 맡아 학습한 후 다른 동료를 가르치는 구조를 가지고 있다. Jigsaw의 운영 절차는 다음과 같다.

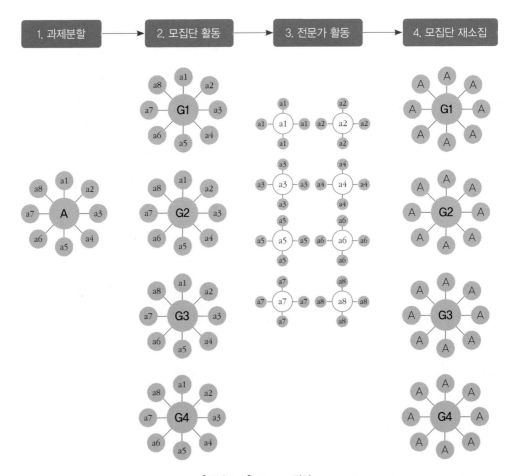

[그림 6-3] Jigsaw 절차

① 먼저 교사는 A라는 주제를 n개의 소주제(a1, a2, … , an)로 나누고 n명의 구성원으로 된 모집단(home team)을 구성한다.

② 모집단에 모인 n명의 구성원은 n개의 소주제 중 자신이 맡을 소주제를 정한다.

③ 각 모집단에서 동일한 소주제를 맡은 구성원들이 전문가 집단(expert team)으로 함께 모인다.

④ n개의 전문가 집단이 구성되고, 각 전문가 집단 내에서는 맡은 소주제에 대해 전문성을 가질 수 있을 정도로 함께 학습한다.

⑤ 전문가 집단에서 학습을 마치면 모집단으로 다시 돌아간다(home team reconvene).

⑥ 돌아가면서 자신이 학습한 소주제를 모집단의 다른 동료학습자에게 가르쳐 모든 구성원이 n개의 소주제 전체(A)를 학습할 수 있도록 한다.

Jigsaw는 학급 전체가 동일한 주제를 학습하게 되므로 범위가 작은 주제이면서 소주제로 구분이 잘 되는 내용일 때 적합하다. 또한 한 명이라도 전문가 학습을 제대로 하지 않게 되면 동료학습자들에게 부정적 영향을 미치게 되므로 집단 내 구성원들의 상호의존성이 매우 강한 협동학습 모형이라고 볼 수 있다.

생각해 볼 문제

• 과제분담 협동학습을 Jigsaw라는 이름으로 부르는 이유가 무엇일지 생각해 보자.

• 지구과학을 가르치는 김 교사는 태양계의 행성을 가르치기 위해 협동학습을 적용한 수업을 설계하고자 한다. 한 학급의 학생수가 28명이며, 이 학생들을 대상으로 태양계 중 태양과 지구를 제외한 수성, 금성, 화성, 목성, 토성, 천왕성, 해왕성만을 다룰 예정이다. 이 수업을 Jigsaw 방법으로 설계하시오.

(2) 그룹조사(GI)

Jigsaw는 모든 모집단이 동일한 주제를 학습하는 반면에 GI(Group Investigation)는 집단별로 서로 다른 탐구 주제를 주고 집단 내 협동학습을 하게 한다. 집단별로 서로 다른 주제를 학습하기 때문에 최종 결과물을 보고서 형태로 만들어 학급 전체에 발표하게 하는 것이 일반적이다.

① 소주제 선정과 집단 조직: 교사가 대주제를 제시하면 학생들과 논의를 통해 소주제로 나누고, 자신들의 관심에 따라 탐구할 소주제를 선정한다.

② 탐구계획 수립과 역할 분담: 소주제 탐구를 어떻게 실행할지 구체적으로 계획을 수립하고 집단 내에서 누가 무슨 일을 담당할 것인지를 결정한다.

③ 탐구실행: 탐구계획에 따라 소주제 탐구를 진행한다.

④ 탐구결과 발표: 학급 전체에게 탐구결과를 발표한다. 이때 소주제 모두를 학습하게 된다.

⑤ 평가: 탐구결과 발표 내용을 보고 평가를 실행한다.

예를 들어, 교사가 '다문화 가정 지원 사업의 문제점과 개선 방안'이라는 대주제를 제시하면, 학생들과 논의를 통해 다문화 가정 지원 사업을 어떻게 범주화할 수 있는지를 이야기해 본다. 논의 결과, 다문화 가정 유형별로 지원 사업이 서로 다르게 진행되어야 한다는 결론이 내려지면, '국제결혼 가정' '외국인 근로자 가정' '새터민 가정' '유학생 가정'으로 소주제를 나누고 각 주제를 탐구할 집단을 조직하게 된다. 각 집단은 맡은 소주제(예: 국제결혼 가정 지원 사업의 문제점과 개선 방안)를 어떻게 탐구할 것인지 구체적인 계획을 수립하고 역할을 분담한 후 탐구를 실행한다. 탐구를 종료하면 탐구결과를 보고서나 발표자료 형태로 만들어 발표한다. 자신의 집단이 맡지 않은 주제들은 이때 학습을 할 수 있게 되므로 발표는 매우 구체적이고 설명이 매끄럽게 진행되어야 한다.

GI는 집단별 소주제들이 모여 큰 단원을 형성하기 때문에 Jigsaw보다는 범위가 넓은 주제나 단원을 한 학급 전체가 협동하여 학습하기에 적합하다. 그러나 집단 내 또는 집단 간 상호의존 구조가 명확하지 않아 협동적 구조가 다소 느슨하게 설계된 협동학습 모형으로 볼 수 있다. 그 대신 협동학습의 과정이 매우 민주적으로 진행된다는 특징이 있다. 주제를 선정하거나 탐구의 과정에서 학생들이 서로의 의견을 통합하고 조정하여 협동학습을 진행하게 된다. 과제 중심 협동학습의 특징을 비교하면 〈표 6-1〉과 같다.

표 6-1 과제 중심 협동학습 비교

협동학습 유형	Jigsaw	GI
학습과제	모든 집단이 동일한 과제를 학습하므로 소규모 과제가 적합하다.	집단이 서로 다른 과제를 학습하므로 대규모 과제에 적합하다.
집단 상호작용	집단 내 상호의존 관계가 강하다.	집단 간 교류가 적고, 집단 내 상호의존 관계가 다소 느슨하다.

2) 보상 중심 협동학습

보상 중심 협동학습은 보상을 주는 방식에 의해 협동의 구조를 만드는 것으로, 대표적인 모형으로는 STAD(Student Team Achievement Division)와 TGT(Teams-Games-Tournament)가 있다. 이 두 모형에 대해 살펴보기 전에 보상의 개념과 유형에 대해 먼저 생각해 보고자 한다.

보상은 학습의 효과를 높여 주는 강화물 중 하나이다. 보상을 결정하는 방식은 다양한 사회적 패러다임과 철학을 바탕으로 한다. 가장 일반적인 보상 결정 방식 세 가지는 다음과 같다. 첫째, 형평 체제(equity system)는 기여도나 획득한 점수에 비례하여 보상을 하는 방식으로, 이는 자본주의적 패러다임을 바탕으로 한다. 둘째, 평등 체제(equality system)는 기여도에 무관하게 모두에게 동일한 보상을 하는 방식으로, 이는 사회주의적 패러다임을 바탕으로 한다. 셋째, 필요 체제(need system)는 학습자의 필요에 따라 보상하는 방식으로, 필요가 많을수록 많은 혜택을 받게 되므로 복지사회적 패러다임을 바탕으로 한다(정문성, 1995, 2006; Johnson, Johnson et al., 1984). 이러한 보상 방식은 학습자의 학습동기 향상에 긍정적 영향을 미치는 부분도 있고, 부정적 영향을 미치는 부분도 있다.

지금까지 협동학습에서는 평등체제적 보상을 주로 실시해 왔으며, 이는 종종 무임승차자를 양산하기도 하였다. 점차적으로 협동학습의 개인적 책무성을 강조하면서 기여도에 따라 보상하는 자본주의적 보상이 이루어지고 있다. 때로는 성취나 점수보다는 필요를 충족시킬 수 있는 복지사회적 보상 방식도 고려해 볼 만하다. 교수설계자는 협동학습에서 이러한 보상 방식을 적절하게 선택하여 적용하되 교과와 학생, 학급의 풍토를 고려하여 협동이 잘 일어날 수 있는 보상 방식을 설계하여야 한다.

(1) 팀성취분배보상 모형(STAD)

협동학습을 설계할 때 중요한 것 중 하나가 학습에 기여하지 않고 보상을 받는 무임승차 효과를 배제하는 것이다. 무임승차 효과를 배제하기 위해서 팀성취분배보상 모형인 STAD(Student Teams Achievement Divisions)는 개인별 성취를 측정한다는 점이 가장 큰 특징이다. 집단별 협동학습을 마친 후에 생각해서 써 보기나 시험을 통해 개인별 성취를 측정한다. 그리고 협동학습 집단 구성원의 점수를 평균 내서 그 집단의 점수로 부여한다. 이를 통해 개인의 성취가 집단의 목표 성취에 영향을 미치게 하는 구조를 가지게 된다. 그래서 STAD는 Kagan의 협동학습의 요건 중 개별적 책무성의 원리가 강하게 적용된다. 이는 무임승차 효과를 배제하고 모든 구성원이 좋은 점수를 받도록 서로의 학습을 돕게 한다. 자신의 성취가 집단에 긍정적 영향을 주기 위해 노력할 것이며, 집단 내 다른 동료들도 좋은 점수를 받는 것이 자신에게도 긍정적으로 작용하므로 집단 내 긍정적 상호의존성을 높인 협동학습 설계이다.

STAD에서 개인별 성취는 주로 원점수가 아닌 향상점수를 많이 사용하게 된다. 향상점수란 학습자가 이전에 얻은 평균 점수와 비교하여 얼마나 향상되거나 하락하였는지에 따라 부여된 점수를 의미한다. 정문성(2008: 245)은 향상점수표의 한 예를 〈표 6-2〉와 같이 제시하고 있다.

표 6-2 향상점수표의 예

획득한 점수	향상점수
기본점수에서 10점 이상 하락	0
기본점수에서 1~10점 미만 하락	10
기본점수에서 동점 또는 10점 미만 상승	20
기본점수에서 10점 이상 상승	30

생각해 볼 문제

• STAD는 개인별 성취점수를 활용할 때 원점수가 아닌 향상점수를 많이 사용한다.
그 이유는 무엇일지 생각해 보자.

(2) 팀 게임 토너먼트 모형(TGT)

TGT(Team Games Tournament)는 각 모집단에서 비슷한 성취 수준을 보이는 학생들을 선발하여 토너먼트 집단으로 소집한 후 문제를 푸는 게임을 진행하는 것이다. 토너먼트의 결과로 얻은 개별 점수는 모집단 점수로 환원되어 모집단의 순위가 정해지고 그 순위가 곧 개인의 성취가 된다. STAD는 집단 간의 교류가 거의 없는 반면, TGT는 토너먼트 형식을 통해 집단 간 경쟁을 하게 하는 것이 그 특징이다. 집단 간의 경쟁을 유도하여 집단 내 구성원 간의 협동을 더욱 유발하는 형태로 설계되어 있다. 일반적으로 팀플레이를 하는 스포츠의 경우, 팀 내 선수들의 협동이 잘 이루어져야 다른 팀과의 경쟁에서 이길 수 있는 TGT 협동구조를 가지고 있다.

TGT의 장점으로는 토너먼트 집단을 운영할 때 성취 수준을 비슷하게 맞출 수 있다는 점이다. 즉, 대표 학습자를 선발할 때 각 팀에서 비슷한 성취 수준을 나타내는 학생들을 선발한다. 그리고 그 학생들 수준에 맞는 문제를 출제하기 때문에 모든 수준의 학생들이 협동학습에 적극적으로 참여할 가능성이 높아진다.

생각해 볼 문제

- 게임을 운영하는 방식인 토너먼트(tournament)와 리그(league)를 비교하여 설명해 보자.

지금까지 살펴본 보상 중심 협동학습인 STAD와 TGT의 특징을 비교하면 〈표 6-3〉과 같다.

표 6-3 보상 중심 협동학습 비교

협동학습 유형	STAD	TGT
집단 상호작용	집단 내 보상의존성이 강하고 집단 내 상호작용만 존재한다.	집단 간 경쟁을 통해 집단 내 협동을 추구한다.
학습동기 유발	향상점수를 통해 모든 수준의 학습자의 학습동기를 유발한다.	자신의 수준에 맞는 게임에 참여시켜 모든 수준의 학습자의 학습동기를 유발한다.

STAD나 TGT는 보상체계에 중점을 둔 협동학습 모형이므로 외적 학습동기를 높이는 데 적용하기에 적합하다. 즉, 학습내용 자체에 내적 동기를 기대하기 어려운 단순한 단어 암기나 훈련 등의 학습내용을 다룰 때 사용하는 것이 좋다(홍기칠, 2012).

6. 문제기반학습

문제기반학습(Problem-Based Learning: PBL)은 의과대학에서 인턴들이 오랜 시간 공부했음에도 불구하고 환자를 진단하고 치료하는 데 어려움을 겪는 것을 보고, 의과대학 교육방식의 문제점을 개선하기 위해 개발된 교수 · 학습 모형이다(박성익 외, 2011; Barrows, 1985). 이러한 문제는 의과대학뿐만 아니라 사범대학도 마찬가지일 것이라 생각된다. 우수한 학생들이 성실하게 전공 교육과정과 교직 교육과정을 이수하였음에도 불구하고 교단에 처음 서서 수업을 진행할 때 생각한 대로 수업이 진행되지 않는 것을 경험하게 된다.

이러한 현상의 원인은 학교교육에서 다루는 문제와 현장에서 마주치게 되는 문제의 성격이 상이하기 때문에 일어나는 것이다. 즉, 학교교육에서는 문제해결에 필요한 자료들이 비교적 제한적이며 그 안에서 명확한 답을 찾아야 하는 구조화된 문제(structured problem)를 다룬다. 반면에 현장의 문제들은 문제해결을 위한 자료들이 산발적으로 흩어져 있고 문제해결자의 문제 인식이나 문제해결 방법에 따라 여러 가지 대안이 존재하는 비구조화된 문제(ill-structured problem)이다. PBL은 이러한 실제적(authentic)이고 비구조화된 문제들을 가지고 학습이 이루어진다. PBL은 학교교육이 실제 현장에 잘 적용되기 위해서는 학생들이 수업에서 비구조화된 문제들을 많이 접해 보는 것이 중요하다고 보는 것이다. 앞서 배운 상황학습(Situated Learning: SL)은 학교교육의 현장 전이 문제를 지식의 맥락화를 통해 해결하려 하였다면, PBL은 비구조적인 문제를 다룸으로써 해결하려고 하였다고 볼 수 있다.

PBL의 절차는 문제설계와 문제실행으로 구성된다(Torp & Sage, 2002). 문제설계 단계에서는 교사나 교수설계자가 문제를 개발하게 된다. 이때 학생이 그 문제를 해결해 나가면서 교육과정에 있는 내용요소들을 학습할 수 있도록 설계해야 하기 때문에 매우 신중하게 개발되어야 한다. 예컨대, '청소년의 영양과 건강'이라는 단원을 PBL로 설계할 때, 한 청소년의 비만을 해결하는 문제를 제시하였다고 하자. 학생들은 문제 속 청소년의 비만의 원인을 분석하고 비만을 극복할 수 있는 다양한 해결안을 만들어야 한다. 그 과정에서 청소년에게 필요한 영양소의 종류와 음식들, 칼로리 계산방법, 권장 섭취량과 같은 단원의 내용요소들을 학습하도록 교수설계자가 문제를 세밀하게 설계하여야 한다. 예를 들어, 의과대학의 해부학 과목을 한 학기 동안 PBL로 설계할 때, 수업에 사용되는 문제를 개발하는 데에만 몇 주가 걸리곤 한다.

문제가 개발되었다면 학생들에게 문제를 제시한다. PBL은 보통 소그룹 협력학습으로 진행되므로 학생들은 토의를 통해 문제를 자신들만의 시각으로 재정의하면서 내면화하게 된다. 또한 그 문제를 해결하기 위해서 이미 알고 있는 사실(facts)과 알아야 할 것(learning issues)을 구분한 후 추론의 과정을 통해 학습과제를 정의하게 된다(Stepien, Gallaher, & Workman, 1993).

그리고 학습과제를 서로 분담하여 자기주도적인 학습을 통해 문제해결에 필요한 지식을 공부한 후, 모여서 토의를 통해 문제해결안을 만들어 가는 과정을 몇 차례 거치면서 문제해결안을 완성하게 된다. 박성익 등(2011: 225)은 PBL에서의 추론 기능과 지식 기반은 마치 가위의 양날과 같이 문제해결에 모두 필요하다고 하였다. 즉, PBL에서는 문제해결에 필요한 지식이 풍부해야 하기 때문에 학습자 개인의 자기주도적 학습이 충분히 이루어져야 하며, 동시에 적극적인 토론과 협력의 과정도 필요하다는 것이다. 다음은 학교에서 활용된

표 6-4 │ PBL의 문제해결 과정에서 정의할 내용들

우리가 이미 알고 있는 것은 무엇인가?(사실)	우리가 알아야 할 것은 무엇인가?(학습내용)	우리는 무엇을 해야 하는가?(학습과제)
•	•	•
•	•	•
•	•	•

PBL의 문제 사례이다.

대학 공학교육에서 PBL 수업의 문제

수업목표: 수분 함량을 측정할 수 있다.

　　　　수분 제거 공정에 물질 및 에너지 수지를 적용할 수 있다.

　　　　최종 산물의 수분 함량별 경제성을 분석할 수 있다.

분　　　야: 화학공학(요소설계 과목)

대　　　상: 화학공학과 3학년생

문　　　제: ○○시에서 매년 수거되는 음식물 10톤을 처리하기 위한 1차 목적으로 수
　　　　분제거 장치 제작 과제를 공모 중입니다. 당신은 폐기물 처리 장치 벤처기업
　　　　의 연구원입니다. ○○시 폐기물 담당 공무원에게 제출할 가열건조기 기술
　　　　제안서를 작성하고 발표자료를 준비하시오.

　　　　－제출기한: 4월 15일까지

　　　　－발표자료 준비 및 시간: PPT 20장 이내, 15분 발표

　　　　－기술제안서: ○○시 소정양식

　　　　－장치비: 10억 원 이내

출처: 연세대학교 공학교육혁신센터 PBL 문제사례.

초등학교 수업에서 PBL 수업의 문제

정 선생님은 미술과 음악 교과를 통합하여 PBL 형태로 수업을 설계하였다. 주제는
'음악과 함께하는 반 고흐 갤러리'로 문제는 다음과 같다.

"당신은 한국 미술관에 근무하고 있는 큐레이터입니다. 어린 학생들을 대상으로
한 전시회를 주로 기획하고 있죠. 당신은 미술 작품들이 학생들에게 좀 더 친숙하게
다가가게 하기 위해 많은 고민을 하고 있습니다. 마침 미술관장으로부터 올해 마지막
을 장식할 특별전시회 임무가 주어졌습니다. 당신은 학생들이 갖고 있는 미술에 대한

선입견을 깰 수 있는 파격적이고 이색적인 전시회를 기획할 생각입니다.

전 세계 많은 사람에게 사랑받고 있는 반고흐의 작품을 학생들이 익숙한 음악과 접목해 보는 것은 어떨까? 당신의 머릿속으로 멋진 아이디어가 스쳐 지나갔습니다. 이제 큐레이터인 당신의 손길이 필요합니다.

제시된 주제에 맞게 반고흐의 작품과 음악이 어우러진 멋진 특별전시회를 기획하세요. 전시회의 특성이 잘 드러나고 어린 학생들이 쉽게 이해할 수 있는 설명자료를 만드세요. 특별전시회 기획안과 설명자료 발표는 모둠별로 7분이 넘어서는 안 됩니다."

출처: EBS 〈최고의 교사〉, 논리 키우고 지식 쌓고 PBL, 덕소초 정준환 선생님 편.

권성호(2011: 317)는 PBL이 학습자의 현장 문제해결 능력을 키워 주기 때문에 구성주의 이론의 지지를 받아 의학, 경영, 교육, 건축, 법학, 공학 등에서도 많이 도입하고 있다고 하였다. 이 분야들의 특징은 현장에서의 문제해결 능력이 뛰어난 인재가 필요한 분야라는 것이며, 이 때문에 PBL이 중요한 교수방법으로 활용되고 있는 것이다.

7. 디자인 싱킹

디자인이란 인공물에 심미적 · 실용적 · 경제적 · 문화적 가치를 부여하는 것으로 변화에 가장 민감한 분야이다. 디자이너들은 광고 디자인, 서비스 디자인, 제품 디자인, 의류 디자인, 경험 디자인이라는 행위를 통해 현재 상황을 더 나은 방향으로 바꾸어 간다. 이러한 디자이너들은 어떻게 사고할까? 이들은 일반인들과 비교해서 창의적이고 예술적인 방식으로 사고한다. 이들은 고객이나 대중들이 느끼는 불편함과 고통을 이해하고 이들의 마음을 공감한다. 또한 디자인된 제품이나 서비스가 사람들에게 많이 판매되어야 하기 때문에 보편적 사고도 해야 한다.

디자인 싱킹(Desgin Thinking)이란 디자이너들이 현실의 문제를 해결하기 위해서 사고하는 방식을 의미한다. 미국의 공학자, 디자이너, 사업가, 교육자로 활동하고 있는 David Kelley는 애플 컴퓨터의 마우스를 디자인한 것으로 유명하다. 그는 디자인 컨설팅 그룹 IDEO를 창업하였는데, 그동안 많은 디자이너가 제품 자체의 아름다움과 기능을 위해 디자인하던 방식에서 그 제품을 사용하는 사람에 주목한 디자인으로 바꾼 것으로 유명하다. 그는 디자인의 패러다임을 how to design에서 what to design으로 바꾸어 갔다.

디자인 싱킹의 절차를 기술한 다양한 모형이 있다. 여기서는 스탠퍼드 d.school에서 표방하고 있는 5단계 모형을 살펴보고자 한다(https://dschool. stanford.edu).

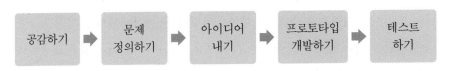

[그림 6-4] 디자인 싱킹 5단계 모형

① 공감하기(empathize)

공감하기 단계에서는 문제 상황에 봉착한 사람들을 만나 인터뷰하면서 그들의 마음과 감정을 이해하고 공감하는 것이다. 어떠한 판단을 하기보다는 있는 그대로 인식하고 수용하면서 공감해야 한다. 이 단계에서 페르소나(persona) 기법을 사용하곤 하는데 이는 문제를 겪고 있는 당사자가 되어서 문제 상황 속으로 직접 들어가 일정 시간 경험을 하는 것이다.

② 문제 정의하기(define)

문제 상황을 충분히 경험하고 충분히 공감했다면 사용자들의 느끼는 고통의 지점을 정확하게 분석하는 것이 필요하다. 사람들이 불편함을 호소하지만 그 자체는 현상일 가능성이 크다. 실제 문제는 분석해서 찾아내야 하는 경우가 많은데 이러한 과정을 문제 정의하기라고 한다.

③ 아이디어 내기(ideate)

아이디어 내기 단계에서는 많은 아이디어를 신속하게 제시하는 것이 중요하며 어떠한 아이디어라도 편견이 없이 받아들여야 한다. 이는 창의적인 아이디어를 많이 생산해 내기 위한 것으로 이러한 기법을 'Yes and'라고 한다. 이것은 아무리 사소한 의견이라도 모든 의견은 가치가 있다는 생각으로 모두 수용하는 태도를 말한다. 포스트잇과 같은 메모지를 잔뜩 가져다 두고 생각이 나는 대로 적고 붙인다. 아이디어들이 충분히 수집되었으면 논의과정을 거쳐서 프로토타입 개발에 적용해 볼 아이디어의 우선순위를 정해 본다.

④ 프로토타입(prototype) 개발하기

실제 제품을 개발하기 전에 아주 최소의 비용으로 제품을 흉내 내어 시제품을 간단하게 만들어 본다. 프로토타입 개발에서 중요한 것은 앞에서 나온 아이디어를 적용해서 만들어 보고 빨리 실패(fail fast)해 보는 것이다. 만일 스마트폰 앱을 개발한다면 스마트폰 사이즈의 종이에 스토리보드 형식으로 만들기도 하고, 책상이나 의자와 같은 물리적인 제품이면 종이상자 등을 잘라서 만들어 보기도 한다.

⑤ 테스트하기(test)

만들어진 프로토타입을 문제 상황으로 가지고 가서 제대로 작동하는지, 사용자들의 고통을 줄여 줄 수 있는지를 테스트해 본다. 이때에도 페르소나 기법으로 역할극을 하면서 실제로 해당 제품을 사용해 보며 문제해결에 효과가 있는지를 검증한다. 잘 작동하지 않고 또 다른 문제가 발생하면 해당 아이디어를 버리고 다른 아이디어를 적용한 프로토타입 개발로 돌아가서 계속 반복한다.

디자인 싱킹의 대표적 사례로 어린이용 MRI가 있다. GE 헬스케어팀에서는 어린이 환자들이 MRI를 촬영할 때 너무나 공포스러워하기 때문에 촬영이 어렵다는 것을 알게 되었다. 특히 MRI 촬영을 할 때에는 움직이면 곤란한데, 아이들은 긴 터널과 같은 기계 속에 혼자 들어가 무서운 기계음을 들으며 안정을 취할 수가 없다. GE 헬스케어팀은 어린이 환자들의 고통과 공포를 공감하면서 디자인 싱킹의 절차를 거쳐 제품을 개발하게 되었는데, 이들은 작은 상자로 베드를 만들고 아주 작은 인형으로 아이를 대신하여 프로토타입을 개발하는 등 개발과 테스트 과정을 여러 번 시도하고 실패를 반복하여 제품을 완성하였다. 그 결과 마치 놀이공원의 기구를 타고 모험을 떠나는 듯한 디자인의 어린이용 MRI를 개발하게 되었다. 인공물에 디자인이라는 과정을 거쳐서 경제적 · 심리적 · 의료적 가치를 높였고, 어린이 환자의 고통을 감소시켜 문제를 해결한 것이다.

디자인 싱킹은 PBL과 마찬가지로 문제를 해결하는 방법론이다. 그러나 두 방법론은 문제에 대한 접근 방식이 다르다. PBL은 주어진 문제를 해결하는 데 초점을 두며, 각종 자료들과 데이터를 분석하여 논리적이고 합리적인 문제해결안을 제시한다. 그리고 그 결과물은 주로 보고서, 제안서, 설계안 등의 문서 형태를 띠는 경우가 많다. 반면에 디자인 싱킹은 문제가 주어지지만 공감하기라는 과정을 통해서 진짜 문제가 무엇인지를 발견하는 데 많은 노력을 한다. 그리고 문제를 해결하는 전반적인 사고방식이 직관적 · 감성적 · 공감적이다. 물론 이들도 합리적인 사고를 하지만, 사용자의 불편과 고통을 줄이는 것에 많은 초점을 두기 때문에 PBL과는 사고 기반이 다르다. 또한 결과물도 물리적인 형태를 띤 시제품인 경우가 많다.

생각해 볼 문제

- 우리 주변에서 늘 불편하게 생각되는 상황을 찾아 디자인 싱킹의 과정을 거쳐서 문제를 해결해 보자.

- PBL과 디자인 싱킹은 모두 문제를 해결하는 절차를 교수 · 학습 방법에 도입한 것이다. 이 두 방법의 특징을 비교해 보고, 어떠한 유형의 문제들이 각 방법에 적합할 것인지 예를 들어 보자.

8. 플립드 러닝

1) 플립드 러닝의 개념과 출현

원격교육의 일종으로 도입되어 발전하기 시작한 이러닝은 도입 초기 교육의 경제성과 효율성을 높이기 위한 산업적인 모형을 통해 확산되기 시작하였다(Peters, 2007). 즉, 오랫동안 교수 · 학습이 지향하고 있는 방향인 학습자들에게 개별화된 교수를 처방하는 것이나 학습자들이 자신의 학습목표, 학습방법, 학습매체들을 선택하고 주도적으로 학습하게 하는 것 등은 등한시한 채(Peters, 2007: 61) 획일화된 교육 콘텐츠들을 생산하여 다수의 학습자에게 보급하는 몰개인화(depersonalization)된 방식으로 성장해 왔다. 그러나 이러닝은 단순히 학습자와 교수자의 물리적 거리를 해결하는 것만이 아닌 시간과 공간을 초월하여 학습자 탐구 공동체를 만드는 것에 더 큰 초점을 두어야 한다

(Garrison, 2013).

이러한 반성에서 출발하여 이러닝에서 점차 학습공동체를 강조하기 시작하면서 블렌디드 러닝(blended learning)에 대한 관심이 커지고 있다. 최근에는 블렌디드 러닝의 한 형태로 플립드 러닝(flipped learning) 또는 역진행 수업이 도입되어 확산되고 있다. 플립드 러닝이란 교실 안에서 강의를 듣고, 교실 밖에서 과제를 하는 전통적 수업 방식을 뒤집어서 교실 밖에서는 교수자의 강의 비디오를 학습하고, 교실 안에서는 동료학습자들과 면대면 상호작용을 하면서 주어진 과제(문제해결, 프로젝트, 실험, 실습)를 수행하게 된다(Bishop & Verleger, 2013; Lage, Platt, & Treglia, 2000).

플립드 러닝은 Baker(1995) 교수가 우연히 강의 슬라이드를 웹 사이트에 공개하고 학생들이 미리 학습하게 하자 교실수업 참여도가 매우 높아지고 질의 응답이 늘어남을 발견하였고, 자신의 수업 방식을 'The Classroom Flipped'라는 용어로 부르면서 시작되었다. 이어 고교 교사인 Sams와 Bergmann이 "학생들이 교사의 도움을 가장 필요로 하는 순간은 언제인가?(When is the time students really need me?)"를 자문하게 되면서, 2012년에『수업을 뒤집어라(Flip Your Classroom: Reach Every Student in Every Class Every Day)』를 발간하였다. 플립드 러닝은 역량 중심 교육을 실행하기 위한 하나의 교육방법으로 차용되었다. 즉, 학생들이 '무엇을 아는가?'보다는 '무엇을 할 수 있는가?'를 교육의 목표로 설정하면서 교실에서 학생들의 수행을 도울 수 있는 방안을 모색하게 된 것이다. 일반적인 교육 모형은 이론가들의 연구를 통해 개발되고 보급되는 반면, 플립드 러닝은 교육현장의 실천가들이 좀 더 잘 가르치고자 하는 방안에서 창안되었다.

플립드 러닝을 통해 교수자는 강의로 소요되던 시간을 학생들이 과제를 수행하는 것을 지원하는 데 더 할애할 수 있게 되었다. 또한 학습자는 교과의 개념, 원리, 모형, 이론이 실제 맥락에서 어떻게 적용되고 활용되는지에 대한 실천적 지식을 습득하게 되었다(김보경, 2014).

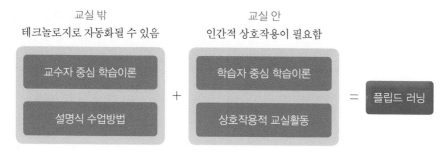

[그림 6-5] 플립드 러닝의 이론적 틀

출처: Bishop & Verleger (2013)를 재구성함.

2) 플립드 러닝의 설계

플립드 러닝을 잘 설계한다는 것은 플립드 러닝의 목적을 달성할 수 있는 수업을 설계한다는 것을 의미한다. 방진하와 이지현(2014)은 플립드 러닝의 교육적 의미와 교육과정적 시사점에 대해 논의하였다. 이들의 논의를 근거로 플립드 러닝 설계 원리를 다음과 같이 제안할 수 있다.

첫째, 플립드 러닝의 핵심은 강의 영상이 아니라 교실 안에서의 활동설계이다. 그러나 많은 이가 플립드 러닝을 개발할 때 강의 영상 제작에 주력하는 경향이 있다. 또한 강의 영상을 예습하기만 하면 플립드 러닝이 저절로 이루어진다고 오해하는 경향이 있다. 플립드 러닝을 하기 위해서는 교실 안에서 이루어지는 활동이 강의 영상-교수-학생-실행 간의 정교한 연결을 맺도록 설계하는 데 주력하여야 한다. 이는 MOOC에서 학습자들이 강의 영상을 가장 중요한 학습자료로 인식하는 것과는 차이가 있다.

둘째, 강의 영상을 개발할 때 교실 강의를 요약하는 것이 아니다. 전통적 수업에서 30~40분 분량에 해당하는 내용을 플립드 러닝의 권장사항대로라면 7~15분짜리 강의 영상으로 대체하게 된다. 강의실에서 수업이 정돈되지 않은 메시지 전달자의 역할을 했다면, 플립드 러닝에서의 강의 영상은 핵심적인 내용 전달과 함께 다른 것들을 고려해야 할 것이다. 그 다른 것들은 각 강좌마다 다를 수 있으나 공통적으로 교실에서 학습할 내용(활동)에 대한 지적 호기심과 자극을 제공하는 것이어야 한다.

셋째, 가장 고비용, 하이테크 매체는 강의 영상이 아니라 면대면(face-to-face) 매체이다. 그러므로 플립드 러닝에서는 면대면 매체를 가장 효율적으로 활용하는 것이 중요하다. 모든 매체의 발달은 면대면의 소통을 그대로 흉내 내기 위해서 발전해 가고 있다. 면대면은 가장 강력하고 가장 발전된 형태의 교수매체이다. 따라서 교수는 면대면 매체를 집중적으로 사용하여야 한다. 면대면에서 교수자가 해야 할 것은 학생이 강의 영상을 학습할 때 처한 학습 곤란이 자연스럽게 드러나는 통로를 제공하는 것이고, 학생들이 배운 내용을 적용한 그 무엇을 하게 하여야 한다.

넷째, 플립드 러닝은 교수자가 교과의 논리적 구조를 완전히 파악한 후에 설계할 수 있다. 교수자는 자신이 가르치는 내용의 그것을 학생들의 활동으로 번역하여 제시할 수 있어야 한다. 교수자가 교과 내용을 어떻게 해석하는지에 따라 플립드 러닝은 다양한 형태로 전개될 수 있다. 영상 대신 텍스트가 이용될 수 있으며, 영상과 텍스트 두 가지가 병행될 수 있다. 또는 모델링을 먼저 제시하여야 하는 실습교과의 경우 영상에 강의를 담지 않고 교수자의 시범을 담을 수도 있다.

다섯째, 플립드 러닝에서의 앎(지식)이란 무엇인가를 수행하는 것이므로 학생의 수행 능력을 향상시켜야 할 필요가 있는 강좌에서 더 적극적으로 활용해야 한다. 역량(competency)이란 주로 직업교육에서의 능력을 의미하였는데, 최근 그 의미가 확장되어 보편적 삶의 질을 높일 수 있는 능력을 의미한다. 플립드 러닝에서는 교실수업을 통해 학생들이 자신의 삶과 연관된 무엇인가를 도구를 활용하고 토론 등을 통한 문제해결, 프로그래밍, 프로젝트, 각종 실습 등을 통해 상호작용하는 방식으로 할 수 있어야 한다.

이와 같은 설계 원리에 따른다면 플립드 러닝을 위해서는 교육과정의 재구조화가 꼭 필요하다고 말할 수 있다. 즉, 교수자는 무엇을 비디오에서 강의하고 무엇을 교실에서 활동을 할 것인지를 판단하여 해당 수업의 거시적 교육과정의 재구조화 작업이 선행되어야 한다. 그리고 그 둘을 어떻게 잘 혼합할(blended) 것인지를 충분히 고민해야 한다. 한 가지 제안으로는 교사가 학생 옆에서 물리적으로 현존하는 것이 반드시 필요한지, 그렇지 않은지와 교사가 학생 옆에 존재할 때 강화되는 학습활동과 그렇지 않은 학습을 구분해야 한다. 물리적으로 현존하면서 시범이 필요하거나 교수자의 적절한 통제가 필요한 경우인가? 또한 학생들 간의 협력적 과정이 꼭 필요한지, 그렇지 않은지를 판단하는 것은 교육과정의 재구조화 작업에 중요한 기준이라고 할 수 있다.

정교하게 설계되지 못한 플립드 러닝은 자기주도 학습 능력이 부족한 학생들의 학습참여를 오히려 방해할 수도 있다. 교수자가 교과의 논리적 구조를 완벽하게 파악하고 학습목표를 달성하기 위해 온라인과 오프라인을 넘나들며 정교한 설계를 하지 않는다면, 즉 교육과정을 재구조화하는 작업 없이 플립드 러닝을 실행한다면, 강의실 밖 활동과 강의실 안 활동의 연결이 부족해져서 단순히 학습시간이나 학습량을 늘리는 도구가 된다. 이는 기본적인 학습 능력이 부족하거나 상호작용 능력, 매체활용 능력이 부족한 학생들에게는 학습부담이 가중될 수밖에 없다. 그러므로 플립드 러닝의 원래 의도인 '학습자의 교실수업 참여의 양과 질을 높이고, 학생이 교수자를 필요로 하는 학습의 확장'을 염두에 두지 않는다면, 이 또한 잘하는 학생이 더 잘하고 못하는 학생은 더 못하게 되는 교육의 양극화를 조장할 수 있게 된다. 이러한 부작용을 방지하기 위해서 플립드 러닝을 설계하는 교수자들은 자신의 교과를 재구조화하는 작업을 할 수 있는 충분한 시간을 가져야 하며 수업의 효과에 대해 지속해서 연구하여야 한다.

유대인의 학습문화, 하브루타

우리 주변에 유대인은 거의 없다. 이태원에 천 명 정도 있다고 하나 정확한 통계는 아니다. 그러나 우리는 유대인들의 영향력 아래에 살고 있다. 그들은 노벨상을 많이 타고, 거대한 다국적 기업들과 금융, 언론, 교육을 소유하거나 경영하고 있다. 더 무서운 것은 첨단 테크놀로지 분야도 다 섭렵했다는 점이다. 눈 뜨자마자 사용하는 구글, 마이크로소프트, 인텔, 아마존, 스타벅스 등 거대 플랫폼 뒤에 유대인들이 포진하고 있다. 최근에 읽은 책 『뼛속까지 내려가서 써라』 『생각에 관한 생각』의 저자도 모두 유대인이다. 그러니까 내 주변에 유대인이 없다는 말을 하면 안 된다.

유대인들은 도서관에서 수많은 학생이 둘씩 짝지어 탈무드를 가지고 요란하게 토론하는 방식으로 학습을 한다. 옆 사람 소리가 시끄러워 토론에 집중이나 되는지 모르겠다. 이들이 좋아하는 것이 질문이다. 다음은 유대인 지도교수와 학생의 대화이다.*

교수: 운동이 노화 과정에 어떤 방식으로 영향을 미치는 것 같니?

학생: 운동 종류에 따라 다르게 영향을 미칠 것 같은데, 어떤 종류의 운동을 말씀하시는 거죠?

교수: 음, 유산소 운동의 경우라고 할까?

학생: 높은 강도의 유산소 운동을 말씀하시는 건가요? 낮은 강도의 유산소 운동을 말씀하시는 건가요?

교수: 높은 강도의 유산소 운동이라고 해 볼까?

학생: 강도가 높은 유산소 운동도 기준에 따라 다를 텐데, 어느 정도 강도로 생각하고 계신 건가요? 하루 30분? 1시간?

교수: 누가 유대인 아니랄까 봐. 더 이상 질문하지 말고 이제 대답을 좀 해 볼래? ^^

학생이 무례해 보이는가? 한심해 보이는가? 학생은 교수의 질문이 너무 방대해 적절한 답을 하기 어려워 질문을 통해 생각을 구체화해 나가고 있었던 것이다.

이스라엘 사람들에게 하브루타는 교수·학습 방법이 아니라 문화이다. 그들은 고대 사회부터 신에게 뭐든 물어보던 사람들이다. 신과도 질문을 많이 하던 사람들이라 그런지 사람에게 질문하고 토론하는 것은 전혀 부담이 없는 문화가 있다는 것은 교육학자로서 매우 부러운 일이다.

우리 아이들이 도서관이나 카페에서 이어폰을 끼고 인강을 들으며 혼공족을 자처하며 공부하는 것을 보면서 "칼이 토라를 혼자 연구하는 학자의 목에 떨어질 것이다. 그뿐만 아니라 혼자서 공부하면 어리석게 될 것이다. 왜냐하면 그들을 바로 잡을 사람이 아무도 없으면 잘못된 결론에 도달하기 때문이다."라는 탈무드 격언(Makkot, 10A)이 생각나서 불편하다. 모니터 앞에서 혼자 하는 지식노동들은 기계에 의해 다 대체되고 있다. 토론과 협업을 통해 지식과 지식이 만나는 긴장의 경계에서 새로운 지식을 다이너마이트처럼 폭발시키는 지식노동만이 살아남을 것이다.

* 하브루타문화협회(2019). 『하브루타 네 질문이 뭐니?』에서 발췌함.

교수·학습 전략

교수·학습 전략은 수업의 과정에서 학생의 학습을 촉진하고 수업목표를 보다 효과적·효율적으로 달성하도록 교수자가 전략적으로 교수활동을 전개해 나가게 한다. 예를 들어, 학습동기를 유발하는 것은 학습을 촉진하는 교수전략이다. 교수자는 보다 효과적으로 동기를 유발하기 위하여 학생의 흥미를 파악해서 그에 맞는 동기유발 활동을 하거나 학생의 수준에 맞도록 학습내용의 난이도를 조정하는 등 전략적 접근을 할 수 있다. 그리고 이러한 전략적 접근을 교수전략이라고 부른다. 이 장에서는 교수·학습 전략 중 학습동기유발 전략과 내용조직 전략과 피드백 전략을 중점적으로 제시하였다.

1. ARCS 학습동기유발 전략

학습동기에는 학습자가 학습을 시작하게 하는 힘이 있으며, 시작된 학습을 지속시키는 힘이 있다. 어떤 이론가는 학습을 시작하게 하는 힘을 '동기', 그 학습을 어떠한 장애가 있어도 지속시키는 힘을 '의지'라고 구분하여 이야기하기도 한다. 그러나 여기서는 두 가지 힘 모두를 '동기'로 보고자 한다.

학생이 특정 내용을 배우고자 하는 마음을 학습동기라고 하며, 많은 요인이 학습동기에 영향을 주게 된다. 예를 들어, 배우게 될 내용이 자신에게 유익하다거나, 학습한 이후에 얻게 되는 보상이 기대된다거나, 학습의 과정이 흥미롭고 매력적일 것이라는 기대 등이 그것이다. Keller(1983, 1984, 1987)는 학습자의 학습동기를 유발하고 유발된 동기를 지속시키기 위해서 수많은 요소를 고려해야 한다고 하였다. 그리고 이 요소들을 네 가지로 유형화할 수 있다고 하였다. 그가 제시한 네 가지 유형은 주의집중, 관련성, 자신감, 만족감이다.

주의집중(Attention)이란 교사가 학생의 주의를 끌어 학습하고자 하는 동기를 유발시키는 영역을 말한다. 사람의 주의를 끌기 위해서는 어떠한 '변화'를 도입하여야 하는데, 변화는 신체의 오감을 자극하는 지각적 각성이나 인지를 자극하는 탐구적 각성이 있다. 관련성(Relevance)이란 학습의 필요성을 학습자 개인의 욕구와 관련을 지을 때 학습동기가 일어나는 영역을 말한다. 학교수업의 내용은 현재 학생의 삶에 당장 필요하지 않더라도 학생의 미래에 필요할 것이라는 가정하에 교육과정이 구성되어 있기 때문에 교실수업에서 이 관련성 영역이 매우 취약하다고 볼 수 있다. 예를 들어, 기술 · 가정 시간에 배우는 '재봉틀 다루기' 과제는 미래에는 도움이 될 수 있으나, 현재 학생들의 삶에는 그다지 필요하지 않은 과제일 수 있다. 그러므로 교사는 학생과 학습내용의 관련성을 높이는 전략을 마련하여 수업을 설계해야 한다. 자신감(Confidence)이란 학습자가 주어진 학습과제를 성공적으로 수행할 수 있을 것이라는 기대에서 학습동기가 일어나는 영역을 말한다. 예를 들어, 성취 수준이 낮은 학생들을 위해 의도적으로 쉬운 문제를 제시하여 작은 성공을 경험하게 함으로써 자신감을 높여 주도록 설계해야 한다. 또한 시험지의 평가문항 중 쉬운 것을 앞쪽으로 배치하는 것도 자신감 증진 전략이라고 볼 수 있다. 만족감(Satisfaction)이란 학습의 과정과 결과가 학습자에게 인지적 또는 정서적 만족감을 주면 학습동기가 유발되는 영역이다. 이를 위해 교사는 내재적 또는 외재적 강화를 제공해야 하며, 학생이 수업의 과정과 결과에 대해서 공정하다고 느낄 수 있도록 수업을 설계해야 한다. 동기유발 요소들의 네 가지 유형을 적용한 동기유발 활동의 예를 〈표 7-1〉에 제시하였다.

표 7-1 Keller의 ARCS 동기유발 교수활동

	ARCS	동기유발 활동의 예
주의 집중	A1. 지각적 각성 (perceptual arousal)	학생의 주의를 끌기 위해 소리 자극을 제공하기
	A2. 탐구적 각성 (inquiry arousal)	이론을 배우게 한 후 이를 적용하여 해결할 수 있는 문제를 제시하기
	A3. 변화성 (variability)	학생의 주의집중 시간을 고려하여 교수방법에 변화를 주기
관련성	R1. 목적지향성 (goal orientation)	수업을 학생의 미래 목표와 관련짓기
	R2. 모티브 일치 (motive matching)	학생의 요구에 따라 학습목표를 정하거나 학생이 배우고자 하는 내용으로 선택하기
	R3. 친밀성(familiarity)	학생이 흥미 있어 하는 것을 찾아 수업과 관련짓기
자신감	C1. 학습에 필요한 요건 (learning requirements)	목표(예: A학점)를 달성할 수 있는 학습계획안을 개발하게 하기
	C2. 성공할 기회 (success opportunities)	수행평가의 평가항목을 미리 설명해 주기
	C3. 개인적 통제 (personal control)	수업자료를 난이도 수준에 따라 조직하기

만족감	S1. 내재적 강화 (intrinsic reinforcement)	학습 자체가 목적이 될 수 있도록 강화를 제공하기, 학습한 내용을 적용해 볼 수 있는 기회나 심화 학습의 기회 제공하기
	S2. 외재적 보상 (extrinsic rewards)	학생들이 새로운 과제를 학습할 때 정적 또는 부적 강화 제공하기
	S3. 공정성(equity)	자신이 받은 점수가 어떻게 도출되었는지를 안내해 주기

출처: Newby et al. (2008: 121)의 〈표 5-1〉을 활용함.

생각해 볼 문제

- Keller의 ARCS의 하위 전략들을 자신의 교과에 적용한 사례를 만들어 보자.

- 한 학생이 주어진 과제를 성공적으로 수행하는 것에 대해서 교사가 말로 칭찬(verbal reward)을 해 주었다. 이것은 만족감 증진 전략에서 내재적 강화에 해당하는지 외재적 보상에 해당하는지를 토론해 보자.

2. X-Y 이론

McGregor(1960)는 조직을 경영하는 입장에서 조직 구성원의 본성을 X 유형과 Y 유형으로 구분하고, 각 유형에 따라서 동기를 부여하는 방식을 달리해야 한다고 하였다. 그의 주장에 따르면, X 유형의 사람은 게으르고 무책임하며 외적인 보상이나 처벌이 없이는 자발적으로 일하지 않는 속성을 가지는 반면,

Y 유형의 사람은 일을 즐기고 책임감이 있으며 자율성이 높고 능동적인 속성을 가지고 있다. 그러므로 조직의 리더는 각 유형에 맞는 동기부여 방식을 달리 처방해야 한다는 것이다. 이 이론을 학교수업에서 학생들의 학습동기를 향상시키는 기술에 적용할 수 있다. 조용개 등(2009)은 교사가 학생을 X이론에 기반하여 동기를 유발하고자 할 때와 Y이론에 기반하여 동기를 유발하고자 할 때 각각 다음과 같은 기술을 사용할 수 있다고 하였다.

먼저, X 유형의 학생을 위한 학습동기 향상 기술로는 수업마다 출석을 확인하거나, 첫 수업시간에 수업계획을 자세하게 안내해야 한다. 또한 질문을 하는 경우, 학습자를 지명하여 답하도록 하며 학습자들의 학습활동(출석, 과제, 발표, 질문 등)을 점수에 반영해야 한다. 학생의 학습참여가 교사에 의해 모니터링되고 있다는 것을 학생에게 지속적으로 안내해야 하며, 학습에 대한 통제권도 교사가 가지고 있는 것이 효과적이다. 반면, Y 유형의 학생을 위한 학습동기 향상기술로는 수업내용, 수업방법, 평가방법에 대해서 학습자들로부터 피드백을 구해야 한다. 또한 수업 중 학습자들과의 상호작용을 중요하게 생각해야 하고, 부정적이고 불안한 질문보다는 긍정적이고 편안한 질문을 해야 한다. 학생들이 수업시간에 자유롭게 하고 싶은 말을 하도록 허용한다. 이때에는 학생의 학습참여에 대한 자율성을 보장해야 하고, 학습의 통제권도 학생에게 이양되어 있다는 것을 알려야 효과적이다.

최근 조직 경영 분야에서는 X이론이 인간을 수동적이고 통제의 대상으로 본다는 비판을 받고 있다. 그러나 교사는 미성숙한 학생의 학습동기 향상을 위해 통제와 안내가 필요한 영역과 자율이 필요한 영역을 정확하게 판단하여 X이론과 Y이론을 상황에 맞게 적절하게 적용할 수 있어야 한다.

3. 주제별/나선형 내용조직 전략

교실수업을 설계할 때, 교사들은 교과서에 제시된 내용의 순서에 따라 그대로 제시하는 경우가 많다. 인간의 뇌는 교과서의 페이지 순서대로 정보를 저장하기보다는 유의미한 정보들을 서로 연결하여 저장하기 때문에 어떤 내용을 언제 제시하는가는 수업에서 매우 중요한 결정 중 하나이다. 즉, 내용조직이란 분석한 학습과제들을 계열화하여 무엇을 먼저 가르치고 무엇을 나중에 가르칠 것인지를 결정하는 것이다. 내용조직 전략은 주로 새로운 교육내용을 선정하고 조직해야 하는 경우나 국가의 교육과정을 새롭게 개발해야 하는 경우에 매우 중요하다. 반면에 교실수업은 이미 교육과정이 정해져 계열화되어 있는 교과서를 중심으로 수업을 진행하기 때문에 '특별한 내용조직 전략이 필요한가?'라는 의문이 들 수 있다. 그러나 교과서를 중심으로 한 교실수업에서도 교사들은 미시적으로 새롭게 계열화할 수 있다. 교과서에 제시된 순서대로 가르치기보다는 대상 학생들의 선수학습이나 분석한 학습과제의 특성에 적합하도록 내용을 재조직할 수 있으며, 제시하는 순서도 조정할 수 있다.

앞서 교수설계를 거시적 수준과 미시적 수준으로 구분하였던 것처럼, 내용조직 전략도 거시적 조직 전략과 미시적 조직 전략으로 구분할 수 있다. 거시적 조직 전략이란 단원 이상의 광범위한 내용을 조직하고 배열하는 원리를 제공하며, 미시적 조직 전략이란 단위 수업에서 교사가 가르칠 내용을 제시하는 다양한 조직 및 배열 방식을 말한다.

1) 주제별 조직

주제별 조직이란 하나의 주제를 모두 가르친 후에 다른 주제로 넘어가도록 계열화하며, 이미 다룬 주제는 다시 다루지 않도록 계열화한다. 이러한 주제별 조직은 시간적 배열이나 공간적 배열, 영역별 기준을 따르기 때문에 반복되어 조직되지 않는다. 예를 들어, 역사수업에서는 고려 시대의 정치, 경제, 문화에 대해서 모두 학습한 후에 조선 시대를 다루도록 계열화되어 있다. 또한 세계지리 시간에 대륙별로 단원을 조직한 것도 주제별 조직의 한 예가 될 수 있다.

2) 나선형 조직

나선형 조직이란 하나의 주제를 학년 또는 학교 급에 따라 반복적으로 배치하여 가르치는 방식을 말한다. 이때 같은 주제를 단순하게 반복하기보다는 이전보다 학습의 수준이 높아지고 다루는 범위도 보다 넓어지게 된다. 예를 들어, 수학의 '집합'이라는 주제나 과학의 '전기'라는 주제는 초등학교부터 고등학교 때까지 내용의 수준이 높아지면서 반복하여 가르치도록 계열화되어 있다.

Bruner는 그의 책『교육의 과정(The Process of Education)』에서 지식의 구조를 발견학습의 방법으로 가르칠 것과 나선형 교육과정으로 조직할 것을 제안하였다.

고등학교_물리 1, 2
전류와 전압, 온도와 전기저항, 직류와 교류, 저항의 연결, 발열량, 전력, 안전장치, 발전방식, 전류와 자기장, 코일 속의 자기장, 자기력의 이용, 전자기 유도, 패러데이 법칙, 플레밍의 법칙

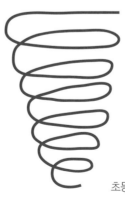

고등학교_공통과학
옴의 법칙, 도선의 전기저항, 전류의 작용, 전기에너지, 발전, 송전, 자기장, 전류와 자기장, 코일, 자기장 속의 힘, 전자기 유도

중학교
전기에너지, 자기장, 전류/자기, 플레밍의 법칙

초등학교
자석놀이, 전구에 불 켜기, 전기회로 꾸미기, 전자석

[그림 7-1] 나선형 내용조직 전략의 예

생각해 볼 문제

• 중학교 영어 교과서와 과학 교과서를 준비하자. 각 교과서의 목차를 보면서 어떠한 거시적 내용조직 전략을 사용하고 있는지 토의해 보자.

4. Reigeluth의 정교화 이론

거시적 내용조직 전략에 적용할 수 있는 이론으로 정교화 이론이 있다. 정교화(elaboration)라는 용어는 교육심리학 또는 교육방법 및 교육공학의 분야에서 자주 사용된다. 인지 심리학자들은 정교화란 학습자가 새롭게 학습하는 내용을 이미 알고 있는 정보나 아이디어에 연결 짓는 방식으로 사고하는 과정이라고 정의한다(Ayaduray & Jacobs, 1997).

정교화에 관한 실험 한 가지를 소개하면 다음과 같다. Stein 등(1984)은 A 그룹 학생들에게 "그 흰머리 남자가 병을 들고 있었다(The gray-haired man carried the bottle)."라는 문장을 제시하였다. 반면에 B 그룹 학생들에게는 "그 흰머리 남자가 염색약 병을 들고 있었다(The gray-haired man carried the bottle of hair dye)."라는 더 정교화된 문장을 제시하였다. 이후 두 문장을 회상하는 테스트에서 A 그룹의 학생보다 B 그룹의 학생들이 문장을 훨씬 더 잘 회상하였다. 그 이유는 A 그룹의 학생들은 '흰머리 남자'와 '병'을 임의적으로 연결하여 기억했다면, B 그룹의 학생들은 추가로 제시된 '염색약(hair dye)'이라는 구절 때문에 그 연결이 유의미하게 된 것이다. 즉, 학생들은 머리가 흰 사람은 염색을 한다는 사실과 염색약이 병에 담겨 있다는 것을 이미 알고 있었기 때문에

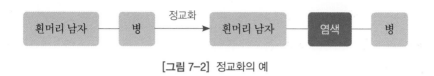

[그림 7-2] 정교화의 예

그 정보를 이용하여 이 두 단어의 연결을 유의미하게 한 것이다.

1) 정교화의 원리

이와 같은 정교화가 잘 일어나기 위한 내용조직의 원리로 Reigeluth는 정교화 이론을 제시하였다. 정교화 이론은 교수 내용을 조직할 때 가장 단순하면서도 전체 과제에 대한 대표성이 높은 과제를 먼저 가르치고, 그 이후에 세분화되고 구체적인 내용을 가르쳐 학습자들에게 의미적 정교화가 일어날 수 있도록 가르치라고 하였다. 이때 가장 단순하면서도 내용 전체의 윤곽이 될 수 있는 과제를 정수(精髓, epitome)라고 한다. 예를 들어, 지구과학이라는 과목의 내용요소들을 정교화 이론을 적용하여 조직하고자 한다면 가장 처음 지구의 구조는 지구의 내부, 지구의 표면, 지구의 외부로 구분할 수 있다는 것을 가르쳐야 한다. 즉, 지구에 대한 전체적 윤곽을 파악할 수 있는 내용을 먼저 제시하는 것이다. 그런 다음, 지구의 내부부터 관련 내용요소들인 맨틀, 외핵, 내핵의 특성에 대해서 보다 구체적이고 자세하게 다루어야 할 것이다.

그렇다면 정수나 윤곽을 먼저 가르친 후에 세분화되고 구체적인 내용을 나중에 가르치면 왜 정교화가 잘 일어나게 될까? 대표성이 높은 과제는 구체적이고 세부적인 과제보다 학습자의 선행 인지구조에 관련된 지식이 있을 가능성이 높다. 앞의 예에서, 지구라는 개념은 맨틀이라는 개념보다 학생들의 인지구조에 더 친숙한 과제일 것이다. 그러므로 맨틀의 온도나 지진파가 이곳을 통과할 때의 현상 등을 먼저 제시하는 것보다 지구의 그림을 제시하면서 내부, 표면, 외부의 구조를 먼저 제시하는 것이 학생의 머릿속에서 정교화가 더 잘 일어날 가능성이 크다. 그리고 정교화가 잘 일어날 과제를 먼저 가르쳐야 이후의 과제에서도 연결 지을 정보가 많아지기 때문에 정교화가 더 잘 일어날 수 있게 된다.

2) 줌렌즈의 비유

Reigeluth는 자신의 정교화 이론에 근거한 조직전략을 카메라의 줌렌즈에 비유하여 설명하였다(Reigeluth, 1979). 정수를 시작으로 점차적으로 과제를 상세하고 정교하게 다루는 계열화 전략이 마치 카메라의 렌즈가 줌아웃(zoom-out)과 줌인(zoom-in)을 반복하며 촬영할 대상을 포착하는 과정과 유사하다고 생각하였기 때문이다. 학습의 과정에 대한 줌렌즈의 비유는 다음과 같다.

- 먼저 렌즈를 가지고 줌아웃하여 관찰한다. 이때 대상의 주요 부분(parts)과 각 부분의 균형이나 조합과 같은 관계(relationships)를 파악할 수는 있지만 상세한 부분은 포착되지 않는다.
- 대상 전체의 윤곽(정수)을 파악했으면 주요 하위 부분들(subparts)을 파악할 수 있도록 한 수준 줌인하여 하위 부분과 하위 부분들의 관계(interrelationships)를 학습한다.
- 다시 대상의 전체를 볼 수 있도록 줌아웃하여 전체의 맥락 속에서 상세하게 관찰한 부분을 다시 이해한다.
- 다시 한 수준 줌인하여 다른 하위 부분에 대해 상세하게 학습한다. 한 수준 줌인한 상태에서 모든 내용을 다 파악할 때까지 줌인과 줌아웃을 반복한다.
- 한 수준 정교화한 상태에서 대상에 대해 모두 학습하였다면, 두 수준 줌인한 상태에서 하위 부분에 대해 줌인과 줌아웃을 반복하며 상세하게 학습한다.

- 앞과 같은 패턴을 반복하여 학습자가 원하는 수준의 상세함에 이를 때까지 학습하도록 조직한다.

이와 같은 줌아웃과 줌인의 과정이 교수과정에서 많을수록 학습자의 인지구조는 정교화가 더 잘 일어날 수 있다.

3) 정교화 전략

Reigeluth의 정교화 이론은 세 가지의 정교화 조직 모형과 이 조직 모형에 모두 적용할 수 있는 통합된 정교화 교수전략으로 구성되어 있다. 세 가지 조직 모형이란 다음과 같다. Reigeluth는 학습과제를 개념적 과제, 절차적 과제, 이론적 과제의 세 가지로 분류하였다. 그리고 이 세 가지 학습과제를 계열화하는 방식, 즉 조직 모형을 규정하였는데, 그것을 개념적 조직 모형, 절차적 조직 모형, 이론적 조직 모형이라고 칭하였다.

- 개념적 조직 모형(conceptually organized model): 개념을 학습자에게 가르칠 때 인지구조에 유의미하게 동화시키기 위해 교수내용을 조직하는 것으로 상위 개념을 먼저 가르치고 하위 개념을 나중에 가르치라는 것이다. 개념적 조직 모형의 예로 '교수설계'라는 상위 개념을 먼저 가르친 후, '분석' '설계' '개발' '활용' '평가'의 하위 개념을 가르치도록 조직한다.
- 절차적 조직 모형(procedurally organized model): 목표로 하고 있는 절차적 기술을 획득하는 최적의 과정으로 조직하는 것이다. 절차적 조직 모형의 예로 현미경의 조작 순서를 들 수 있다. 현미경을 조작하는 것은 하나의 기술로, 그 기술을 획득하는 최적의 절차적 과정이 있고 그 순서대로 가르쳐야 한다.
- 이론적 조직 모형(theoretically organized model): 교수내용이 원인과 결과

의 인과관계나 법칙에 기초한 경우에 단순한 이론에서 복잡한 이론으로
조직하는 것이다. 경제학에서 가장 단순하면서도 기본적인 법칙이 수요
공급의 법칙이므로 이 법칙을 먼저 가르치고 더 복잡한 법칙들을 나중에
가르치는 것이 이론적 조직 모형의 예로 볼 수 있다.

앞의 세 가지 조직 모형에 공통적으로 적용될 수 있는 일곱 가지 정교화 교
수전략이 있다(Reigeluth, 1979; Reigeluth & Stein, 1993; Wilson & Cole, 1992). 이
일곱 가지 정교화 교수전략을 사용하면 학습자의 인지구조 속에서 정교화가
보다 잘 일어나 효과적인 학습이 가능하다.

- 정교화된 계열화(elaborative sequence): 학습 내용을 조직할 때 단순한 것
  에서 복잡한 것으로, 포괄적인 내용에서 구체적인 내용으로 계열화하는
  교수전략이다.
- 선수학습 능력의 계열화(learning prerequisite sequence): 새로운 학습 내용
  을 학습하기 전에 어떤 내용을 먼저 학습해야 할지를 밝혀 주는 전략이다.
  예를 들어, 수학의 이차방정식을 풀기 전에 인수분해를 이해하고 근의 공
  식을 알아야 하기 때문에 이차방정식 풀이 전에 인수분해와 근의 공식을
  먼저 습득하도록 계열화하거나 안내를 해 주는 교수전략이다.
- 요약자(summarizer): 학습자가 이미 학습한 내용을 다시 검토하고 복습을
  하게 하는 요소를 사용하는 교수전략이다. 이미 배운 내용을 말이나 글로
  간결하게 진술하게 하거나, 연습문제를 풀게 하거나, 예를 들어 줌으로써
  학습자는 배운 내용을 복습하게 된다.
- 종합자(synthesizer): 학습자들이 학습한 내용요소들을 서로 연결시켜 유의
  미하게 사전 지식에 동화시킬 수 있도록 하는 교수전략이다. 다이어그램,
  표, 맵 등으로 학습한 내용들을 통합하여 제시하는 것이 그 예이다.
- 비유(analogy): 새롭게 학습하는 내용요소들을 학습자에게 이미 친숙한 내

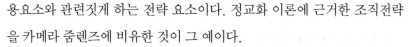

용요소와 관련짓게 하는 전략 요소이다. 정교화 이론에 근거한 조직전략을 카메라 줌렌즈에 비유한 것이 그 예이다.

- 인지전략 활성자(cognitive strategies activator): 다양한 단서, 다이어그램, 암기법 등은 학습자들이 학습내용을 적절하게 처리하기 위해 필요한 인지전략들을 사용하게 하며, 이러한 전략을 인지전략 활성자라고 한다.
- 학습자 통제(learner control): 교수자가 학습자를 통제(control learner)가 아니라 반대로 학습자가 자신의 학습내용과 학습전략을 스스로 통제할 수 있도록 하는 전략이다.

우리나라 교실수업에서 요약자나 비유 등은 자주 사용되나 나머지 정교화 교수전략은 비교적 덜 사용된다. 여기에 제시된 일곱 가지 정교화 전략은 어떤 내용을 다루더라도 모두 적용이 가능하므로 교수설계자들이 교수전략을 개발할 때 이를 적용하면 매우 유용하다.

생각해 볼 문제

- Reigeluth의 정교화 전략을 Gagné의 아홉 가지 외적 교수사태에 활용하고자 한다. 어떤 교수전략을 어느 단계에서 어떻게 활용하는 것이 좋을지 생각해 보자.

- 교육방법 및 교육공학 강좌에서 정수(epitome)가 될 수 있는 학습과제는 무엇이라고 생각하는가?

5. Merrill의 내용요소제시이론

단위 수업을 위한 미시적 조직 전략으로 내용요소제시이론, 위계적 계열화, 두뇌 기반 내용조직 등이 있다. 그중 내용요소제시이론을 먼저 살펴보고자 한 다. Merrill의 내용요소제시이론(Component Display Theory: CDT)은 미시적 내 용조직 전략으로 자료제시형을 제안하였다(Merrill, 1983, 1994). 자료제시형이 란 교수목표를 달성하기 위하여 교수방법을 포함하여 교수내용과 관련된 모 든 요소가 학습자에게 제시되는 형태를 말한다. 즉, 교수가 학습자에게 제시 되는 형태 또는 방법을 통칭하는 개념이다. 자료제시형에는 일차자료제시형 과 이차자료제시형이 있다. 이 두 가지는 순서의 개념이라기보다는 일차자료 제시형이 교수목표를 달성하기 위하여 필요한 기본적인 자료제시형이라면, 이차자료제시형은 보다 풍부한 학습이 일어날 수 있는 부가적 자료제시형을 의미한다.

1) 일차자료제시형

일차자료제시형(primary presentation form)이란 목표로 한 학습이 일어날 수 있는 최소한의 기본적인 자료제시 형태이다. 따라서 모든 수업의 특정 시점에 서 교수자의 자료제시 형태를 분석하면 일차자료제시형의 네 가지 중 한 가지 로 분류될 수 있다.

- 설명식(expository): 교수자가 주로 말을 통해 교수내용을 제시하는 방식
- 탐구식(inquisitory): 교수자는 질문을 하고, 학습자가 교수내용을 수행하는 방식
- 일반성(generality): 교수자가 다루는 교수내용이 일반적이고 보편적임

- 사례(instance): 교수자가 다루는 교수내용이 구체적 사례와 예시임

모든 교수내용은 일차자료제시형을 사용하여 제시할 수 있다. 그리고 어떠한 기존의 자료제시도 일차자료제시형의 네 가지 중 한 가지로 분류될 수 있다. 각각의 예를 들면 〈표 7-2〉와 같다.

표 7-2 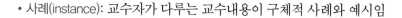 일차자료제시형의 예

	말로 알려 주기 또는 설명식(E)	질문하기 또는 탐구식(I)
일반성 (G)	규칙(rules)	회상(recall)
	교사가 영어 문장의 5형식에 대해서 설명함	교사가 지난 시간에 배운 문장의 5형식에 대해 질문하면 학생이 대답함
사례 (eg)	예(examples)	연습(practice)
	교사가 문장의 5형식을 5개의 문장을 예로 들어 설명함	학생이 문장의 5형식의 예가 되는 5개 문장을 만들어 냄

2) 이차자료제시형

이차자료제시형(secondary presentation form)이란 필수적인 요소는 아니지만, 학습을 보다 쉽게 지원해 줄 수 있는 부가적 자료제시 형태이다. 이것은 학습의 효과성과 효율성을 높여 주며, 일차자료제시형에 추가하여 제시하면 일차자료제시형만으로 수업을 설계할 때보다 학습자의 정교화를 촉진시켜 줄 수 있다. 이차자료제시형은 〈표 7-3〉과 같다.

- 맥락(context): 교수내용에 맥락이나 역사적인 배경을 제시하여 정교화하는 방식이다.
- 선수학습(prerequisites): Gagné의 교수사태 중 '선수학습 회상 자극하기'와

표 7-3 일차자료제시형에 추가된 이차자료제시형

이차자료제시형 \ 일차자료제시형		설명식 일반화 (EG)	설명식 사례 (Eeg)	탐구식 일반화 (IG)	탐구식 사례 (Ieg)
정교화의 유형	맥락(c)	설명식 일반화+ 맥락(EG'c)	설명식 사례+ 맥락(Eeg'c)	탐구식 일반화+ 맥락(IG'c)	탐구식 사례+ 맥락(Ieg'c)
	선수학습 (p)	설명식 일반화+ 선수학습(EG'p)	설명식 사례+ 선수학습(Eeg'p)	없음	없음
	기억술 (mn)	설명식 일반화+ 기억술(EG'mn)	설명식 사례+ 기억술(Eeg'mn)	없음	없음
	의미 정교화의 도움(h)	설명식 일반화+ 도움(EG'h)	설명식 사례+ 도움(Eeg'h)	탐구식 일반화+ 도움(IG'h)	탐구식 사례+ 도움(Ieg'h)
	표상법(r)	설명식 일반화+ 표상법(EG'r)	설명식 사례+ 표상법(Eeg'r)	탐구식 일반화+ 표상법(IG'r)	탐구식 사례+ 표상법(Ieg'r)
	피드백(FB) 정답(ca) 도움(h) 활용(u)	없음	없음	탐구식 사례+ 피드백/정답(IG'FB/ca) 탐구식 사례+ 피드백/도움(IG'FB/h) 탐구식 사례+ 피드백/활용(IG'FB/u)	탐구식 사례+ 피드백/정답(IG'FB/ca) 탐구식 사례+ 피드백/도움(IG'FB/h) 탐구식 사례+ 피드백/활용(IG'FB/u)

매우 유사하며, 새로운 학습을 위해 알아야 할 선수지식을 같이 제시하는 전략이다.

- 기억술(mnemonic): 법칙이나 공식 등을 암기할 수 있는 방법을 같이 제시하여 기억을 촉진하거나 유지시키는 방식이다. 예를 들어, 음절의 끝소리 규칙에서 음절의 끝에서 발음되는 자음인 'ㄱ, ㄴ, ㄷ, ㄹ, ㅁ, ㅂ, ㅇ'을 '가느다란 물방울'이라고 외우도록 안내한다.
- 의미 정교화의 도움(focusing helps): 학습자의 학습을 돕기 위하여 화살표, 다양한 색상, 굵은 활자 등을 같이 제시하여 주의를 집중시키는 방식이다.
- 표상법(representation): 일반적인 내용을 다이어그램, 공식, 차트 등으로

표현하여 학습을 정교화하는 방식이다.

- 피드백(feedback): 학습자가 수행한 내용에 대하여 도움을 주거나, 정답에 대한 정보를 제공하거나, 활용에 대한 정보를 주어 학습을 정교화하는 방식이다.

설명식·탐구식으로 구분하는 일차자료제시형은 자료제시의 형태나 틀을 의미하므로 교수방법으로 볼 수 있다. 그리고 이차자료제시형은 보다 효과적인 자료제시를 위한 것으로, 대부분의 경우 일차자료제시형을 보다 정교화시켜 주므로 교수전략이라고 볼 수 있다.

생각해 볼 문제

- Merrill의 이차자료제시형에서 설명식 일반화와 설명식 사례에 피드백이 없는 이유를 생각해 보자.

6. Gagné의 위계적 계열화

미시적 조직 전략으로 Gagné의 위계적 계열화를 제시할 수 있다. Gagné의 학습과제 유형 중 하나인 '지적 기능'은 변별학습, 개념학습(구체적 개념, 정의된 개념), 규칙학습, 고차적 규칙학습(문제해결학습)의 위계를 가지고 있다. 이 때문에 이러한 위계에 따라서 위계적 분석을 할 수 있으며, Gagné는 이 위계에 따라서 하위 기능부터 상위 기능의 순서대로 계열화하여 가르치라고 하였다.

즉, 변별학습이 이루어지면 개념학습이 가능하고, 개념학습이 이루어지면 규칙학습이 이루어지고, 규칙학습이 이루어지면 고차적 규칙학습이 가능하다고 보았다. 그러므로 지적 기능 영역의 학습과제 계열화는 위계적 분석을 한 결과를 바탕으로 가르칠 순서를 정할 수 있다.

예를 들어, 위치에너지 공식과 힘의 에너지 공식을 알아야 해결할 수 있는 문제가 있다면 두 가지 이상의 규칙학습이 요구되는 고차적 규칙학습, 즉 문제해결학습을 필요로 하는 문제라고 볼 수 있다. 위치에너지 공식은 위치에너지, 중력가속도, 질량, 높이라는 개념을 이해하고 이들 간의 관계를 통해 이해할 수 있다. 또한 높이라는 개념은 학습자가 사물의 위치가 높은지 낮은지를 변별할 수 있을 때 형성될 수 있다. 이처럼 지적 기능 영역의 학습은 상위 기능에서 하위 기능으로 분석될 수 있다. 반면에 교수자가 가르칠 때에는 하위 기능인 변별부터 시작하여 개념 · 규칙 · 고차적 규칙이 학습될 수 있도록 계열화하여 내용을 조직하여야 한다. 이러한 위계적 계열화도 미시적 내용조직 전략 중 하나로 볼 수 있다([그림 7-3] 참조).

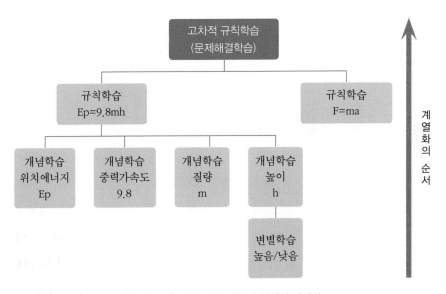

[그림 7-3] 지적 기능 영역의 위계적 계열화

7. 뇌 기반 내용조직 전략

최근 뇌과학의 발전으로 학생들의 두뇌작용을 고려하여 효과적인 교수설계를 하고자 하는 노력이 있다(이지현, 박정은, 2014). 인간은 주의력이 높을 때와 낮을 때가 교대로 나타나기 때문에 학생이 수업에서 지속해서 주의를 기울이기는 쉽지 않다. 또한 특정 시간이나 내용 제시방법에 따라 특별히 더 주의를 기울이게 되기도 하고 그렇지 않기도 하다. 그러므로 교수설계자는 인간 두뇌의 특성을 먼저 이해한 후 이러한 특성을 수업내용 조직과 제시 전략에 적용할 필요가 있다.

김유미(2009: 185, 192)는 두뇌는 주의의 고-저 사이클에 따라 인지 능력이 바뀐다고 하였다. 그리고 학생의 주의력이 낮은 사이클에서 억지로 학생을 끌고 가는 것은 비생산적이라고 하였다. 그럴 때는 오히려 학생이 정보를 내적으로 처리할 시간이나 휴식할 시간을 주어야 한다고 하였다. 그러므로 교수설계자는 이러한 두뇌의 주의력 사이클을 이해하고 활용하면 가르칠 내용에 대한 미시적 조직 전략을 개발할 수 있다. 유평수, 서재복, 최지은과 김보경(2016: 91-92)은 두뇌 기반 내용조직 전략으로 공고화, 청킹, 선두효과와 최신효과를 제시하고 있다.

1) 공고화

교사가 학생에게 자극자료를 제시하면 유입된 자극이 모두 장기기억에 저장되는 것이 아니다. 장기기억에 잘 저장되도록 돕기 위해서는 새로운 자극의 유입을 중단시킨 후 학생에게 내적인 처리활동 시간을 주어야 한다. 이러한 내적 처리활동을 공고화(consolidation)라고 한다. 공고화가 필요한 이유는 내적 처리 시간에 학생의 두뇌의 신경 연결을 담당하는 시냅스가 강화되기 때문이다(Jensen, 1998). Gagné(1985: 304)는 교사가 수업에서 '자극자료 제시하기' 직후 '학습안내 제공하기'의 교수사태를 제공하라고 하였다. 이는 학생이 유입된 자극자료를 공고화할 수 있는 시간을 가질 수 있게 한다. 그러므로 교수설계자는 중요한 학습과제를 제시한 후에는 반드시 배운 내용을 장기기억에 잘 저장할 수 있도록 돕는 공고화 활동을 하도록 조직하여야 한다. 김유미(2009: 188)는 짧은 시간에 너무 많은 내용을 제시하거나, 어떤 내용을 다룬 후 곧바로 다른 내용으로 넘어가 버리면, 실제로 학생에게 학습되거나 기억되는 것이 거의 없다고 하였다. 그러므로 새로운 학습과제로 넘어가기 전, 잠깐 동안은 자극자료 제시를 멈추고 자료를 처리할 공고화의 시간을 가질 수 있도록 수업을 설계하여야 한다.

2) 청킹

청킹(chunking)이란 덩어리를 짓는다는 의미로 앞에서 다룬 정보처리이론에서 단기기억의 처리 용량을 극대화하기 위한 전략으로 제시된 바 있다. 인간의 단기기억 용량은 제한적이어서 보통 7±2개의 항목을 처리하므로, 이보다 많은 항목은 덩어리를 지어 항목당 단위를 크게 하되 항목의 수를 줄이는 것이 좋다. 예를 들어, 45분 수업을 15분씩 3개의 단위로 덩어리를 짓는다. 이는 수업이 마치 영화를 상영하는 것과 같이 멈추지 않고 진행되는 것이 아니라 시간 또는 의미적 단위로 분절시켜 중간에 휴지기를 제공하는 전략이다.

또한 여러 개의 항목에서 공통된 특성이나 패턴을 가지는 것들끼리 묶어서 더 상위의 개념이나 범주로 묶어서 제시할 수 있다. Gagné(1985)의 언어적 정보의 과제를 군집으로 분석하는 것이 그 예이다. 또는 기술·가정시간에 벽에 페인팅하는 10단계의 절차를 다룰 때, 열 개의 항목을 그대로 제시하기보다는 준비하기, 칠하기, 정리하기의 상위 단계로 묶어서 조직하는 것이 기억에 더 효과적이다.

3) 선두효과와 최신효과

어떤 목록을 제시하고 기억해야 한다면 일반적으로 목록의 중간에 있는 항목보다는 처음 2~3개와 마지막 2~3개의 항목을 기억할 가능성이 크다. 이때 앞의 몇 항목을 회상할 가능성이 큰 현상을 선두효과(primacy effect)라고 하고, 끝의 몇 항목을 회상할 가능성이 큰 현상을 최신효과(recency effect)라고 한다 (김유미, 2009: 190). [그림 7-4]에 이 두 효과에 대한 설명이 잘 나타나 있다.

실제로 수업 초반에 학생들의 주의력이 매우 집중되지만, 점차 주의력이 떨어지다가 수업이 끝나기 10분 전부터 다시 주의력이 높아진다는 것은 널리 알려진 사실이다. 그러므로 선두효과와 최신효과를 교수설계에 적용하여 내용을 조직하는 미시적 전략을 개발할 수 있을 것이다. 예를 들어, 선두효과와 최신효과가 수업에서 여러 번 나타날 수 있도록 수업을 특정 단위로 나눈다. 예를 들어, 45분짜리 수업을 15분 단위의 3개로 나누어 제시하면 세션별로 각각 선두효과와 최신효과가 나타나 수업에서 모두 여섯 번의 효과가 나타나게 된다. 그리고 각 세션 사이에 잠깐의 휴식시간을 주면 공고화 시간도 가질 수 있게 된다. 보다 미시적으로는 학생들이 기억해야 하는 목록을 제시할 때, 꼭 기억해야 할 중요한 내용을 처음과 마지막에 배치하도록 조직하는 것도 이를 적

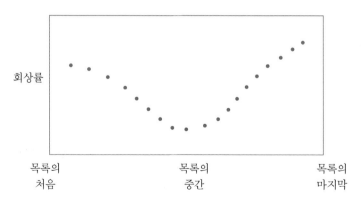

[그림 7-4] 기억의 선두효과와 최신효과

용한 전략이라고 볼 수 있다.

8. 피드백 전략

1) 피드백의 개념

피드백(feed-back)이란 1860년 산업혁명 중에 출현한 개념으로 기계 시스템에서 에너지, 운동량, 신호 등의 산출물을 시작점으로 돌려보내는 방식, 즉 환류(還流)를 의미한다. 주로 산업 분야에서 성과 및 산출물을 효과적으로 도출하기 위한 과정 중 하나이다. 교육에서의 피드백이란 기대하는 학습목표 달성을 위해 학습자의 학습 행동에 대해 교수자가 적절한 반응을 보이는 것을 말한다.

피드백은 학생들이 학습을 지속하게 하는 중요한 교수전략이다. Gagné의 아홉 가지 외적 교수사태에서는 교수자가 피드백을 제공할 때 학생들의 내적 학습과정에서 학습에 대한 강화가 일어난다고 하였다. 학생이 학습에 강화를 받으면 그 학습을 다시 할 가능성이 커진다. 최근 원격수업이 보편화되면서 교수자가 없는 상황에서 학습하는 경험이 늘어나고 있다. 이때 교수자의 피드백은 원격수업의 질을 높이고, 중도탈락을 낮추는 데 매우 효과적이다. 특히 자기주도학습 능력이 부족한 학생의 경우 교수자 피드백이 학습을 촉진하는 역할을 한다.

2) 효과적인 피드백

Hatti와 Timperleym(2007)은 효과적인 피드백의 세 가지 요소를 제안하였다.

• Feed up: 목표는 무엇인가?(What are the goals?)

- Feed back: 목표를 향해 어떤 진전이 이루어지고 있는가?(How am I going?)
- Feed forward: 더 나은 진전을 이루기 위해 어떤 활동을 해야 할까?(Where to next?)

이 세 가지 요소를 통해, 피드백이 효과적인 교수전략이 되기 위해서는 성취목표＋현재 수준＋처방이 기본적으로 포함되어야 한다는 것을 알 수 있다. 피드백을 제공할 때 비판적이거나 통제적인 피드백, 점수를 단순하게 알려만 주는 피드백 등은 학생들을 좌절하게 하여 오히려 학습에 부정적인 영향을 미칠수 있으므로 피드백을 제공하는 방식과 유형에 유의하여야 한다. 강대일과 정창규(2018)는 좋은 피드백의 조건을 제시하였는데 이를 정리하면 다음과 같다.

- 성취목표, 현재 수준, 처방을 포함해 제공하라.
- 중요한 부분에 초점을 맞추되 구체적이고 명확하게 제공하기 위해 글과 더불어 표, 그래프, 그림 등의 자료를 이용하라.
- 부정적 언어보다는 긍정적 언어를 사용하고, 미흡한 부분에 대해 객관적이고 중립적인 표현을 사용하라.
- 과정과 결과 모두에 초점을 두어 피드백하고 과제 수행과 관련한 피드백은 즉각적으로 제공하라.
- 단발성 피드백보다는 지속적인 피드백을 제공하라.
- 학습목표와 무관한 피드백은 지양하고 칭찬보다 격려가 더 효과적임을 잊지 마라.

3) 피드백의 유형

피드백의 유형은 다양한 기준으로 분류할 수 있다. 먼저 피드백의 구체성에 따른 유형(Shute, 2008)으로 결과 피드백, 교정 피드백, 정교화 피드백으로 구분할 수 있다. 결과 피드백(Knowledge of Result: KR)은 피드백의 초창기 개념으로 학생 답의 정오만을 제공하고 추가적인 정보나 정답을 제공하지 않는다. 어떻게 하면 수행을 향상할 수 있는지 정보를 제공해 주지 않아 학습에 큰 효과가 없다. 예를 들어, 틀린 곳만 붉은색 펜으로 표시하고 다른 정보를 제공하지 않는 경우가 이에 해당한다. 교정 피드백(Knowledge of Correct Response: KCR)은 결과 피드백과 유사하나 주된 목적은 학생의 틀린 답을 교정해 주는 것으로 인지주의에 기반한 피드백이다. 낮은 수준의 학습에서 일부 효과가 있다, 정교화 피드백(Elaborated Feedback: EF)은 학습을 위해 힌트, 추가 정보, 추가 학습자료, 해결전략, 목표 도달 정도를 알려 주는 유형으로 결과 피드백과 교정 피드백과 함께 제공되는 경우가 많다. 정교화 피드백은 저난이도 학습, 고차원 학습 모두에서 효과적인 피드백이다.

피드백의 시기에 따른 유형(Kulhavy & Anderson, 1972)으로 즉시 피드백과 지연 피드백이 있다. 즉시 피드백은 수행 즉시 즉각적으로 피드백을 제공하는 것으로 학생은 자신의 학습에 대해서 사회적 지지를 높게 인식하게 되나 문제에 대해 성찰할 시간은 덜 가지게 된다. 반면에 지연 피드백은 수행 후 일정한 시간이 지난 후에 피드백을 제공하는 것으로 학생은 일정 부분 성찰적 사고를 하게 되나 문제에 관한 사고의 흐름을 놓칠 수 있다는 단점이 있다.

피드백의 내용에 따른 분류는 정보적 피드백과 정서적 피드백으로 구분할 수 있다. 정보적 피드백은 학습에 관한 객관적인 정보만을 제공하는 경우로 정오답 여부, 출석률, 참여율, 과제에 대한 첨삭 등을 포함한다. 반면에 정서적 피드백은 학습에 대해 정서적으로 반응한 것을 제공하는 경우로 칭찬, 격려, 지지, 응원, 긴장감 등을 유발하는 것을 목적으로 한다.

피드백의 목적에 따른 분류(Smith, 1988)로는 동기적 강화 피드백과 정보적 교정 피드백이 있다. 동기적 강화 피드백(motivational reinforcing feedback)은 학생의 올바른 반응에 대한 칭찬이나 다른 보상을 말하는데, '맞다' 또는

'틀리다'에 대한 피드백 메시지를 주거나, 학생의 올바른 반응에 대해 교사가 그 반응을 되풀이해서 언급하는 것을 말한다. 정보적 교정 피드백(informative corrective feedback)은 학습의 오류를 발견하고 교정함으로써 향후 학습 중에 발생할 수 있는 오류의 가능성을 줄이는 것이 목적이다. 정보적 교정 피드백에는 학생의 반응이 옳든 그르든 상관없이 아무런 정보를 제공하지 않는 무 피드백, 학습자의 반응이 정확한지 아닌지를 명확하게 또는 암시적으로 알려 주는 정·오 판정 피드백, 학습자가 답해야 할 문제의 정확한 답을 알려 주는 정답 제시 피드백, 학생들에게 설명, 암시, 충고 등을 제공하는 정교한 피드백 등을 포함한다.

피드백 매체에 따른 분류로는 문자 메시지, 댓글 등을 통해 텍스트로 제공하는 텍스트 피드백, 교수자의 목소리를 녹음하여 제공하는 음성 피드백, 피드백 내용을 영상으로 제공하는 영상 피드백으로 구분할 수 있다.

이 외에도 피드백을 제공하는 주체에 따라서 교수자 피드백, 학습자(동료) 피드백, 전문가 피드백 등으로도 구분할 수 있다.

표 7-4 피드백의 유형 분류

분류의 기준	유형
피드백의 구성	결과 피드백, 교정 피드백, 정교화 피드백
피드백의 시기	즉시 피드백, 지연 피드백
피드백의 내용	정보적 피드백, 정서적 피드백
피드백의 목적	동기적 강화 피드백, 정보적 교정 피드백(무 피드백, 정·오 판정 피드백, 정답제시 피드백, 정교한 피드백)
매체에 따른 피드백	텍스트 피드백, 음성 패드백, 영상 피드백
피드백 주체	교수자 피드백, 학습자(동료) 피드백, 전문가 피드백

4) 원격수업에서의 피드백

원격수업의 취약점은 느슨하고 피상적 사고를 하게 하고, 산만함 및 충동성이 높은 온라인 환경에서 학습한다는 점이다. 따라서 원격수업에서 학습자의 주의집중을 유지하고 학습효과를 높일 수 있는 방안으로 피드백이 매우 중요하다.

전통적인 교실 내 피드백은 학습효과를 높일 수 있도록 지원하는 것이 주요 역할이다. 그러나 원격수업에서의 학습자는 수업의 학습자인 동시에 시스템 이용자이므로 교육 콘텐츠에 대한 피드백뿐만 아니라 원격수업 시스템 사용에 대한 피드백도 필요하다. 교사의 피드백은 교사와 학생 간의 의사소통을 담당하는 핵심적인 요소이기 때문에 교수자와 학습자가 물리적으로 분리되어 있는 원격수업 설계에서 교사 피드백은 필수적으로 고려해야 하는 교수전략이다.

서봉언(2021)은 원격수업에서 활용할 수 있는 온라인 피드백 전략을 다음과 같이 제시하였다.

- 감정 이모티콘의 활용: 온라인 환경은 교수자의 감정 전달에 한계가 있으므로 귀여움, 기분 좋음, 편안함 등의 긍정적 정서를 담은 이모티콘을 활용할 수 있다.
- 동료 학습자의 우수사례 제시를 통한 통찰 피드백 제공: 또래의 과제들을 공유할 수 있도록 하여 우수사례를 통해 자신의 과제 수행에 대해 '아하' 효과를 거둘 수 있는 피드백을 제공할 수 있다.
- 피드포워드 전략: 피드포워드(feed-forward) 전략이란 정교화 피드백을 제공하여 학생의 2차 수행을 유도함으로써 과제를 수정 · 보완하여 다시 제출할 수 있도록 설계하는 것이다.
- 교수자 피드백 제공을 위한 적정 시간을 확보하는 방향으로 수업 지원: 단순

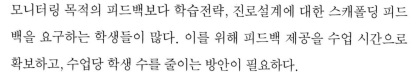

모니터링 목적의 피드백보다 학습전략, 진로설계에 대한 스캐폴딩 피드백을 요구하는 학생들이 많다. 이를 위해 피드백 제공을 수업 시간으로 확보하고, 수업당 학생 수를 줄이는 방안이 필요하다.

- 교수자의 피드백을 예측할 수 있도록 설계: 학습자는 해당 교과의 교수자가 피드백을 줄 것이라고 예측할 때 과제에 더욱 몰입한다. 그러므로 교수자의 피드백을 예측하게 하여 원격수업에서 인지적 실재감을 높일 수 있다.

- 익명성을 활용한 1:1 피드백 환경 활용: 여학생의 경우 공개 피드백보다 1:1 피드백을 선호하는 경향이 있으므로 성별에 따라 피드백 제공 방식을 결정할 수 있다.

미루지 말고 당겨 보자

수학공부에 관한 재밌는 논문이 있다. 제목은 「수학이 고통스러운 순간(When Math Hurts)」(Lyons & Beilock, 2012)이다. 일반적으로 수학불안이 높은 학생들은 수학 자체가 힘든 과목이라고 생각하고 고통스러워하지만, 실제로는 수학공부가 힘들 것이라는 '예측'이 고통을 준다는 것이다. 그래서 수학불안이 높은 학생들은 수학공부를 계속 미루게 되는데 미루는 시간이 길어질수록 불안이 점점 높아지다가 일단 수학문제를 풀기 시작하고 예측행동이 멈추면 불안은 쭉 내려간다는 것이다.

습관적 미루기를 심각하게 다루어야 하는 이유는 미루기가 불안을 증폭시키기 때문이다. 인간은 불안을 느끼면 생존을 위해 불안을 낮추는 방어기제를 쓴다. 불안을 다루지 않고 방치하면 극도의 긴장, 공포, 공황장애로 이어지기 때문이다. 현대인들이 불안을 처리할 때 손쉽게 사용하는 방법이 유튜브, 인스타, 넷플릭스와 같은 콘텐츠 소비이다. 유튜브를 보는 한 시간 동안 불안이 일시적으로 낮아진다. 때로는 중요한 일을 미루기 위해 사소하거나 나중에 해도 되는 대체 행동을 찾아 불안을 낮추기도 한다. 이 모든 것이 불안에서 살아남기 위한 전략이다. 하지만 대체행동이 끝나도 해내야 할 일은 그대로라는 사실에 직면하는 순간 불안은 더 높아진다. 미루기는 [불안감 → 딴짓 → 일시적 안정감 → 더 강한 불안감]이라는 악순환의 굴레를 씌워 인간의 삶의 질을 떨어뜨린다.

중요한 공부나 일을 미루는 습관이 일상생활의 장애가 된다면 해방되는 단 한 가지 방법은 일단 무조건 시작하는 것이다. 할 일이 명확하게 정의되지 않아 나중에 다시 해야 해도 괜찮다. 주변 정리가 안 돼서 집중이 안 되더라도 일단 시작한다. 그러면 할 일이 서서히 명확해지면서 불안은 사그라든다. 미루지 말고 당겨 보자. 일단 시작하면 불만이 사그라드는 것을 경험해 보자. 일단 시작하는 것이 고통을 줄이는 가장 손쉬운 방법이다.

교수 · 학습 매체

이 장은 ADDIE의 개발(Development)에 해당하는 내용으로, 실제로 설계한 수업에 활용될 각종 매체나 자료를 개발하는 단계이다. 효과적인 교수매체를 개발하거나 자료를 개발할 때 알아야 할 원리에 대해서 다루고 있다. 최근에는 원격교육이 보편화되면서 디지털 교수 · 학습 콘텐츠를 효과적이고 능숙하게 개발하고 활용할 수 있는 능력을 교사의 중요한 역량 중 하나로 보고 있다. 그러므로 예비교사들은 매체의 특성을 잘 이해하고 이를 효과적으로 활용하는 연습을 꾸준히 해야 할 것이다.

1. 교수매체 이론

매체(media)란 라틴어로 영어의 'between'의 의미를 가지고 있다. 정보를 전달하고자 하는 송신자와 정보를 얻고자 하는 수신자의 사이에서 이를 중재하는 역할을 하는 것이 매체이다. 그러므로 교수매체는 교수 상황에서 교수자와 학습자 사이에서 정보전달을 중재하는 역할을 하는 매체를 의미한다.

　교수매체를 연구하는 사람들은 교수 · 학습을 교사와 학생 간의 정보전달 과정으로 보기도 한다. 따라서 교실 안과 밖에서 교육내용과 관련된 커뮤니케이션(의사소통)의 과정에 매우 관심을 가지게 된다. 여기서는 커뮤니케이션의 고전 이론 중 하나인 SMCR 모형을 살펴보고자 한다.

1) SMCR 모형

　Berlo(1960)는 의사소통이 이루어지기 위해서는 네 가지 구성요소인 송신자(Sender), 메시지(Message), 채널(Channel), 수신자(Receiver)가 있어야 한다고 하였다. 그리고 〈표 8-1〉과 같이 네 가지 구성요소에 각각 다섯 가지 하위 구성요소를 제시하였다. 이 하위 구성요소는 송신자와 수신자의 의사소통에 영향을 미치는 요소이다.

　Berlo는 이 모형에서 송신자가 보내는 메시지인 m은 수신자가 받은 메시지 m′와 항상 일치하지는 않는다고 하였다(m≒m′). 그 이유는 SMCR의 각 하위 요소들이 메시지에 잡음(noise)을 발생시키기 때문이다. 예를 들어, 교사를 정보원 또는 송신자라고 볼 때 교사의 커뮤니케이션 기술, 태도, 지식 수준, 사회체

표 8-1 | Berlo의 커뮤니케이션 구성요소

송신자(Sender) m	메시지 (Message)	채널 (Channel)	수신자(Receiver) m′
• 커뮤니케이션 기술	• 내용	• 시각	• 커뮤니케이션 기술
• 태도	• 요소	• 청각	• 태도
• 지식 수준	• 처리	• 촉각	• 지식 수준
• 사회체제	• 구조	• 후각	• 사회체제
• 문화	• 코드	• 미각	• 문화

제, 문화는 수신자인 학생의 그것과 많이 다르기 때문에 교사가 전달하고자 하는 메시지가 그대로 전달되지 않을 가능성이 크다.

Berlo의 모형은 현재의 시점에서 보면 새로운 이슈가 없어 보인다. 하지만 커뮤니케이션에 대한 연구가 이루어진 초창기에는 대체로 매체(채널)의 종류와 효과성에만 관심을 두었으나, Berlo의 경우 매체를 포함하여 커뮤니케이션에 영향을 미치는 모든 구성요소에 전체적인 관심을 처음으로 두었기 때문에 의의가 있다고 본다.

생각해 볼 문제

• 교사의 커뮤니케이션 기술, 태도, 지식 수준, 사회체제, 문화가 학생과 달라서 의사소통이 잘 이루어지지 않은 경험을 이야기해 보자. 만일 그 상황에서 교사는 어떻게 대처해야 하는가?

Berlo의 경우, 커뮤니케이션에서 송신자와 수신자의 문화를 고려할 것을 주장하였지만, 꼭 그렇지 않을 수도 있다. Young(2008)은 매체를 설계할 때 매체를 사용할 특정 대상자들의 문화를 포함할 것인지, 포함하지 않을 것인지를 결정해야 한다고 하였다. 특정 문화를 포함하지 않고 국제적이며 일반적인 설계(internationalization: a generic design)를 하기 위해서는 특정 문화의 비유나 약어, 유머, 속담, 일상 언어 등을 배제해야 한다(Aykin & Milewski, 2005: 34). 반면에 특정 문화를 포함한 설계(localization: a specialized design)를 하기 위해서는 대상자들의 문화를 참여관찰이나 인터뷰를 통해 충분히 익혀 실제로 사용되는 표상을 잘 알아야 한다.

[그림 8-1] 문화가 포함되지 않은 상징과 포함된 상징

[그림 8-1]에서 좌측의 화살표는 '왼쪽으로 가라'는 국제적인 표상이다. 반면에 우측의 상징은 미국 원주민들이 사용하는 표상으로, '물이 있음'을 의미하는 표상이다. 좌측의 표상은 어느 문화권에서나 이해 가능하지만, 우측의 표상은 별도의 설명을 듣지 않는다면 그 의미를 쉽게 이해할 수 없을 것이다. 그러므로 우측과 같은 표상은 보편적이고 일반적인 의사소통에서 사용하지 않는 것이 옳다.

2) 교수매체 분류

매체의 분류기준은 매우 다양하다. 어떠한 감각기관을 주로 사용하는지에 따라 시각매체, 청각매체, 시청각매체로 구분한다. 촉각, 미각, 후각을 적극적으로 활용하고 있는 교수매체는 아직 드물지만, 최근 오감체감형인 4D 영화가 제작·상영되고 있는 것으로 보아 교수매체에서도 모든 감각을 활용하여 정보전달의 효과성을 높이려는 시도가 시작될 것으로 예상된다. 이 외에도 빛의 투사 여부에 따라 투사 매체, 비투사 매체로 구분할 수도 있으며, 상호작용성에 따라 일방향성 매체와 양방향성 매체로 분류할 수도 있다. 데이터의 성질에 따라 아날로그 매체와 디지털 매체로 구분할 수 있다. 이와 같이 다양한 기준으로 매체를 분류할 수 있으나, 여기서는 교육을 목적으로 한 교수매체를 분류하는 전통적 기준인 Hoban과 Dale의 기준을 살펴보고자 한다. 이 두 기준은 매우 오래된 기준이지만 인지의 구체성과 추상성 또는 경험의 양식이라는 원론적 기준으로 분류하였기 때문에 매체가 고도로 발달한 현재에도 매우 의미 있는 분류라고 볼 수 있다.

(1) Hoban의 교수매체 분류

Hoban, Hoban과 Zisman(1937)은 그들의 저서 『교육과정의 시각화(Visualizing the Curriculum)』에서 교육과정과 시각자료의 통합을 제안하였다. 그리고 그들은 교수매체를 구체성과 추상성을 기준으로 분류하였다. 그는 구체성이 높은 매체일수록 메시지 전달이 잘되며, 추상성이 높은 매체일수록 메시지 전달력이 떨어진다고 보았다. 그가 제시한 분류를 구체성이 높은 것에서 추상성이 높은 수준으로 나열하면, 전체 장면 → 실물 모형 → 필름 → 입체도 → 슬라이드 → 회화 및 사진 → 지도 → 도표 → 언어로 나열된다(Hoban, Hoban, & Zisman, 1937: 23).

언어(words)
도표(diagrams)
지도(maps)
회화 및 사진(flat pictures)
슬라이드(slides)
입체도(stereographs)
필름(films)
모형(models)
실물(objects)
전체 장면(total situation)

[그림 8-2] Hoban의 교수매체 분류

생각해 볼 문제

- 추상적인 교수매체와 구체적인 교수매체가 각각 학습에서 갖는 장단점은 무엇인가?

- Hoban의 시각자료 분류에서 '전체 장면'의 의미를 '실물'과 비교하여 설명하되 예를 들어 설명하고, 각각을 매체로 활용할 때의 장단점에 대해 생각해 보자.

(2) Dale의 경험의 원추

Dale(1946)은 Hoban의 구체성–추상성 분류를 그대로 따르면서 매체를 통해 어떠한 경험을 하는지에 따라 분류하였다. 그가 제시한 분류를 경험의 구체성이 높은 것에서 경험의 추상성이 높은 수준으로 나열하면, [그림 8-3]과 같이 목적적 경험 → 구성된 경험 → 극화된 경험 → 시범 → 견학 → 전시 → TV → 영화 → 녹음/라디오/사진 → 시각기호 → 언어로 나열된다.

이러한 열한 가지 분류는 Bruner(1966)가 교육과정이 적절한 형태로 제공되기만 하면 모든 학생은 항상 학습할 준비가 되어 있다고 보면서 작동적(enactive) 표현 방식, 영상적(iconic) 표현 방식, 추상적(symbolic) 표현 방식을 제안한 것과 일치한다. 즉, 목적적 경험에서 전시까지는 작동적 표현 방식이며, TV에서 녹음/라디오/사진까지는 영상적 표현 방식, 시각기호와 언어는 추상적 표현 방식으로 볼 수 있다. 그러므로 교수설계자들은 매체를 설계할 때, 이와 같은 이론에 근거를 두고 학습자의 인지발달 수준을 고려하여 개발할 매체의 구체성과 추상성 정도를 결정하여야 한다.

[그림 8-3] Dale의 경험의 원추

생각해 볼 문제

- 영화 '트루먼 쇼'에서 트루먼이 경험하는 삶을 Dale의 목적적 경험, 구성된 경험, 극화된 경험에 비추어 설명해 보자.

3) 교수매체 관련 이론

(1) Pavio의 이중부호화 이론

교수매체가 학습에 효과적이라는 근거가 되는 이론으로 Paivio의 이중부호화 이론(dual-coding theory)이 있다. Paivio(1986)는 언어적인 정보와 시각적인 정보가 동시에 인지될 때, 이 두 정보가 혼합되어 처리되지 않고 각각 독립적으로 처리된다고 하였다. 즉, 언어적 정보는 계열적 성격을 가지며 부호화되지만, 시각적 정보는 공간적으로 부호화가 이루어지기 때문에 둘은 혼합되어 처리될 수 없다는 것이다. 우리 자신의 인지과정을 관찰해 보면 언어적 정보는 단어 또는 문장, 음절들이 의미적 관계를 가지면서 순차적으로 회상되기 때문에 중간에 새로운 단어를 삽입할 수도 있고, 삭제하고 싶은 부분을 삭제하면서 언어적 정보를 재조직할 수 있다. 반면에 시각자료는 부분 또는 전체가 영화의 한 장면처럼 떠오르게 된다. 그렇기 때문에 언어처럼 정보의 일부분에 순차적으로 접근해야 하는 것이 아니라 부분과 전체에 동시 접근이 가능하다. 그리고 시각정보를 수정할 때에도 시각자료의 전체적인 맥락과 감각적인 차

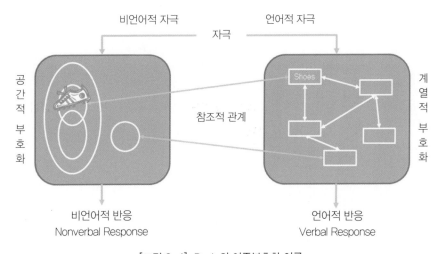

[그림 8-4] Pavio의 이중부호화 이론

원에서 색을 변경하거나, 크기를 조절하거나, 위치를 변경하게 된다(Shepard & Metzler, 1971). 그러므로 언어적 정보와 시각적 정보가 같이 제공되면 두 가지의 인지처리 과정과 저장이 이루어지므로 한 가지 정보만 제공되었을 때보다 재생(회상)이 잘 일어나게 된다. 왜냐하면 정보의 재생은 장기기억 속에 있는 정보의 위치를 찾아내는 것이기 때문에 1개의 위치정보(경로)만 가진 정보보다는 2개 이상의 위치정보를 가진 정보가 더 잘 재생되기 때문이다(김회수, 1995).

(2) 각성이론과 응집이론

흥미를 유발하기 위해 청각적 부속물을 첨가하면 학습에 집중할 수 있기 때문에 학습에 긍정적 효과를 준다는 각성이론(arousal theory)이 있다. 슬라이드에 애니메이션이 실행될 때, 주의집중을 위해 소리를 같이 재생하는 것이 각성이론을 적용한 예이다. 이와는 반대로 청각적 부속물이 학습자에게 청각적 작동기억에 과부하를 일으켜서 학습을 간섭하기 때문에 흥미는 유발할 수 있을지 몰라도 학습에 부정적 영향을 미친다는 응집이론(coherence theory)도 있다.

(3) 칵테일 파티 효과

여러 사람이 모여서 다양한 주제의 이야기를 왁자지껄하면서 시끄럽게 이야기하는 칵테일 파티에서는 매우 시끄러워서 타인의 소리를 잘 들을 수 없다. 그러나 잘 들을 수 없는 상황에서도 자신이 관심을 갖는 이야기는 선택적으로 골라서 들을 수 있는 능력이 사람들에게 있다는 칵테일 파티 효과(cocktail party effect)가 있다. 시끄러운 카페에서도 나와 무관한 내용들이라면 청각적 주의를 잘 기울이지 않기 때문에 책을 읽거나 타인과 대화를 하는 데 지장을 받지 않는다. 그러므로 교수매체, 특히 청각적 매체를 제작할 때 학습자와 관련성이 높은 내용으로 설계하게 되면 학습자의 주의를 더 끌 수 있으며, 이는 학습효과를 높이게 된다.

(4) 인지부하이론

반면에 멀티미디어가 인지적 과부하를 일으켜서 주의를 분산시킬 수 있다는 연구 결과도 있다. 하나의 교수매체에서 서로 다른 위치에서 재생되는 정보를 통합시켜서 인지해야 할 때, 학습자는 주의가 분산될 수 있다는 것이다(Posiak & Morrison, 2008). 예를 들어, 애니메이션이 재생될 때 애니메이션에 대한 설명이 텍스트 형태로 제시되는 경우와 오디오 형태로 제시되는 경우가 있을 수 있다. Mayer(2008)에 의하면, 텍스트 설명이 제시되는 애니메이션이 학습자들에게 시각적 작동기억에 부하를 걸리게 한다는 것이다. 즉, 애니메이션에서 제시되는 시각자료도 분석해야 하며 동시에 텍스트 읽기도 해야 한다는 것이다(Richey, Klein, & Tracey, 2011에서 재인용). 이러한 연구 결과는 교수매체를 개발할 때, 시청각적 채널을 두 가지 이상 사용하게 된다면 꼭 고려해 보아야 할 사항이다.

생각해 볼 문제

• 교수매체 관련 이론 중 한 가지를 선택하여 수업에서 사용되는 매체 개발에 어떻게 적용할 수 있을지를 생각해 보자.

---

2. 선행조직자의 활용

선행조직자(advance organizers)란 Ausubel(1960)이 제안한 것으로, 수업의 도입부에서 수업내용을 포괄한 자료를 제시함으로써 학생의 인지구조 속에 이미 가지고 있는 지식과 새로운 지식이 특정 관계를 맺어 정착할 수 있도록 하는 것이다. 선행조직자는 수업내용을 포괄하여야 하기 때문에 상대적으로 중요하지 않은 정보는 생략함으로써 수업에서 다룰 내용요소들의 조직을 한눈에 인식할 수 있도록 제작되어야 한다.

이러한 선행조직자의 한 가지 예로 그래픽조직자(graphic organizer)가 있다. 그래픽조직자는 정보를 구조화하고, 아이디어의 핵심 개념을 패턴화하여 배열하는 방식으로 지식을 표현한다. 그래픽조직자는 개념을 시각적으로 표현하기 때문에 개념학습에 매우 효과적인 것으로 알려져 있다(이유진, 강이철, 2010). [그림 8-5]는 그래픽 조직자 중 피시본(fishbone)의 한 예이다.

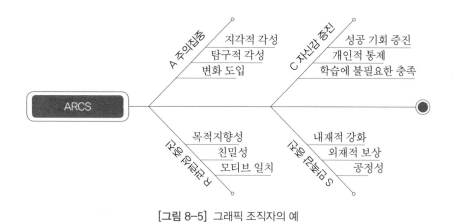

[그림 8-5] 그래픽 조직자의 예

과목의 첫 수업, 단원이 시작되는 부분, 매 수업의 초반에는 다루고자 하는 내용을 포괄하는 시각적 자료를 제시하는 것이 좋다. 첫 수업에서는 해당 과목이 이전에 배웠던 유사한 과목들과 어떠한 차이점이나 연관성이 있는지를 안내해야 하며, 새로운 단원이 시작될 때에도 이전 단원과의 차이점과 본 단원이 다루고 있는 영역에 대하여 한눈에 볼 수 있는 자료를 개발하여 제시해 주어야 한다. 한 페이지 또는 1개의 슬라이드로 된 이러한 자료는 앞에서 언급한 선행조직자의 역할을 하기 때문에 새롭게 배울 내용에 대한 친숙함을 도모하고 인지적 부담을 줄여 준다.

3. 시각자료의 설계

최근에는 교사들이 교실에서 판서 대신에 슬라이드와 영상을 자주 사용한다. 이러한 디지털 교수매체 외에도 인쇄물이나 괘도, 게시물과 같은 아날로그 교수매체를 활용하기도 한다. 어떠한 형태이든지 간에 교사가 가장 빈번하게 개발하고 사용하는 것은 시각매체이다. 여기서는 시각매체 설계를 위한 기본 원리를 살펴보고자 한다.

1) 시각자료 설계에 고려할 요소

시각매체를 설계할 때 다양한 요소를 고려해야 하지만 그중 정렬, 배치, 근접성, 문자, 색상, 통일성과 변화성을 살펴보고자 한다.

(1) 정렬

교실에서 가장 빈번하게 활용되는 PowerPoint 슬라이드나 게시판과 같은 시각자료를 제작할 때, 슬라이드 안의 각 요소들의 가장자리가 수직선과 수평선에 맞도록 정렬하는 것이 시각적 이해에 도움이 된다. 격자(grid)를 이용하면 정렬하는 것이 용이하다.

(2) 배치

신문기사나 웹사이트와 같이 하나의 시각자료를 인식할 때 대부분의 사람이 Z패턴을 가지고 훑어보게 된다. 즉, 자료의 좌측 상단을 먼저 본 후 우측으로 시선을 이동시키고, 다시 좌측 하단을 본 후 우측으로 이동시킨다. 따라서

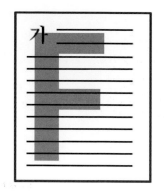

[그림 8-6] Z패턴과 F패턴

시각자료를 설계할 때 가장 중요하거나 먼저 인식되어야 할 것과 나중에 인식되어야 할 것을 판단하여 이 패턴에 맞게 배치하는 것이 효과적이다.

또한 사람들은 F패턴으로 인식하기도 한다. 이것은 화면에서 사람들이 많이 쳐다보는 지점을 추적한 결과, 상단의 내용은 꼼꼼하게 살펴보는 반면 점차 아래쪽으로 스크롤하면서 좌측의 정보만을 인식한다는 것이다. 그러므로 중요한 정보나 사용자가 많이 클릭하기를 바라는 내용이 있다면 상단이나 좌측에 배치하는 것이 합당할 것이다. 최근에는 모바일 기기에서 정보를 접하는 경우가 많아 PC 화면보다는 모바일 기기 화면에 최적화된 디자인을 더 중요하게 생각하고 있다.

시각자료의 구성요소들을 배치하는 또 한 가지 규칙으로 삼등분 규칙(rule of thirds)이 있다. 즉, 게시물의 가로, 세로의 1/3을 가르는 선이 교차하는 지점에 제시되는 요소가 가장 역동적으로 느껴지고, 중요하게 느껴진다는 것이다 (Heinich et al., 2002). 사진을 찍을 때에도 인물이나 대상을 정중앙에 두기보다는 가로 또는 세로의 1/3 지점에 배치하는 것이 더욱 역동적으로 느껴진다. [그림 8-7]에서 좌측의 사진 속 아이보다 삼등분의 규칙을 적용한 우측의 사진 속 아이가 역동적으로 보인다.

[그림 8-7] 삼등분의 규칙

(3) 근접성

형태주의 심리학자인 Wertheimer는 사람들이 대상을 지각할 때 근접하게 있는 요소들이 서로 의미적 관련성을 높게 가진다고 판단하여 이 요소들을 하나의 덩어리로 인식한다고 하였다. 따라서 시각자료를 설계할 때, 의미적 관련이 높은 것은 서로 가깝게 배치하고 관련이 없는 것은 서로 멀리 배치하여야 한다.

[그림 8-8]에서 보듯이 근접성의 원리에 따라 사람들은 서로 가까이 있는 펭귄들끼리 관련이 깊다고 인식하게 되며, 좌측의 네 마리 펭귄과 우측의 세 마리 펭귄을 분리해 인식하게 된다.

[그림 8-8] 근접성의 원리

(4) 글자체

1개의 슬라이드(화면)에서 글자체는 두 가지 이상 되지 않도록 한다. 글자색은 배경색에 따라 가독성이 높도록 정하는 것이 좋으나, 학습자들 중에서 색맹인 학생들이 있다는 점도 고려하여 글자색과 배경색을 선정해야 한다. 글자체의 경우, 프로젝터나 스크린과 같이 빛을 투사하는 시각자료에는 획의 삐침이 없는 산세리프체(고딕체나 굴림체)를 사용하고, 인쇄물과 같은 비투사 시각자료에는 획의 끝에 장식용 꼬리가 있는 세리프체(명조체나 바탕체)를 사용하는 것이 가독성이 높다(Faiola, 2000).

IV. 직관적 사고 발현을 위한 교수설계 전략

1. 직관적 사고의 발현

　직관은 인지심리학적 정의뿐만 아니라 초월심리학적으로 정의되기도 하여 교육에서 다루기 힘든 주제로 여겨졌다. 그러나 Bruner(1960)는 직관적 사고에 대해 교육에서 충분히 수용될 수 있으며, 때로는 분석적 사고보다 중요할 때가 있다고 하였다. 그는 특별히 교육의 과정에서 직관적 사고가 포함되고 적용되어야 할 것을 강조하였다. 예를들어, 직관이 엉뚱하고 허무맹랑한 이야기가 아니며, 직관은 사고 내용에 대한 지식의 구조로부터 나올 수 있다고 하였다. 이는 학생들의 직관적 사고를 준비 또는 발현시킬 수 있는 교육 또는 그러한 환경을 조성하는 것이 가능함을 시사한다고 볼 수 있다. 본 장에서는 앞에서 제시한 인공지능이 모사할 수 없는 인간지능을 규정하는 세 가지 가정과 직관의 속성에 근거하여 학습자들이 직관적 사고를 발현하게 하는 교수설계 전략을 제안하고자 한다.

　인간지능이 발현되기 위한 세 가지 가정인 신체, 상황, 욕구(Dreyfus, 1972)는 앞에서 살펴본 직관 또는 직관적 사고의 특징에 비추어 볼 때, 인간의 직관이 작용하게 되는 물리적, 심리적, 맥락적 환경으로 볼 수 있다. 과학사 또는 수학사에서의 위대한 발견을 한 이들이 직관을 발현할 때, 이들에게는 문제해결의 욕구가 있었으며, 새로운 상황에서 체화된 인지를 통해 직관을 발현하였다. 사과나무 아래의 뉴튼, 목욕탕 속의 아르키메데스, 타일의 모양을 본 피타고라스, 자신을 광자(photon)라고 생각한 아인슈타인이 그러하다. Matton, Fensham, 그리고 Chaiklin(1994)은 노벨상 수상자들을 대상으로 과학적 직관에 대한 면담을 하였다. 면담결과 모든 수상자들은 직관이 논리적인 추론과는 확실히 다른 것으로 생각하며, 직관은 연구 대상에 대한 오랜 경험과 지식이 축적된 후에 발현된다고 하였다.

　또한 운동기능 학습의 초기 단계인 인지적 단계는 직관을 가장 적극적으로 사용해야 하는 단계이기도 하다. 조직의 리더들은 문제해결 초기에 의사결정을 자주 해야 하기 때문에 이들은 직관을 자주 사용하게 된다(Burke & Miller, 1999; Kovačič, Bulc, & Battelino, 1999). 이는 직관이 어떠한 환경에서 더 발현되는가에 대한 중요한 시사점을 줄 수 있다.

- 14 -

[그림 8-9] 명조체를 사용한 인쇄자료

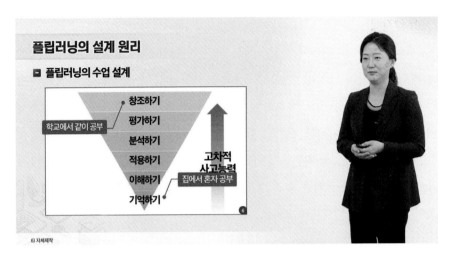

[그림 8-10] 고딕체를 사용한 영상자료

(5) 색상

색상은 어떤 의미와 감정을 가지고 있다. 예를 들어, 붉은색 계열과 푸른색 계열의 색상은 각각 따뜻한 감정과 차가운 감정을 느끼게 한다. 〈표 8-2〉는 색상과 그 색상에서 느껴지는 감정들을 정리한 자료이다("Color Psychology", n. d.).

표 8-2 색상이 주는 감정

색상	감정
파란색	신뢰감, 스마트함, 차분함, 신념, 자연스러움, 안정감, 힘
빨간색	사랑, 신속함, 비상사태, 열정, 화, 갈망
검은색	대담함, 풍요, 힘, 신비함, 우아함, 악, 강인함
회색	불행함, 어두움, 비관적, 절망
초록색	위로, 자연친화적, 자연스러움, 부러움, 질투, 균형감, 평온함
노란색	환호, 주의, 신선함, 어린아이 같은, 따뜻함, 비상사태, 낙관적
주홍색	건강, 매력, 눈에 띔, 갈망, 부유함, 청춘, 행복
분홍색	유연함, 세심함, 배려, 감성적, 동정 어린, 사랑
보라색	장엄함, 신비함, 오만함, 호화로움, 창의적인, 슬픔

　매체를 설계할 때 어떠한 색상을 사용할 것인지는 전달하고자 하는 내용과 감정에 적합한 색상을 사용하는 것이 효과적이다. 예를 들어, 인구 고령화로 인한 노인복지 문제를 제시하는 슬라이드를 제작할 때 사진이나 자료들의 색상은 회색 계열로 선택하는 것이 적합할 것이다. 반면에 영양의 균형이 맞는 식단의 구성에 대해서 학습하는 자료는 주홍색 계열로 작성하면 학습자가 자료를 통해 건강함과 행복한 정서를 느낄 수 있게 된다.

(6) 통일성과 변화성

　시각자료뿐만 아니라 어떠한 매체를 개발하더라도 기본적으로 지켜져야 할 원칙으로 통일성과 변화성이 있다. 통일성이란 하나의 주제와 관련된 매체는 색상, 글자체, 배열, 배경 등에서 일관성이 있어야 한다는 것이다. 한 주제를 위해 작성한 슬라이드들의 배경색이나 정렬, 폰트 등은 일관성 있게 작성하는 것이 좋다. 슬라이드마다 다른 디자인을 적용하는 것은 전달하고자 하는 메시지에 집중하지 못하게 할 가능성이 있기 때문이다. 반면에 통일성을 너무 강조하다 보면 지루할 수가 있다. 이때 약간의 변화를 도입하는 것은 학습자를 슬라이드에 집중시키는 효과가 있다. 예를 들어, 대단원 내 소단원이 바뀔 때 슬라이드의 디자인을 바꾸거나, 차시별로 학습목표 제시, 내용 제시, 연습문제 또는 예시자료 등에서 포맷의 통일성을 유지하면서 약간의 변화를 주는 것도 주의를 전환하는 데 효과적이다.

2) 슬라이드 설계 원칙

　교사들이 가장 많이 사용하는 교수매체 중 하나가 프레젠테이션을 위한 슬라이드이다. 슬라이드를 잘 설계하고 만드는 것은 그 안에 담긴 메시지를 강렬하고 인상적으로 전달하는 데 매우 도움이 된다. 다음은 슬라이드를 설계할 때 지켜야 할 원칙들이다.

첫째, 슬라이드는 문서가 아니므로 텍스트가 너무 많으면 안 된다.

둘째, 그림을 우선적으로 배치해야 한다.

셋째, 슬라이드는 단순해야 한다.

넷째, 슬라이드는 통일성을 가져야 한다.

다섯째, 데이터가 명확해야 한다.

여섯째, 멀티미디어를 현명하게 사용해야 한다.

일곱째, 슬라이드 개발 시 청중을 잊지 말아야 한다.

 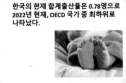 

[그림 8-11] 슬라이드 단순화시키기

[그림 8-11]의 3개의 슬라이드는 한국의 출산율에 관한 내용을 다루고 있다. 슬라이드의 주요 내용은 한국에서는 자녀의 출산, 양육, 교육의 문제가 가정, 특히 여성의 몫이 되어 여성들이 출산을 꺼린다는 내용이다. 좌측의 슬라이드는 텍스트가 많아 문서처럼 보인다. 이러한 텍스트 위주의 슬라이드는 수업에서 교수자의 설명과 중복되기 때문에 좋은 슬라이드라고 볼 수 없다. 반면에 가운데 슬라이드는 그림을 우선 배치하였고, 텍스트를 줄이고 단순하게 설계하였다고 보인다. 우측의 슬라이드는 더 단순화하였으며, 설명을 듣는 이들에게 한국의 저출산에 대한 메시지가 더 강력하게 전달될 수 있으므로 잘 설계된 슬라이드라고 볼 수 있다.

또한 [그림 8-12]의 슬라이드는 배경, 제목, 그래픽과 텍스트의 배치 등에 있어서 통일성 있게 설계되어 있어 서로 연속적이고 연관된 내용을 다루고 있다는 것을 알 수 있다.

[그림 8-12] 통일성 있는 슬라이드의 예

이처럼 교사는 슬라이드와 같은 시각자료를 개발할 때, 앞에서 다룬 주요 설계원리를 반영하여야 한다. 잘 설계된 교수매체는 교사와 학생의 교육적 의사소통의 좋은 매개체가 되기 때문이다.

개념은 암기가 아니라 형성하는 것

많은 학생이 새로운 개념이 나오면 정의를 읽거나 외우는 것으로 개념을 이해했다고 하는데, 이는 큰 착각이다. 개념은 읽기나 암기가 아니다. 수학의 집합이나 미적분 문제를 그렇게 많이 풀어 놓고도 이 개념들을 내 언어로 잘 설명하지 못하는 것은 집합, 미분, 적분의 개념을 형성하지 못했기 때문이다.

개념은 외우는 것이 아니라 형성되는 것이다. 점점 명확해지는 것이다. 개념을 시각적으로 표현하면 같은 성질의 것들이 뭉쳐 있는 것, 실 뭉치와 같은 덩어리(chunk, 청크) 정도가 되겠다. 청크는 초콜릿 쿠키를 만들기 위해 밀가루 반죽을 꽁꽁 뭉치거나, 실 뭉치에 털실을 둘둘 감듯이 뭉쳐져 형성(formation)되는 것이다. 때론 우리가 개념을 파악(把握)한다고도 표현하는데, 여러 번의 뭉쳐 보는 시도 끝에 덩어리가 손으로 꽉 잡아서 쥘 만큼, 초콜릿 쿠키를 입속에 넣어 그 맛을 확인하듯 명확해지는 그 순간을 의미한다.

개념의 청크를 형성하려면 공부를 시작할 때에 머릿속에 새로운 지식을 집어넣는다는 생각을 하지 말자. 공부는 이미 알고 있는 것과 새롭게 알게 된 것들을 연결 지어 견고한 청크를 만드는 일이다. 그래서 공부에도 십일조가 필요하다. 한 시간을 공부한다면 6분 정도는 따로 떼어 두어야 한다. 공부를 시작하기 전, 3분 정도만 먼저 투자해 페이지를 넘겨 가며 그 부분의 장제목, 소제목, 그림, 표, 수식, 문제 등을 훑어보는 것이다. 이것이 각각 작은 청크들이자 청크 재료들이다. 나머지 54분 동안 청크 재료들 각각을 이해하고 연습하여 부지런히 연결하고 풀칠을 하여 커다란 청크를 만든다. 그리고 남은 3분 동안 다시 작은 청크들의 연결성을 확인해 본다. 공부의 십일조 떼는 것을 아까워하지 않아야 질 좋고 견고한 개념의 청크를 만들 수 있다.

수업의 실행과 평가

학교현장에서는 수업설계서를 교수·학습지도안이라고 부를 때가 많다. 그러나 이 책에서는 수업의 실제적 실행보다는 교육공학의 학문적 특성에 맞게 체계적이고 과학적인 설계의 측면을 보다 강조한 접근을 하고 있기 때문에 수업설계서로 부르고자 한다. 이 장에서는 지금까지 분석하고 설계한 내용들을 가지고 어떻게 수업설계서를 작성하고 이에 따라 수업을 실행하고 평가하는지에 대해서 살펴보고자 한다. 또한 분석, 설계, 개발을 마친 후에 교육 프로그램이나 수업을 실제로 실행(implementation)하게 된다. 교수자는 설계한 대로 수업을 실행하겠지만, 실제 수업상황에서도 끊임없는 의사결정을 해야 한다. 수업에서의 효과적인 의사결정을 수업기술이라고 한다. 수업을 하는 과정을 관찰하면서 개선하는 것을 마이크로 티칭이라고 한다. 또한 수업을 실행한 후에는 평가(evaluation)의 단계가 남는다. 평가를 통해 수업이 지속될 것인지, 폐기될 것인지 또는 수정·보완될 것인지를 결정하게 된다. 수업의 평가와 관련하여 최근 수업컨설팅에 대한 관심이 높다. 수업컨설팅은 단순히 수업을 평가하는 것이 아니라 교사의 수업 능력을 제고하기 위한 협력적 도움을 제공하는 것으로, 학교현장에서 수업에 대한 선도적 역할을 하는 일부 교사들에 의해 시행되고 있다.

1. 수업설계서

1) 수업설계서의 의의

Hamlyn(1978)은 누군가를 가르치는 일은 일종의 예술행위와 같다고 하였다. 즉, 교사는 교실이라는 무대에서 학생이라는 관객에게 수업이라는 공연을 해야 한다. 이 공연은 사전에 철저하게 계획되고 준비되어야 관객이 배움에 대한 홍미를 잃지 않게 된다. 따라서 모든 수업은 교수자의 의도와 계획 속에서 진행되어야 한다. 수업을 실행하기 전에 수업의 모든 사항이 고려되어 구체적으로 설계되어야 한다. 그러므로 수업설계서는 수업의 설계도라고 볼 수 있다. 실제 수업을 참관하지 않더라도 수업설계서를 통해 수업의 모든 내용과 운영이 파악될 수 있도록 작성되어야 한다. 수업설계서는 교수자에게도 매우 중요하여 수업 전에 수업 전체의 흐름과 각 활동 간의 관계의 긴밀성을 검토할 수 있는 도구가 된다. 예를 들어, 수업 초반의 학습동기를 유발하기 위해서 제시한 발문이나 자료가 수업 중반 또는 후반을 지나면서 각 활동과 연결성을 가지며 해결되고 있는지를 수업설계서를 보면서 확인할 수 있다. 또한 학생이 소그룹별로 수행한 결과에 대해 교사가 피드백을 제공하고자 할 때, 소그룹의 구성 방식과 규모에 따라 피드백의 제공 형태가 적합한지도 수업설계서를 보면서 확인할 수 있다. 즉, 수업의 모든 구성요소가 수업설계서에 있으므로 각 구성요소와 수업활동이 수업목표 달성을 위해 적절하게 연결되어 있는지를 수업설계서를 보면서 파악할 수 있다.

때로는 수업설계서를 너무 구체적으로 작성하는 일에 대해 수업을 너무 형식화하여 역동성을 해친다고 생각하는 이들도 있다. 그러나 수업의 역동성 또한 이미 설계과정에서 고려되어야 할 요소 중 하나이다. 오히려 역동성이 떨어지는 문제 상황을 예상하고 이를 대비한 대안활동을 설계해야 한다.

건축에서도 설계도를 작성하는 일이 실제로 건물을 짓는 일보다 훨씬 더 가치 있게 여겨지는 것 역시 이 때문이다. 설계도는 건물주, 건축현장에서 일을 하는 사람, 건물을 이용하게 될 사람들이 지어질 건물에 대해 소통할 수 있는 객관적인 도구이다. 하자나 오류가 있는 설계도로 건물이 지어지면 이를 보수하기 위해 상당한 비용을 지불해야 한다. 허술하거나 잘못된 설계로 인한 수업의 피해는 오롯이 학생들에게 돌아간다는 점을 생각하여 최선의 노력으로 수업설계서를 작성하여야 한다.

2) 수업설계서의 작성

(1) 수업설계서의 구성요소

수업설계서는 일반적으로 1차시 분량 단위로 개발하고 있으나 최근 프로젝트 수업과 같이 장시간 활동 중심의 수업이 보급되면서 주제 단위로 여러 시간을 한꺼번에 개발하기도 한다. 차시 단위 수업을 설계하기 위해서는 해당 수업의 단원설계가 선행되어야 한다. 이는 해당 차시가 다른 차시와의 연계성을 가지며 단원 학습의 목표를 달성하도록 하기 위함이다.

① 단원의 설계

첫째, 가장 먼저 해당 차시가 속한 단원명을 제시한다. 일반적으로 교과서에 대단원−중단원−소단원−차시의 위계로 계열화되어 있으나, 교과에 따라서는 주제별, 소재별로 계열화되어 있는 경우도 있다. 차시가 속한 대단원과 주제명을 수업설계서의 가장 상단에 제시한다.

둘째, 제시한 단원의 전체적인 내용을 파악하여 단원의 개관을 작성한다. 이를 위해서 교과서와 교사용 지도서를 모두 연구하여야 하며, 단원에서 가르치고자 하는 내용을 파악하여야 단원과 일관된 차시를 설계할 수 있다.

셋째, 단원의 목표를 제시한다. 대단원-중단원-소단원의 목표를 모두 제시하여야 차시의 목표도 단원의 목표를 성취할 수 있는 형태로 진술될 수 있다.

넷째, 단원 학습 계열을 제시한다. 단원 학습 계열이란 특히 학습의 위계가 강한 수학이나 과학 등에서 중요한데, 해당 단원이 학년을 걸친 교육과정 전체에서 어떻게 연계되어 있는지를 확인하는 것이다. 이를 통해 학습자들의 출발점 행동과 수준을 파악하고 성취행동을 결정할 수 있다. 예를 들어, 중학교 2학년 단원의 경우 해당 내용이 중학교 1학년, 2학년, 3학년을 걸쳐 어떻게 연계되어 있는지를 파악하는 것이다. 거시적 관점에서 내용의 조직을 살피는 활동으

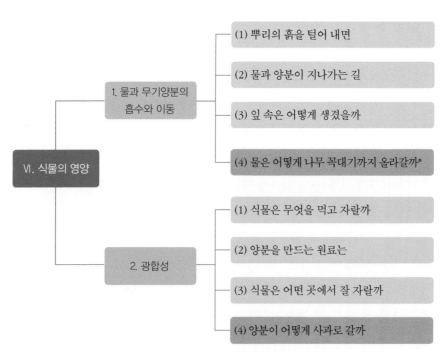

[그림 9-1] 중학교 1학년 과학 Ⅵ. 식물의 영양 구조

로 볼 수 있다.

다섯째, 단원 지도 계획을 포함하여야 한다. 단원 지도 계획이란 한 단원을 몇 차시에 걸쳐서 수업할 것인가를 계획하고 차시별로 내용을 할당할 계획을 말한다. 차시에 배당할 수업 시간의 분량을 결정하는 일이라고 볼 수 있다.

[그림 9-1]은 중학교 과학의 생물 영역에서 증산작용을 다룬 '(4) 물은 어떻게 나무 꼭대기까지 올라갈까?'라는 차시(이길재 외, 2010)를 대단원의 구조 안에서 파악하기 위해 그린 것이다. 설계할 차시의 내용을 대단원 안에서 이해하거나 해당 교과의 교육과정 전체 구조 안에서 이해하는 것은 수업의 연속성과 의미적 연결을 위해 매우 중요하다.

이러한 대단원 구조도는 수업 초반에 제시되어 선행조직자로 활용될 수 있다. 이를 통해 학습자들은 증산작용이 이전 시간에 배운 뿌리, 줄기, 잎의 구조와 기능이 영양을 흡수하고 이동시키는 메커니즘이라는 것을 알고 수업에 참여할 수 있게 된다.

② 본시 수업의 설계

본시 수업은 일반적으로 표 양식을 사용하여 개발한다. 본시 수업에는 단원 및 차시명, 대상 학생, 수업장소, 교과서 등을 기재하여야 하며, 단원 전체 차시 중 몇 번째 차시인지를 표시하여야 한다. 예를 들어, 전체 8차시 중 4차시에 해당된다면 '4/8'로 기재한다. 이러한 객관적 정보 외에도 설계 단계를 거치면서 나온 결과물들을 다음과 같은 사항에 포함되도록 제시하여야 한다.

첫째, 학습목표를 기재한다. 설계 단계에서 진술한 수업목표를 학습자 입장에서 기술하면 학습목표가 된다. 보통 1차시에 2개 정도의 학습목표를 가진다.

둘째, 교수 · 학습 자료를 기재한다. 수업에서 사용할 교수매체와 학생들이 준비해야 할 학습자료를 기재한다. 일반적으로 교사는 프레젠테이션 자료와 활동지, 형성평가지를 많이 활용한다. 최근에 디지털 자료에만 의존하는 경향이 있는데, 학습내용에 따라 아날로그 자료로 직접 조작할 수 있는 형태의 매체를 활용하는 것이 훨씬 더 효과적일 수도 있으므로 적합한 매체의 유형을 선택할 필요가 있다.

셋째, 수업의 단계를 기재한다. 설계 단계에서 선정하고 적용한 교수방법이 수업의 단계에서 제시될 수 있다. 수업 전반을 규정하는 교수방법이 없는 경우, 일반적으로 '도입-전개-정리'의 단계를 사용한다.

넷째, 수업의 단계에서 수행될 학습과제를 기재한다. 수업내용을 학습자에 의해 수행되는 형태로 만든 것이 학습과제이다. 학습과제를 제시하지 않고 내용요소를 제시하는 경우도 있다.

다섯째, 수업의 단계별 교수자 활동과 학습자 활동을 기재한다. 교수자 활동과 학습자 활동은 서로 긴밀하게 상호작용하는 형태여야 한다. 간혹 교수자 활동만 많고 학습자 활동은 거의 기록하지 않는 경우가 있는데, 이는 바람직하지 않다. 표면적으로 드러나지 않는 학습자의 인지적 활동에 대해서도 구체적으로 기술하여야 한다. 예를 들어, '교사가 제시한 그림자료를 관찰한 후 A와 B의 차이점을 발견하여 노트에 세 가지 이상 기록한다.'와 같이 구체적으로 기술하여야 한다.

여섯째, 지도상의 유의점을 기록한다. 교수의 단계별로 교수자 활동과 학습자 활동, 학습자료의 사용에 있어서 예상되는 문제 상황들이 발생하지 않도록 또는 더 효과적인 수업이 될 수 있는 팁 등을 제시한다.

이 외에도 수업설계에 중요한 요소로 판단되는 사항이 있다면 포함하여야 할 것이다.

(2) 수업설계서의 예

수업설계서는 다양한 형태로 개발할 수 있으나, 다음은 지금까지 분석 단계와 설계 단계에서 해 왔던 교수설계 활동들을 반영한 본시 수업설계서의 한 예를 보여 주고 있다. 수업설계서는 수업목표, 평가방법, 교수방법, 교수전략들이 학습과제를 통해 수업에서 밀접한 관계를 가지며 정교하게 설계되는 것이

표 9-1 본시 수업설계서 예시

단원	VI. 식물의 영양	소단원	1. 물과 무기양분의 흡수와 이동	차시명	(4) 물은 어떻게 나무 꼭대기까지 올라갈까?
학교	○○중학교	학년	1학년	차시	4/8	페이지	pp. 202−205

학습 목표	• 증산작용의 원리와 의의를 설명할 수 있다. • 증산작용이 우리의 삶과 어떠한 관련성이 있는지를 찾아볼 수 있다.

교수 방법	• 구성주의 PBL • 실험을 통한 발견학습법 • 버즈 토의법	교수 전략	• 학습동기유발: Keller의 ARCS 중 R, S 증진 전략 • 내용조직 전략: Reigeluth의 정교화된 계열화 • 정교화 전략: Reigeluth의 종합자 • 이차자료제시형의 의미정교화의 도움

교수 · 학습 자료	• 프레젠테이션 • 모둠 구성을 위한 번호표 • 기공이 열리고 닫히는 동영상 • 기공의 여닫이 실험도구(긴 풍선 14개 이상, 투명테이프 7개, 가위 7개, 굵은 실, 실험보고서) • 학생준비물: 투명테이프 7개, 가위 7개, 굵은 실	평가 방법	• 실험보고서 평가(주관식, 형성평가) • 동료평가(객관식)

교수 방법	단계	교수 · 학습 활동		교수매체
		교사	학생	
소집단 버즈 토의 (증산 작용의 개념, 5분)	주의 획득하기	• 파워포인트 화면 제시하기 • 인사 후 좌석으로 출석 확인 • 스마트폰 수거 또는 가방에 넣도록 유도하기 　−스마트폰 통제 능력이 부족하면 제출하도록 하고, 통제가 가능하면 울리지 않게 하여 가방에 넣도록 하는 등 스스로 통제하도록 선택하기 • 번호표로 모둠별 자리 배치하기 • 교실을 순회하면서 주변 정리 및 수업준비 안내하기	• 인사하기 • 스마트폰 조절 능력이 없는 학생은 제출하기 • 모둠별로 둥글게 자리 이동(5명씩 7개 모둠)하기 • 교과서, 노트, 필기도구를 제외하고 모두 정리하기	
	전시학습 확인	• 전시학습 확인 시 정수(epitome)를 제시하면서 소단원 전체의 내용을 상기시키기	• 제시된 나무 사진을 통해 소단원 전체의 내용의 흐름 파악하기	

소집단 버즈 토의 (증산 작용의 개념, 5분)	학습목표 제시	• 학습목표를 제시하고 읽도록 유도하기	• 학습목표를 큰 소리로 읽기	
		• 잎사귀에 맺힌 물방울과 빨래 사진을 보고 학습과제와 일상과의 관련성 강조하기	• 2개의 사진을 보고 학습과제와 어떠한 상관관계가 있을지 생각해 보기	
	토의	• 교과서 그림 17을 보고 비닐 주머니를 씌운 식물을 햇빛에 두면 물방울이 생기는 원인을 토의하도록 유도하기 • 1~3차시에 학습한 내용과 연관시켜서 토의 후 발표 유도하기 • 모둠별 발표 후 비교 정리하기	• 1~3차시에 학습한 내용과 연관시켜서 각자의 생각을 자유롭게 토의한 후 가장 개연성이 있는 의견으로 정리하기 • 정리된 의견을 한 사람이 발표하기	
	정리	• 증산작용의 개념 설명하기 −증산작용이란 식물의 잎에서 물이 증발하는 현상임 −기공의 여닫힘 현상에 대해 의문을 가지도록 유도하기	• 증산작용의 개념 이해 하기 −증산, 기공의 용어 개념 이해하기	
실험을 통한 원리 발견 학습 (기공의 여닫이 원리, 10분)	문제	• 기공의 여닫힘 동영상을 제시하면서 "기공은 어떠한 원리로 열리고 닫히는 것일까?" 등 발문하기	• 동영상을 보면서 기공의 움직임과 그 주변에 있는 공변세포의 모양을 자세히 관찰하기	• 기공이 열리고 닫히는 동영상
	가설 설정	• 모둠별로 기공의 여닫이 원리에 대한 가설을 설정하도록 토의를 유도하기	• 기공의 여닫이에 대한 가설을 설정하기 −예) 기공 주변에 있는 공변세포에 어떠한 압력이 주어지면 기공이 닫히고, 압력이 줄어들면 기공은 열릴 것이다. −설정한 가설을 실험보고서에 작성하기	

실험을 통한 원리 발견 학습 (기공의 여닫이 원리, 10분)	검증	• 교과서 202쪽을 보면서 실험절차 안내하기 　-과학도우미가 실험준비물 배부하기 　-모둠별로 순회하면서 실험을 돕기 　-풍선에 공기를 불어넣었을 때와 뺐을 때, 풍선 사이의 간격은 어떻게 다른가? 　-풍선에 투명테이프를 붙인 것은 어떤 효과가 있는가? 　-풍선은 무엇을 의미하는가? 　-공기는 무엇을 의미하는가? 　-투명테이프는 무엇을 의미하는가? 　-공변세포에 의해 기공이 열리고 닫히는 원리를 설명해 보자('팽압'이라는 용어를 사용하도록 유도하기).	• 실험을 실행하면서 실험보고서의 내용 작성하기 　-공기를 불어넣었을 때 풍선 사이의 간격이 넓어지고, 뺐을 때 간격이 좁아진다. 　-투명테이프를 붙인 면은 공기를 불어넣어도 잘 늘어나지 않는다. 　-풍선은 공변세포를 의미한다. 　-공기는 식물의 물을 의미한다. 　-투명테이프는 공변세포 안쪽(기공 쪽)이 바깥쪽보다 두껍다는 것을 의미한다. 　-공변세포에 물이 들어가면 공변세포가 팽팽해지면서(팽압이 높아지면서) 바깥쪽으로 휘게 되어 안쪽 기공이 커지고, 물이 빠져나가면 공변세포가 홀쭉해지면서(팽압이 낮아지면서) 기공이 작아진다.	
	결론	• 실험 결과를 작성하고 제출하도록 안내	• 실험보고서 작성 후 제출	
문답법 (증산작용이 활발한 조건과 이유, 10분)	소크라테스식 문답법	• 증산작용은 언제 활발하게 일어나는가? 　-기공이 잘 열리려면? 　-식물은 언제 잎에 물을 많이 흡수할까?(광합성의 개념 회상) 　-식물은 어떠한 날씨에서 광합성을 활발하게 하는가? 　-습도와 바람은 어떠한 영향을 줄까?(물의 증발) 　-증산작용이 활발한 조건과 빨래가 잘 마르는 조건을 비교할 때 어떠한가?	• 증산작용은 언제 활발하게 일어나는가? 　-공변세포에 물이 많이 있어서 팽압이 높아야 한다. 　-광합성을 활발하게 할 때 　-햇빛이 강하고 온도가 적당히 높을 때 　-습도가 낮아 건조하고, 바람이 많이 불 때 　-증산작용이 활발한 조건과 빨래가 잘 마르는 조건은 비슷하다.	

문답법 (증산 작용이 활발한 조건과 이유, 10분)		−잎사귀가 많은 식물과 적은 식물 중 증산작용이 더 활발한 쪽은? −203쪽의 '과학놀이터'의 질문의 답은 무엇일까? • 식물이 증산작용을 하는 이유는 무엇일까? −인간은 더울 때 왜 땀을 흘릴까? −'기화열' 힌트 제공하기 • 교과서 203쪽의 둘째 문단부터 한목소리로 읽고 정리하기 −증산작용이 활발한 조건에 밑줄을 긋고 번호를 매기게 한다.	−잎사귀가 많은 식물이 증산작용이 더 활발하다. −잎사귀가 많은 샐러리에 색소 물이 더 빨리 올라갈 것이다. • 식물이 잎사귀에서 물을 배출하는 이유는 무엇일까? −땀을 흘리는 이유는 몸의 열을 배출하기 위함이다. −기화 시 주위의 열을 물이 흡수한다. • 증산작용이 활발한 조건과 증산작용의 의의에 대한 부분에 밑줄을 치면서 읽는다.
간단한 PBL (205쪽 창의적 으로 해결 하기, 15분)	문제제시	• 문제 1) 우리 집은 오래된 단독주택이다. 올 여름은 너무 더워 에어컨을 많이 사용하였더니 이번 달 전기료가 턱없이 많이 나왔다. 우리 집의 냉방비를 획기적으로 낮추는 방법을 고안해 보자. • 문제 2) 숲 속에서 길을 잃었다. 하루 종일 굶어 배가 너무 고프지만 더 견딜 수 없는 것은 갈증이다. 계곡도 보이지 않고 나무만 무성하다. 나는 어떻게 먹을 물을 구할 수 있을까?	• 모둠에게 주어진 문제를 자신의 문제로 인식하기
	문제 재정의	• 문제를 재정의하고 내면화하도록 유도하기	• 냉방비를 낮추려면? −에어컨 사용량을 줄여야 한다. −건물의 온도가 내려가야 에어컨의 사용량이 줄어든다. • 에어컨의 도움 없이 식물로만 건물의 온도를 낮출 수 있을까?

간단한 PBL (205쪽 창의적으로 해결하기, 15분)	문제해결	• 모둠을 순회하면서 문제해결에 도움이 될 자료 안내하기(205쪽 생각할 것들) −나무 그늘이 시원한가? 건물의 그늘이 시원한가? −나무 그늘이 시원한 이유는? −나무 그늘을 이용할 수 있는 방법은?	• 문제해결에 도움이 될 자료로 문제해결안 도출하기(205쪽 생각할 것들) −증산작용은 식물의 어느 부분에서 일어나는가? −증산작용이 일어날 때 주변의 온도 변화는?	
	발표 및 정리	• 각 모둠별로 해결안 발표 유도하기 −왜 그런 해결안을 개발하였는지를 증산작용의 원리 및 의의와 연관 지어서 설명하도록 유도한다.	• 해결안 발표의 예 −증산작용이 일어나 기화열을 흡수하므로 주변의 온도가 낮아진다. 그러므로 증산작용이 활발하도록, ① 잎사귀가 큰 담쟁이과 식물을 건물 벽에 심어 벽에 녹색 커튼을 치게 함으로써 건물 벽의 온도를 내린다. ② 햇빛이 직접적으로 내리쬐는 옥상에 텃밭을 가꾸어 옥상의 온도를 내린다.	
평가 및 정리 (5분)	동료평가	• 동료평가지 배부하기 −자신을 제외한 모둠원의 실험 및 참여도 평가하기	• 동료평가 실행하기 −공정하게 평가하도록 한다.	
	실험 보고서 제출	• 실험보고서 제출 유도하기 −모둠별로 제출하도록 유도한다.	• 실험보고서 제출하기 −모둠별로 제출한다.	
	차시 정리	• 증산작용을 통해 자연의 신비로움과 인간에게 큰 혜택을 주는 식물에 대한 감사함을 강조하기	• 자연의 신비로움과 인간에게 큰 혜택을 주는 식물에 대한 감사함을 느끼기	
	차시 예고	• 소단원 2. 광합성 '1) 식물은 무엇을 먹고 자랄까?'를 안내하기 −교과서로 차시내용을 확인하도록 유도한다. −과학실로 오도록 안내한다. −모둠별로 물풀을 1개씩 준비해 오도록 한다.	• 소단원 2. 광합성 '1) 식물은 무엇을 먹고 자랄까?'를 확인하기 −교과서 208~209쪽을 통해 차시내용 확인하기 −과학실로 오는 것 확인하기 −모둠별로 물풀을 어떻게 준비할 것인지 논의하기	
		• 마침 인사 하기	• 마침 인사 하기	

중요하다. 즉, 교수자의 활동과 학습자의 활동이 서로 상호작용하면서 긴밀하게 설계되어야 한다.

2. 수업기술

1) 수업 실행하기

분석, 설계, 개발을 통해 완성된 교육 프로그램, 교육자료, 수업 등을 실제 현장에 적용하는 것을 실행이라고 한다. 이 단계에서는 학교나 조직에서 이미 운영하고 있는 교육과정이나 교육환경 안에 개발된 결과물들이 올바르게 설치되고 정착될 수 있도록 하는 노력들이 필요하다. 이를 위해서 시설, 예산, 지원체계, 인적 자원 등이 개발된 프로그램과 잘 연계되는 것이 중요하다. 또한 교수자나 교수설계자들은 실행 중에 발생하는 문제에 대한 즉각적인 수정과 보완이 이루어질 수 있도록 행정지원 절차를 잘 알고 있어야 한다.

특히 교육조직이 아닌 곳에서 일시적으로 실행되는 프로그램의 경우 이 부분에 대한 준비가 매우 중요하다. 또한 실내가 아닌 실외에서 체험의 형태로 진행되는 교육이나 원격교육 형태로 진행되는 교육의 경우 원격교육은 학습자와 교수자가 시간적·공간적으로 분리된 상태에서 수업이 진행된다. 따라서 교사와 학생 간의 상호작용을 위한 수업기술이 교실수업에서 필요한 수업기술과는 다를 것이다. 게다가 이러한 교육은 실행 단계에서 예상치 못한 문제 상황들이 발생할 가능성이 크므로 세심한 지원이 더욱 요구된다고 할 수 있다.

2) 수업기술

수업을 실행하는 것은 매우 역동적인 과정으로, 교사가 예상치 못한 일들이 발생하는 시간이다. 그러므로 교사는 수업의 효과를 위해 적절한 의사결정을 하는 기술들이 필요하다. 수업기술의 개념과 예를 유평수 등(2016: 91-92)은 다음과 같이 제시하였다.

(1) 수업기술의 개념

수업을 실행하는 교수자에게 필요한 덕목 중 하나가 수업 중 일어나는 예상치 못한 일들에 적절하게 판단하고 반응하는 것이다. 그러나 이러한 판단과 반응은 상황과 맥락에 매우 종속적임을 알 수 있다. 왜냐하면 수업은 교사, 학생, 내용, 환경의 역동적인 상호작용으로 이루어지기 때문에 수업을 설계할 때 반영할 수 없는 변인들이 발생하기 때문이다. 이러한 이유로 수업은 다양한 상황과 맥락을 고려한 교사의 의사결정 과정이라고 볼 수 있다. 이러한 면에서 교사는 의사결정자이고, 효과적인 교사는 효과적인 의사결정자이어야 한다(Hunter, 1982).

수업기술(teaching skills)이란 이처럼 수업에서 마주치게 되는 다양한 상황에서 교사가 최적의 대안을 결정하여 즉시 처방하는 기법 또는 테크닉(김보경, 2008)으로 수업을 운영하는 전체적인 틀인 강의법이나 토론법과 같은 교수방법과 특정 교수활동을 효과적으로 운영하는 교수전략과는 다른 개념이다.

학생이 수업에 참여하지 못하거나 수업의 흐름에 집중하지 못하고 있을 때, 교사는 해당 학생의 특성과 상황을 고려하여 다양한 처방을 내릴 수 있다. 예를 들어, 학생에게 수업에 집중하라고 언어적으로 주의를 줄 수 있다. 또는 수업에 참여하지 못하는 이유를 물어보아 이를 수업에 즉시 반영할 수도 있다. 교사는 수업을 실행하는 가운데 이러한 일을 자주 마주치게 되는데, 여러 가지 대안 중에서 주의가 산만한 학생의 특성, 당시의 학습내용, 당시의 학습환경, 주의산만의 이유, 학급의 분위기 등을 총체적으로 고려하여 가장 최적의 의사결정을 하여야 한다. 그리고 최선의 대안을 처방하여 산만했던 학생의 주의를 획득하고 수업에 참여시킬 수 있어야 한다. 이러한 수업기술은 수업의 문제 상황에 대처하는 다양한 대안을 익히는 것으로만 가능한 것이 아니라, 그 대안들 중에서 어떠한 것이 수업의 효과를 위해서 가장 적합한 것인지를 의사결정하는 능력이 필요하다. 그러므로 수업기술을 훈련하기 위해서는 다양한 환경에서 수업을 실행해 보는 경험적 훈련의 과정이 꼭 필요하다. 여기에서는 유평수 등(2016)이 제시한 수업기술 중 교사의 동선과 판서를 제시하고, 수업기술을 훈련하는 도구로 마이크로티칭과 티칭 포트폴리오를 제시하고자 한다.

(2) 수업기술의 예

① 교사 동선

교실수업을 실행할 때 교사의 움직임과 이동 동선은 학생의 주의를 환기하고 수업에 참여하게 하는 데 매우 중요하다. 일반적으로 수업에 열심히 참여하는 학생들은 교탁과 칠판과 가까운 곳인 교실 앞쪽에 앉고, 수업에 무관심한 학생들은 가장 먼 곳인 교실 뒤편에 앉는 것을 선호한다.

교실에는 교사의 위치가 만들어 내는 Golden Triangle Zone이 있다. 교실 앞쪽은 교사의 시야가 자주 머무는 곳이다. 이곳에 앉은 학생들은 교사와 언어적·비언어적 상호작용을 많이 하기 때문에 학업성취가 높다. 이곳 안에서 교사와 가까운 쪽은 시각적 인지 능력이 높은 아이, 교사와 먼 쪽은 청각적 인지 능력이 높은 학생일수록 학습효과가 좋다. 이러한 현상이 생기는 이유는 교사의 동선이 주로 교탁과 칠판에서 머물며, 교사와 심리적 거리가 먼 학생은 물리적으로도 먼 자리를 선택하기 때문이다. 그러므로 교사는 교실에서 동선을 자주 바꾸어서 많은 학생이 교사와 상호작용을 활발하게 할 수 있도록 고려해야 한다. 이러한 동선은 학생과의 심리적·물리적 거리감을 줄이는 데 도움이 된다.

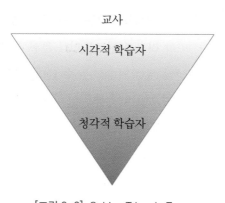

[그림 9-2] Golden Triangle Zone

    대규모 수업에서는 위치에 따라 교사가 잘 보이지 않는 곳에 앉은 학생들이 있으므로 교사는 모든 학생이 자신을 볼 수 있는 자리에 서서 모든 학생에게 시선을 골고루 주면서 말해야 한다. 김영균(2011)은 강의자가 교탁 뒤보다는 교탁 앞으로 나와서 수업을 해야 교육에 참여하는 사람들이 교탁으로 인해 느끼는 심리적 벽을 무너뜨릴 수 있다고 하였다. 만일 학생들이 서로 짝을 지어 활동할 때에는 교사가 학생 간 상호작용에 너무 개입해서는 안 된다. 그러므로 교사는 그룹들 사이를 순회하거나 학생들 옆에 몸을 숙여서 활동에 관심을 가지고 관찰하도록 한다. 학급당 학생 수가 지속적해서 줄어들어 최근에는 중학교도 25명 이내로 유지되고 있다. 이로 인해 교사는 수업 중에 동선을 자유롭고 다양하게 활용하기 쉬워졌다. 학생들에게 가장 짧은 동선으로 다가갈 방법으로 'ㄷ'자형 책상배치가 있다. 이러한 배치는 교실의 정면을 제외한 나머지 세 면을 따라 책상을 'ㄷ'자로 배치하여 교실 한가운데에서 교사가 수업을 진행할 수 있다. 교사가 교실 한가운데에 서 있으면 개입과 도움이 필요한 학생에게 빨리 이동할 수 있는 장점이 있다.

    가장 피해야 할 동선은 교사가 교실 칠판과 교탁에서만 수업을 진행하는 것이다. 칠판에 판서량이 많거나, 수업 기자재를 자주 활용하거나, 육체적 피로감, 일방적 내용전달식 수업 등이 교사가 움직이지 않게 되는 원인이다. 이를 예방

하기 위해서 반복되는 판서는 프레젠테이션을 미리 준비해 옴으로써 직접 판서하는 양을 줄일 수 있다. 또한 리모트 컨트롤러나 무선 마이크와 같은 무선 장비를 활용하면 교사의 동선이 보다 자유로울 수 있다. 또한 교사는 수업을 위해 편안한 복장이나 신발을 착용하여 동선을 자유롭게 해야 한다. 특별히 학생의 수행을 유도하고 피드백을 제공해야 할 때는 학생들에게 골고루 피드백을 줄 수 있도록 동선을 미리 계획하여 움직일 수 있어야 한다(유평수 외, 2016: 94).

② 판서 기술

누구나 워드프로세서를 일상적으로 사용하게 되면서 최근에는 교사들조차도 손글씨에 익숙하지 않은 사람들이 많아졌다. 그러나 조벽(2008)은 학생들이 준비된 파워포인트 발표보다는 매끈한 활자체로 교수자가 예제 문제 등을 직접 손으로 써서 풀어 가는 강의를 더 선호한다고 하였다. 그 이유는 학생들은 교수자의 사고과정을 판서하는 과정을 통해 보고 싶어 하기 때문이라고 하였다. 그러므로 모든 판서를 준비하여 화면에 제시만 하기보다는 교사가 직접 칠판이나 화면에 판서하는 것을 보여 줄 필요가 있다. 이 경우는 교사의 설명과 더불어 교사의 사고과정을 학생들이 공유할 수 있다는 장점이 있다. 그러나 화면에 판서의 내용이 먼저 제시된 후 교사가 설명하게 되면 학생들이 교사의 설명보다 판서에 더 집중하는 경향이 있다. 또한 학생의 사고가 화면에 기록된 내용으로만 수렴되기 때문에 창의적으로 사고하고 고차원적으로 해석하는 것을 방해하게 된다. 그러므로 교사는 수업 전에 미리 준비할 판서와 직접 쓸 판서의 내용을 구분한 후 수업에 임해야 한다.

직접 판서를 해야 할 때는 판서를 시작하기 전에 내용을 어디에 배치할 것인지를 미리 결정하는 것이 효과적이다. 조용개와 신재한(2011)은 칠판의 공간별로 학생의 시선 집중도가 다르다고 하였다.

[그림 9-3]에 따르면 학생의 시선이 가장 집중되는 좌측 상단에 가장 중요한 내용을 배치하고, 우측 하단에 가장 덜 중요한 내용을 배치하는 것이 적절

41%	20%
25%	14%

[그림 9-3] 칠판의 공간별 시선 집중도

하다고 볼 수 있다.

또한 교사가 판서할 때에는 학생들의 노트필기 활동을 염두에 두어야 한다. 그리고 학생들이 그들의 노트를 학습에 가장 효과적으로 활용할 수 있도록 배려하여야 한다(유평수 외, 2016: 101).

첫째, 요약형으로 수업내용을 간추려서 중요한 내용만을 간략하게 작성한다. 이때 학생들이 혼란스럽지 않도록 번호체계를 통일성 있게 부여하여야 한다. 수업내용이 위계성을 가지고 있을 때 이러한 유형의 판서가 유용하다.

둘째, 마인드맵형이 있다. 마인드맵은 두뇌이론을 기반으로 영국의 심리학자 Tony Buzan이 발전시킨 기록방법으로 중심 이미지, 핵심어, 색, 부호, 상징기호 등을 사용하여 텍스트의 내용을 공간적으로 이미지화하여 기록하는 방법이다(김유미, 2009). 마인드맵은 우리의 두뇌가 정보를 저장하는 방식과 가장 유사한 방법의 기록 방식으로 개인의 사전 경험에 따라 핵심어를 조직하는 방식이 주관적이기 때문에 개인마다 다른 형태를 띨 수 있다.

셋째, 화면분할형이 있다. 화면이나 칠판을 몇 가지 영역으로 나누어 각 영역을 수업목표, 핵심 키워드, 연습문제 등으로 나누어 제시하는 방식이다. 일반적으로 T자형, I자형으로 나누어 판서를 한다.

넷째, 로드맵형이 있다. 시간이나 과업의 흐름에 따라 진행되는 내용을 한눈에 볼 수 있도록 제시하는 방식이다. 각종 프레젠테이션 프로그램에서 다양한 템플릿을 제공하고 있으므로 이를 활용하면 쉽게 작성할 수 있다.

생각해 볼 문제

- 수업을 실행해 보면서 직접 판서를 하고 동료들에게 이를 관찰하게 하여 자신의 판서에 어떤 문제점이 있는지를 알아보자.

3. 마이크로 티칭

수업실행을 연습하는 기법으로 마이크로 티칭이 있다.

1) 마이크로 티칭의 개념

설계한 수업을 효과적으로 실행하기 위해서는 수업을 많이 해 보는 연습이 필요하다. 그러한 연습의 방법으로 마이크로 티칭이 있다. 마이크로 티칭(microteaching)은 마이크로라는 접두사가 의미하듯 실제 수업장면보다 더 압축하여 교실 크기와 수업시간, 수업내용, 수업기법, 학생 수 등을 설정한 후 수업을 모의로 실행하는 것이다. 그리고 이를 촬영하고 재생하여 분석한 후 피드백을 통해 수업행동을 개선하고 교사로서의 전문성을 개발하는 교사교육의한 가지 방법이다(조영남, 2011). Allen과 Ryan(1969)은 마이크로 티칭은 수업의 복잡성을 축소한 수업이며, 구체적인 목적을 성취하기 위한 훈련이며, 수업과정을 엄격히 통제해야 하며, 수업 결과에 대한 지식과 피드백 강화를 제공해야 한다고 하였다. 교원임용시험에서 15~20분 내외의 수업실연을 할 때 마이크로 티칭 형태로 수업을 하게 된다.

2) 마이크로 티칭의 절차

마이크로 티칭은 수업계획 → 수업실행 → 피드백과 평가 → 재수업의 절차를 따른다. 이 절차를 요약하면 다음과 같다(조영남, 2011).

(1) 수업계획

수업계획 단계에서는 교수 · 학습지도안을 작성하면서 마이크로 티칭의 전 절차를 계획한다. 조영남(2011: 69)은 이 단계에서 다음과 같은 질문을 해야 한다고 하였다. '마이크로 티칭을 통해 개발할 수업기술이 무엇인가?' '이러한 수업기술은 누구에게 필요한가?' '마이크로 티칭이 이루어질 장소는 어디인가?' '실제 학생을 대상으로 하는가? 아니면 동료들을 대상으로 하는가?' '수업 촬영을 할 장비와 인력은 준비되어 있는가?' '재수업은 어떠한 형태로 할 것인가?' 등이다.

(2) 수업실행

수업계획 단계에서 작성한 교수 · 학습지도안에 따라 실제로 수업을 하는 단계이다. 비록 축소된 형태의 수업이지만 마이크로 티칭을 하는 사람은 실제 수업 상황으로 인식하고 임해야 한다. 마이크로 티칭에서 가장 어려운 점은 수업실행 중 학생과 상호작용하면서 학생의 참여를 유도하는 것이다. 그러므로 마이크로 티칭에 참여하여 학생의 역할을 하는 이들은 실제 대상 학생들의 입장이 되어 적극적으로 반응해 주어야 한다. 또한 수업을 녹화할 때 교사의 행동과 학생의 행동을 모두 분석할 수 있도록 여러 대의 카메라를 사용하여 다양한 각도에서 촬영해야 한다. 대부분의 교원양성기관에서는 수업행동 분석실을 설치하여 예비교사들의 마이크로 티칭을 참관하거나 촬영할 수 있게 되어 있다.

(3) 피드백과 평가

수업을 실행한 후에는 수업을 수정할 수 있도록 피드백과 평가를 해야 한다. 피드백과 평가는 겉으로 드러나는 교수행동의 차원과 가르치는 내용의 조직과 전달의 차원으로 구분하여 진행할 수 있다. 예를 들어, 교사가 특정 언어나 제스처를 습관적으로 너무 자주 사용하여 학습에 방해되는 경우 이를 수정할 수 있어야 한다. 또한 수업내용의 조직이 산만하거나 학생이 충분히 이해하지 못한 채 다음 내용으로 넘어가는지도 파악하여 피드백해야 한다. 마이크로 티칭에서 피드백과 평가의 형태로는 평가자에 따라 동료들로부터의 피드백, 수업 촬영 영상을 통한 자기반성적 피드백, 수업전문가로부터의 피드백으로 구분할 수 있다. 또한 피드백과 평가의 방식으로 표준화된 체크리스트를 활용하는 방식, 자유로운 형태의 자기보고식, 집단 논의를 통한 구술 방식 등이 있다. 조영남(2011: 71)은 어떠한 형태를 사용하든지 간에 객관적 · 주관적 피드백이 모두 포함될 수 있도록 하는 것이 가장 효과적이라고 하였다.

(4) 재수업

마이크로 티칭의 마지막 단계는 재수업이다. 이는 실제 수업에서 해 볼 수 없는 마이크로 티칭만의 장점이라고 볼 수 있다. 피드백과 평가의 과정을 통해 개선점이 발견되어 재수업의 필요성이 있다고 판단되면 대안을 마련한 후 수업계획을 수정하여 다시 수업을 할 수 있어야 한다. 자신의 수업 영상을 관찰한 후 수정 · 보완하여 동일한 수업을 다시 해 보는 것은 수업에 자신감을 가지게 하며, 자신에게 적합한 수업기술을 알아 가고 숙달하게 하는 데 매우 중요하다.

4. 티칭 포트폴리오

포트폴리오(portfolio)란 이탈리아어의 '나르다'라는 의미의 '포르타레 (portare)'와 '종이'를 의미하는 '폴리오(folio)'의 합성어로 '종이를 나르는 것'이 라는 의미를 가지고 있다(김선, 2003: 74). 특정 과업을 해낼 때 모든 과정에서 산출되는 자료들을 시간의 경과에 따라 의도적으로 정리하여 모아 둔 것을 말한다.

티칭 포트폴리오(teaching portfolio)란 교사가 수업을 개선하기 위하여 수업 활동과 관련된 자료를 조직적으로 정리하여 스스로 자신의 수업기술에 대해 성찰하고 반성할 수 있게 하는 것을 말한다. Bullock과 Hawk(2001)은 티칭 포 트폴리오를 개발하는 목적에 따라 다음과 같이 분류하였다(조용개 외, 2009에 서 재인용).

1) 과정 포트폴리오(process portfolio)

포트폴리오의 가장 중요한 특징은 자기성찰이다. 교사가 자신의 수업의 과 정을 성찰할 수 있도록 수업과 관련된 자료들을 시간의 순서대로 조직하여 과 정 포트폴리오를 제작할 수 있다. 연간 수업계획, 학습과제에 대한 평가기준, 학생들의 성취도, 교수자 자신의 평가자료 등이 이에 해당된다.

2) 산출 또는 결과 포트폴리오(product portfolio)

수업에서 목표로 하는 결과를 얻기 위해 일정 기간 동안 개발하고 발전시켜 온 자료들의 구체적인 집합체로 프로젝트와 유사하다. 동일한 기준으로 수업 을 비교·평가할 때 유용하며 수업일지, 면담 일지, 각종 기록 등이 포함된다.

3) 전시 또는 공개자료 포트폴리오(showcase portfolio)

자신의 업적 중 우수하다고 생각하는 결과물들을 모아 교사로 취업하고자 하는 예비교사들이 준비하는 자료이다. 졸업증명서, 수업 촬영 자료, 교수ㆍ학습지도안, 교실관리 계획 등이 포함된다.

Seldin(2004)은 티칭 포트폴리오의 자료는 자신으로부터 수집되는 자료, 타인으로부터 수집되는 자료, 자기성찰 자료 등으로 구분될 수 있다고 하였다. 이 기준에 근거하여 조용개(2008)는 티칭 포트폴리오의 구성요소를 〈표 9-2〉와 같이 제시하였다.

표 9-2 │ 티칭 포트폴리오의 구성요소

자료의 출처	구성요소
자신으로부터 수집되는 자료	교육철학, 수업목표, 수업계획, 수업방법, 수업자료
타인으로부터 수집되는 자료	학습성과 자료, 수업평가 자료, 학습자 피드백, 수업관찰 자료
자기성찰 자료	수업실행 분석, 수업평가 분석
기타	수업개선을 위한 활동자료

티칭 포트폴리오는 적어도 한 학기 이상의 시간을 소요하여 필요한 자료들을 모아 정리하면서 자신의 수업기술을 향상시키는 도구이다. 교사라면 자신이 담당하는 과목들에 대한 티칭 포트폴리오를 개발하여 수업의 문제점을 발견하고 개선할 방안을 마련하여야 하며, 이러한 실천이 교사의 수업책무성을 높이게 된다(유평수 외, 2016: 104).

5. 수업컨설팅

1) 수업컨설팅의 개념

수업컨설팅은 학교컨설팅의 한 분야이다. 컨설팅이란 어떤 분야의 전문성을 가진 이가 그렇지 못한 사람의 수행을 관찰하고 분석하여 수행의 질을 높일 수 있도록 도와주는 것을 말한다. 수업 또한 교사의 전문성이 필요한 분야이므로 수업컨설팅이 필요하다고 볼 수 있다. Rosenfield(1987)는 수업컨설팅을 수업전문가(consultant)가 자신의 수업을 개선하고자 하는 교사(consultee)를 통해 학습에 어려움을 가지고 있는 학생(client)에게 간접적인 서비스를 하는 것이라고 하였고, 이는 수업을 체계적인 관점에서 접근하여 해결하는 것을 말한다. 체제적인 관점에서 접근한다는 것은 학생이 학습에서 겪는 문제의 원인을 교사, 학생, 과제, 환경 등의 수업의 모든 구성요소와 그들의 결합의 오류에서 찾고자 한다는 것이다.

이와 유사한 것으로 수업장학이라는 것이 있었으나 이는 주로 장학사나 수

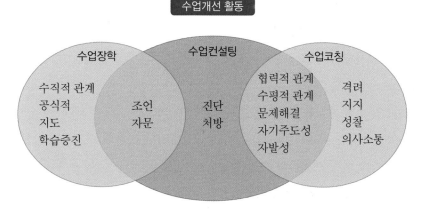

[그림 9-4] 수업장학, 수업컨설팅, 수업코칭의 개념적 구분과 관계

업전문가가 교사의 수업을 참관한 후 교사의 수업 능력에 대한 문제점을 찾고 지도하는 개념이었다. 그러나 수업컨설팅은 교사와 수업전문가가 협력적 관계를 형성한 후 학생의 학습을 개선하기 위해 교사가 자신의 수업을 전문가에게 자발적으로 공개하고 분석하도록 허용한다.

이은혜와 박인우(2017: 122)는 수업장학, 수업컨설팅, 수업코칭의 개념이 혼재되는 것을 지적하고, 이 세 개념의 공통적 속성과 차별적 속성을 구분하여 [그림 9-4]와 같이 제시하였다.

수업장학, 수업컨설팅, 수업코칭은 모두 수업을 개선하기 위한 목적을 가지고 있다. 그러나 수업장학은 비교적 공식적이며, 수직적인 관계에서 일회적으로 이루어지는 수업개선 활동이다. 수업컨설팅은 수업에 대해 진단, 처방, 문제해결의 속성을 가지며, 문제해결을 위해 컨설턴트(consultant)와 컨설티(consultee)가 협력적 관계를 유지하며 진행한다. 수업코칭은 코치(coach)와 코치이(coachee)가 수평적 관계에서 수업개선 활동이 이루어진다. 동료가 수업에 대해 질문하면, 자신의 수업을 성찰하면서 자발적으로 개선을 실천하는 형태이므로 비공식적이라고 볼 수 있다.

2) 수업컨설팅의 절차

학교 현장에서는 2012년부터 수석교사제를 통해 수업컨설팅이 실시되고 있다. 수석교사제란 수업 전문성이 있는 교사를 수석교사로 선발하여 다른 교사의 교수·학습 및 연구 활동을 지원하고 있다. 이들은 주당 수업시수를 경감받으며 수업의 질 개선을 위해 노력하고 있다.

수업컨설팅을 위해서는 수업을 직접 관찰하거나 녹화된 자료를 활용할 수 있다. 수업컨설팅은 교사의 수업 수행 능력을 향상시키는 것이 목적이므로 이상수 등(2012)은 수행공학적 접근방법을 취한 수업컨설팅 절차를 개발하고 수업컨설팅 모형을 제시하였다.

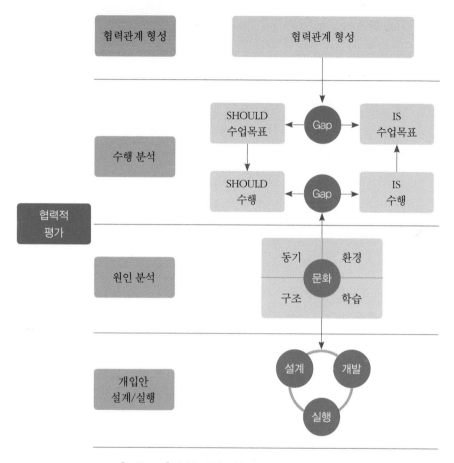

[그림 9-5] 수행공학을 이용한 수업컨설팅 모형

(1) 협력관계 형성

컨설턴트와 컨설티의 최초 만남을 통해 신뢰를 형성하는 단계이다. 이 신뢰를 바탕으로 공유된 목표의식을 가지고 협력관계를 구축하는 것이 이 단계의 목적이다. 만일 컨설티의 자발적 의도에 의해 수업컨설팅이 시작된 것이 아니라면 이 단계에서 컨설턴트의 역할은 더욱 중요해진다. 컨설티가 컨설턴트의 도움을 통해 자신의 수업 능력이 보다 향상될 것에 대한 기대감을 가지게 하는 것이 중요하다.

(2) 수행 분석

교수자와 학습자의 수행을 분석하여 수업의 문제를 규정하는 단계이다. 이 과정에서 체계적인 수업자료 분석과 수업분석이 이루어진다. 수업의 분석은 거시적 분석과 미시적 분석을 오가며 통합적으로 이루어질 수 있는데, 이때 다양한 수업분석 도구가 활용될 수 있다. 언어적 상호작용 분석, 판서분석, 과업 집중도 분석, 수업분위기 분석, 수업일관성 분석 등이 그 예이다. 이러한 분석을 통해 이상적인 수업목표와 현재 달성된 수업목표 간의 간격(gap)을 발견하여 문제를 규정하게 된다.

(3) 원인 분석

문제가 규정되었다면, 문제의 원인을 밝히는 일이 필요하다. 수업문제의 원인은 매우 다양한데, 이 모형에서는 문제의 원인을 밝히는 영역을 동기, 환경, 구조, 학습, 문화의 다섯 가지 요인으로 구분하여 밝히고, 각 영역의 요인들이 복합적으로 작용하여 문제를 만들므로 이러한 관점에서 문제를 진단한다.

(4) 개입안 설계 및 실행

문제에 대한 근본적인 원인을 밝혔다면 이를 수업에서 어떻게 해결할 것인지 개입안을 설계하고 만들고 이를 적용하는 단계이다. 컨설턴트가 일방적으로 개입안을 만들기보다는 컨설티의 의견을 수렴하여 협력적인 실천안을 만드는 것이 실행하기에 유연할 수 있다.

(5) 협력적 평가

마지막 단계에서 컨설턴트와 컨설티가 협력적으로 수업을 평가하게 된다. 수업의 과정과 결과에서 도출된 자료들을 평가하면서 컨설턴트는 컨설팅 결과 보고서를 작성하게 된다. 이 보고서는 다음 컨설팅을 위한 중요한 자료가 된다.

앞의 모형은 매우 순환적인 모형으로, 각 단계는 다른 단계에 영향을 주면서 컨설팅이 이루어지게 되는 매우 유연한 모형이다.

생각해 볼 문제

• 학교 현장에서 동료 교사들 간에 수업코칭이 활성화될 수 있는 방안을 생각해 보자.

• 수업에 어려움을 겪고 있는 교사의 수업영상을 보고 수업컨설팅 절차에 따라 컨설팅을 실시해 보자.

쉬어가기

개념 형성의 과정

공부할 때 개념의 청크는 어떻게 형성되는가?

첫째, 먼저 형성하고자 하는 청크들에 집중(focused attention)해야 한다. 집중은 방해하는 것만 없애 주면 쉽다. 인간의 뇌는 새로움 편향이 있어 새롭기만 하다면 먹을 것을 얻거나 짝을 찾는 일보다 더 집중한다. 그러기에 카톡에 아직 읽지 않은 새 메시지가 있음을 안 채로 책을 펼 때 우리의 IQ는 10가량 떨어진 상태에서 공부하는 셈임을 잊지 말자.

둘째, 개념에 대해 읽거나 들으면서 이해(understanding basic ideas)를 시작한다. 학생이 이해를 할 때 가장 먼저 해야 하는 것은 공교롭게도 새로운 것을 받아들이는 것이 아니라, 개념과 관련해서 이미 알고 있는 사전지식을 끄집어내는 일이다. 이때 사전지식이 풍부한 아이는 꺼내는 분량 자체가 다르다. 그래서 독서가 중요하다.

셋째, 책이나 선생님으로부터 새롭게 들은 것과 내가 알던 사전지식을 연결하여 뭉치는 일이다. 아직 잘 뭉치지는 못했지만 모아 둔 청크 재료들을 가지고 문제도 풀고, 말로 설명도 해 보고, 그 개념을 사용하여 글을 써 보기도 하고, 개념이 사용된 글을 읽어 보는 등의 연습(practice in context)을 하는 것이다. 구체적 맥락에서 개념을 사용해 보는 연습은 재료들 사이에 접착제를 바르듯 서서히 청크가 뭉쳐지게 한다. 사전지식이 풍부할수록, 구체적 맥락에서 개념을 적용한 횟수가 많을수록 개념은 좀 더 명확하게 형성된다.

* Learning How to learn: Powerful mental tools to help you master tough subjects. Coursera Course 참고./대니얼 J. 래비틴. 정리하는 뇌. 서울: 와이즈베리를 참고함.

원격교육

과거 원격교육은 교실수업의 대체재나 보완재로서 기능하였다. 교실수업이 불가능한 경우나 비용 절감을 위해서 원격수업이 선택되었다. 그러나 최근 원격수업 경험이 늘어나면서 많은 교수자와 학습자가 각종 에듀테크 기술을 사용하게 되었고, 오프라인에서 불가능한 교수·학습 활동이 온라인에서 가능하다는 것을 알게 되었다. 또한 다양한 교육 콘텐츠가 공유되는 현상이 일어나게 되었다. 이 장에서는 원격교육의 이론과 이러닝과 스마트러닝, 대규모 공개강좌인 MOOC에 대해 살펴보고자 한다.

1. 원격교육 이론

1) 원격교육의 개념

원격교육(Distance Education)이라는 용어는 1938년 캐나다의 국제통신교육협의회(International Council for Correspondence Education)가 1982년에 국제원격교육협의회(International Council for Open and Distance Education: ICDE)로 명칭이 바뀌면서 사용되었다. 넓은 의미에서 원격교육은 교수자와 학습자가 물리적으로 떨어져 있는 상황에서 이루어지는 모든 교육의 형태를 말한다. 하지만 교수·학습의 설계가 있는 원격교육을 정의하고자 할 때에는 다음과 같은 특징들이 있어야만 원격교육으로 보기도 한다(임철일, 2011; Keegan, 1988; Schlosser & Simonson, 2002).

- 교수자와 학습자의 시·공간적 분리(distance)
- 제도나 기관에 기반한 학습관리(institution-based learning management)
- 상호작용적 원격통신(interactive telecommunication)
- 교육요소 간의 연결성(connection)

앞의 특징 중 제도나 기관에 기반하여 학습이 관리되어야 한다는 특징에 의하면 교육방송이나 원격교육 콘텐츠를 가지고 학습자 혼자서 공부하는 형태의 자학학습은 원격교육에 해당하지 않는다는 것을 알 수 있다. 원격교육은 사이버대학교와 같은 원격교육기관이나 학점은행제와 같은 제도적 테두리 안에서 원격강좌 수강이 이루어져야 한다. 또한 강좌의 학습목표가 부여되고, 학습기간이 정해진 후, 학습이 종료된 후에는 평가와 후속관리가 있어야 원격교육의 형태를 갖추었다고 볼 수 있다.

2) 원격교육의 발달과정

Garrison(2013: 147)은 원격교육은 학습자의 독립적인 학습을 통해 교육기관과의 접근성을 높이기 위한 것이라고 하였다. 따라서 원격교육은 오래전부터 영토가 넓은 국가를 중심으로 보급되어 실행되어 왔다. 이때 정보의 송신자와 수신자를 매개하는 매체의 역할이 매우 중요하기 때문에 다양한 매체가 원격교육에서 활용되었다. 초창기에는 주로 문서를 이용한 원격교육이 진행되어 오다가 매체들이 개발되고 적용되면서 카세트테이프, 비디오디스크 등을 거쳐 인터넷의 도입으로 이러닝, 스마트러닝, MOOC 등과 같은 다양한 형태의 원격교육 개념들이 만들어지기 시작하였다. 인터넷과 스마트 기기의 보급으로 원격교육은 매체를 도구적으로 활용한 특정 교육 형태로 보는 협의적 개념에서 하나의 교수·학습 환경으로 보는 광의의 생태적 개념으로 변화하고 있다.

원격교육에서 매체의 역할이 중요하기 때문에 원격교육의 발달과정은 주로 어떠한 매체를 활용하였는지에 따라서 정리할 수 있다. 원격교육의 발달과정은 일반적으로 4세대로 구분한다(권형규, 2014; 임철일, 2011).

제1세대는 우편통신을 활용한 원격교육이다. 우편통신을 활용하였기 때문에 교수자와 학습자의 상호작용은 매우 느리고 제한적이었지만 우편의 특성상 개별적인 지도와 학습이 가능하였다는 장점이 있다. 예를 들어, 학습지가 우편으로 배달되면 학습자는 그것을 학습한 후 다시 교수자에게 우편으로 보낸다. 그리고 교수자는 그 학습지에 피드백을 작성하여 학생에게 다시 보내게 된다.

제2세대는 라디오와 텔레비전과 같은 대중매체를 활용한 원격교육을 말한다. 라디오와 텔레비전은 대중성과 공공성이라는 특징을 가지는 매체이기 때문에 사람들에게 표준화된 교육내용을 녹화 또는 녹음하여 대량으로 제공하는 데 매우 적합하다. 또한 뉴스와 같이 대중에게 빠르게 제공해야 하는 정보가 있을 때에는 방송매체를 활용할 수 있다. 그러나 방송매체는 특정 시간에 방송되기 때문에 시간 제한성이 높아 교수자와 학습자의 상호작용을 기대하기는 어렵다고 볼 수 있다.

제3세대는 컴퓨터와 네트워크와 같은 정보통신공학을 활용한 원격교육이다. 컴퓨터가 보편적으로 보급되면서 원격교육도 급속도로 발달하게 되었다. 컴퓨터를 활용하여 멀티미디어 교육용 콘텐츠를 학습하기도 하고, 원격지에 있는 사람들을 연결하여 상호작용이 가능하였다. 이 과정에서 사이버대학, 원격대학 등의 원격교육기관이 출현하게 되었다.

이후 제4세대는 제3세대 원격교육에서 네트워크의 특성과 상호작용성이 강조된 원격교육을 일컫는다(Lauzon & Moore, 1989). 인공지능을 활용하여 지능적이고 학습자에 적응적인 학습 모형을 가진 원격교육을 제5세대 원격교육이라고 제안하는 학자도 있다(Taylor, 2001).

3) 원격교육과 관련된 이론

원격교육의 실행은 매우 오래전부터 시작되었으나, 이론이 정립되기 시작한 것은 비교적 최근의 일이다. Keegan(1986)은 원격교육 관련 이론을 독립성과 자율성 이론, 교수의 산업화 이론, 상호작용과 의사소통 이론의 세 가지로 분류하였는데, 이 분류가 원격교육 이론을 구분할 때 가장 많이 인용되고 있다. 여기서는 세 이론이 강조하는 것에 대해 간단하게 소개하고자 한다.

(1) 독립성과 자율성 이론

독립성과 자율성 이론이란 원격교육에서 가장 중요한 것은 학습자가 독립적으로 학습할 수 있어야 하고, 학습의 과정을 스스로 통제할 수 있어야 한다는 점을 강조한 이론이다. 대표적인 학자로는 Delling, Wedemeyer, Moore 등이 있다.

Delling은 원격교육이란 학습자의 학습을 지원하는 것으로, 원격교육 시스템에는 교수자는 없고, 지원조직 안에서 학습을 돕기 위한 기능들이 기계, 사람, 자료에 의해서 수행된다고 보았다. 즉, Delling은 원격교육에서 교수자의 역할을 최소한으로 축소하고 학습자의 자율성과 독립성을 강조하였다(조은순, 염명숙, 김현진, 2013: 84).

Wedemeyer(1971)는 원격교육에서는 교수와 학습을 분리하여야 시공의 제약이 사라지며, 이러한 분리를 통해 교수자 없이도 학습자의 독립학습이 가능한 시스템을 구축해야 한다고 하였다.

Moore(1972) 또한 독립학습이론을 제안한 학자로 그는 '교류거리(transactional distance)'라는 개념을 제시하였다. 교류거리란 원격교육에서 교수자와 학습자 간의 심리적 거리로 '대화(dialogue)'와 '구조(structure)'의 함수관계로 결정된다고 하였다. 대화란 원격교육에서 교수자와 학습자 간의 상호작용의 수준을 말한다. 어떠한 원격교육 프로그램에서는 교수자와 학습자 간의 상호작용이 거의 없기도 하고, 어떤 프로그램에서는 매우 활발하다. 구조란 원격교육에서 개별 학습자의 요구에 반응하는 수준으로 개별화된 학습이 가능한 정도를 말한다. 어떤 원격교육 시스템은 매우 구조화되어 있어서 학습자의 요

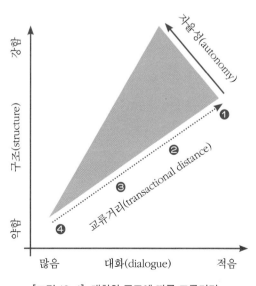

[그림 10-1] 대화와 구조에 따른 교류거리

구를 수용하지 않기도 하며, 어떤 시스템은 구조화 수준이 낮아서 학습자의 요구를 수용하는 데 매우 유연하기도 하다. 교수자와 학습자의 심리적 거리인 교류거리는 대화의 수준이 낮을수록 멀고, 구조의 수준이 낮을수록 가깝다.

이 대화와 구조에 따른 교류거리를 그래프로 나타내면 [그림 10-1]과 같다. 대화가 적을수록, 구조가 강할수록 교수자와 학습자 간의 교류거리는 늘어난다는 것을 알 수 있다. 또한 원격교육에서는 교류거리가 늘어날수록 학습자의 자율성도 더 요구된다는 것을 알 수 있다. Moore(1972, 1973)는 원격교육의 교류거리에 따른 테크놀로지의 사용을 제안하였는데, 교류거리가 가장 긴 ①의 경우 텍스트로 된 교재를 가지고 학습자가 스스로 읽으면서 학습하는 원격교육 사례를 제시하였고, ②의 경우 TV/라디오를 통한 원격교육을 제시하였고, ③의 우편/전화/컴퓨터 등의 정보통신 기술을 이용한 원격교육을 제시하였고, ④의 경우 개인 튜터를 통해 원격교육이 이루어지는 것을 제시하였다.

Moore의 이론을 통해 원격교육의 목적과 내용, 대상학습자들을 분석한 후에 교류거리를 결정하고, 원격교육의 형태를 결정할 수 있다. 그럼에도 불구하고 Moore는 원격교육에서는 학습자의 자율성과 독립성이 중요하다고 보았기 때문에 교류거리가 어느 정도 유지되는 것이 바람직하다고 보았다.

생각해 볼 문제

• Moore의 교류거리에서 대화 또는 구조화의 수준이 높다 또는 낮다고 하는 의미가 무슨 뜻인지 생각해 보고, 예를 들어 말해 보자.

(2) 교수의 산업화 이론

교수의 산업화 이론이란 원격교육이 제품과 서비스가 대량 생산되고 유통되는 산업화의 과정과 유사하다고 보는 이론이다. 사회를 산업화 이전과 비교하여 산업화 이후의 양상을 기계화, 분업, 대량 생산, 품질관리, 비용효과 등의 경제 용어로 표현할 수 있듯이, 원격교육도 동일한 용어들을 사용하여 교수의 산업화를 설명할 수 있다. 교수의 산업화 이론의 대표적인 학자로는 Peters(1983, 2007)가 있다.

교수의 산업화 이론은 다양한 원격교육 프로그램을 제공하는 기업을 생각하면 이해하기 쉽다. 원격교육 시장에서 학습자는 소비자, 원격교육을 개발하는 기업은 생산자가 된다. 기업에서는 학습자의 요구를 분석하여 원격교육 프로그램을 설계하고 개발한 후 이를 유통하여 이윤을 남긴다. 이들은 소비자들의 학습요구를 최대한 충족하는 완벽한 프로그램을 개발하여 유통하기 위해서 사전에 면밀한 분석과 준비의 단계를 거친다. 원격교육 콘텐츠는 한번 개발되어 유통되면 수정·보완이 어렵기 때문에 기업은 콘텐츠와 교재의 개발에 매우 많은 노력을 기울이게 된다.

개발과정에서도 시장조사, 기획, 교수설계자, 내용전문가, 영상이나 플랫폼 개발 전문가, 유통전문가, 마케팅 등의 수많은 전문 인력이 배치되어 각자의 역할을 수행하여야 하나의 원격교육 제품이 생산되고 유통될 수 있다. 또한 기업은 이윤을 추구하기 때문에 원격교육 프로그램의 비용효과를 고려해야 한다. 최대한 많은 소비자가 이용할 때 높은 이윤을 추구할 수 있기 때문에 많은 학습자를 모집하기 위한 홍보도 중요하게 생각한다.

유통과정에서는 국내외 다양한 플랫폼에서 원격교육 프로그램이 서비스될 수 있도록 표준화 문제도 고려해야 한다. 또한 일정 기준에 미달된 제품이 유통되지 않도록 원격교육 프로그램의 품질 관리도 매우 중요하다.

교수의 산업화 이론이 실제로 적용된 사례로, 한국교육학술정보원이 교원원격교육연수 콘텐츠의 내용을 심사하는 것을 들 수 있다. 〈표 10-1〉은 한국교육학술정보원에서 개발한 원격교육 연수과정 내용심사 영역 및 세부항목이다. 이들은 4개 영역(연수구성, 연수 내용, 윤리성, 기타)의 12개 준거, 19개 항목을 심사한다. 그리고 이러한 심사를 통과한 콘텐츠만 교원 원격교육연수 프로그램으로 유통될 수 있다. 이러한 절차와 규정들은 개발자들이 더욱 양질의 콘텐츠를 개발하고 보급하고자 노력하게 되는 동인이 된다.

표 10-1 원격교육연수원 콘텐츠 내용심사 평가기준

평가영역	평가요소	평가항목
연수구성	연수목표의 적절성	연수목표가 교원(교사, 교육전문직 등)의 필요에 부합하는가?
	연수 내용 구성의 적절성	연수 내용이 연수목표를 달성할 수 있도록 구성되었는가?
		연수 내용이 연수자의 특성[예: 학교급, 직위(급), 경력, 사전지식 수준 등] 및 기대 수준을 고려하여 구성되었는가?
		연수 내용이 동일한 콘텐츠 내에서 반복되지 않으며 논리적으로 조직되어 있는가?
		평가내용이 연수목표 및 연수 내용과 일관성 있게 제시되어 있는가?
		평가내용이 연수목표의 달성을 확인할 수 있도록 적절한 난이도로 제시되고 있는가?
연수 내용	최신성	연수 내용 및 자료(사진, 통계, 도표, 지도, 지명, 각종 용어, 법령, 동영상 및 각종 인용 자료)는 최신의 정보(개발 시점 2년 이내)에 근거하여 제공되고 있는가?
	정확성	연수 내용의 표현상의 오류(용어 설명, 맞춤법, 외래어 표기, 오탈자 등)는 없는가?
		연수 내용에서 제시한 사실, 개념, 이론 등은 통설화된 것으로 객관적이고 정확하게 제시되어 있는가?
		평가 문항의 내용, 정·오답, 해설이 오류 없이 타당하게 제시되어 있는가?

		특정 국가, 민족, 문화, 인물, 상품, 단체, 종교, 지역, 이념, 성, 계층, 다문화가정 등에 대한 편향적인 내용 및 윤리적인 편견이나 선입관이 없으며, 사회적으로 문제가 될 수 있는 내용이 없는가?
윤리성	사회의 보편적 가치관	개인, 특정 집단의 명예훼손의 여지가 있는 용어, 이미지, 자료 등이 제공되고 있지 않은가?
	선정성	선정적인 용어, 이미지, 자료 등이 제공되고 있지는 않은가?
	폭력성	폭력적인 용어, 이미지, 자료 등이 제공되고 있지는 않은가?
기타 요건 충족사항	강사의 적절성	강사의 언어, 행동, 옷차림 등이 연수자에게 거부감(불쾌, 혐오감)을 주지 않는가?
	연수분량	연수자의 특성을 고려할 때, 전체 교육시간이 적절한 분량인가?(예: 1차시당 연수과제 관련 활동 제외 25±5분)
	가독성	연수자료에서 제시하는 내용을 쉽게 인식할 수 있도록 가독성(폰트, 색깔, 줄, 간격, 도표, 사진, 및 동영상의 해상도 등)이 확보되어 있는가?
	기능 및 동작	콘텐츠 및 학습지원 도구의 기능 및 동작이 오류 없이 실행되는가?
	사용 편의성	화면 구성이 일관적이고 조화로우며 사용이 편리한 사용자 인터페이스(아이콘, 메뉴, 버튼, 배경 등)인가?

출처: 한국교육학술정보원(2018: 62-63).

(3) 상호작용과 의사소통 이론

원격교육의 상호작용과 의사소통 이론이란 원격교육을 교수자와 학습자, 학습자와 학습자 간의 상호작용과 의사소통이 어떻게 이루어지는가의 관점으로 원격교육을 정의하고 이해하는 이론이다. 대표적인 학자로 Holmberg가 있다.

Holmberg(1983)는 원격교육을 일종의 '안내된 교훈적인 대화(guided didactic conversation)'라고 하였다. Holmberg의 관점에서 원격교육을 설계하기 위해서는 교수자와 학습자 간에 활발한 상호작용이 일어날 수 있는 매체와 방법들을 적용해야 할 것이다. 그는 또한 상호작용을 하면서 교수자와 학습자의 정서적 상태에 대해 많은 관심을 가졌다. 즉, 주고받는 메시지에서 대화하는 듯한 분위기를 조성하여 학습자가 학습에 대한 정서적 지지를 받을 수 있도록 하는 것이다. 원격교육 교재를 작성할 때에도 딱딱한 문어체보다는 구어체(colloquial)를 사용하여 교수자와의 친밀감을 느끼게 할 수 있다. 최근에는 스마트폰의 보편화와 소셜 미디어의 사용으로 언어적·비언어적 상호작용을 즉각적으로 할 수 있어 상호작용과 의사소통 이론을 적용한 원격교육 프로그램을 설계하기가 매우 용이해졌다.

이 세 가지 이론은 원격교육을 보는 관점이라고 할 수 있으며, 각각의 관점을 통해 원격교육을 다양한 관점에서 이해할 수 있다. 또한 원격교육 시스템에서 효과적인 교수·학습이 이루어질 수 있도록 각 이론들을 적용하여 다양한 교수전략을 개발하고 적용할 수 있다.

2. 이러닝과 스마트러닝

1) 이러닝

(1) 이러닝의 개념

이러닝은 원격교육의 한 가지 형태이다. Rosenberg(2001)는 이러닝이란 "지식과 성과를 향상시키는 다양한 종류의 문제해결 방안을 전달하기 위하여 인터넷 기술을 활용하는 것이다."라고 정의하였다. 성인교육 및 기업교육 분야에서는 이러닝이 이미 활발하게 적용되고 있다. 시간과 공간의 제약이 거의 없기 때문에 직장에 다니는 성인들의 교육에 매우 유용한 형태이기 때문이다.

(2) 이러닝의 유형

이러닝을 유형화하는 기준으로 교수방법, 면대면 활동의 유무, 활용되는 기술, 콘텐츠의 유형, 실시간 여부 등이 있다(백영균 외, 2010).

표 10-2 이러닝의 유형 분류

기준	유형
교수방법	반복연습형/개인교수형/게임형/시뮬레이션형/문제해결형/자료제시형
면대면 활동의 유무	온라인 학습/혼합 학습
활용되는 기술	VR 기반 학습/AR 기반 학습
콘텐츠의 유형	영상 강의 기반 학습/화상시스템 기반 학습/애니메이션 기반 학습
실시간 여부	실시간 학습/비실시간 학습

첫째, 이러닝을 교수방법에 의해 분류할 수 있다. 언어와 같이 반복이 중요한 학습에는 반복학습형이, 수학과 같이 개인별 수준에 맞추어 진행되는 개인교수형 등이 있다.

둘째, 면대면 활동의 유무에 따라 학습의 전 과정이 온라인에서만 진행되는 온라인 학습과 온라인 학습과 오프라인 학습을 모두 포함하는 블렌디드 러닝(blended learning)이 있다.

셋째, 활용되는 기술에 따라 가상현실과 증강현실로 분류할 수 있다. 가상현실(Virtual Reality: VR)이란 컴퓨터 기술을 이용하여 만들어 낸 가공의 상황이나 환경을 사람의 감각기관을 통해 느끼게 하여 사용자가 가상이지만 실제와 같은 현실에 있다고 느끼면서 상호작용하게 하는 기술을 말한다. 대표적으로 메타버스(Metaverse)가 있다. 반면에 증강현실(Augmented Reality: AR)은 가상현실의 한 분야로, 컴퓨팅 기술을 물리적인 실제 사물에 삽입(embedded)하여 본래의 현실을 더욱 풍부하게 경험할 수 있다는 개념이다. 현실세계의 기반 위에 가상의 사물을 합성하여 현실세계만으로는 얻기 어려운 부가적인 정보들을 보강해 제공할 수 있다. 특히 스마트 기기를 활용한 증강현실이 점차 보편화되어 가고 있다.

넷째, 콘텐츠의 유형에 따라 교실에서의 교사 중심의 강의식 수업을 영상으로 촬영하여 이를 서비스하는 영상 강의 기반 학습이 있다. 다른 유형으로 교수자와 학습자가 실시간으로 서로의 얼굴을 보면서 수업을 진행하는 화상시스템 기반 학습이 있다.

다섯째, 교수·학습이 실시간으로 이루어지는지, 그렇지 않은지에 따라 실시간 학습과 비실시간 학습으로 구분할 수 있다. 대학에서 이루어지는 원격수업은 대부분 비실시간 이러닝의 형태를 띤다.

2) 스마트러닝

인터넷의 보급으로 이러닝이 학교교육과 기업교육에 확산되었고, 최근에는 스마트 기기를 활용한 스마트러닝에 많은 관심을 가지고 있다. 강인애, 임병노와 박정영(2012)은 스마트러닝은 이러닝에 기반한 것으로, 이러닝을 보다 확장하거나 변화시키는 양면적 성격을 가지고 있다고 하였다.

스마트러닝은 SNS나 소셜 웹을 활용하기 때문에 소셜 미디어의 특징이 학습에 그대로 반영된다고 볼 수 있다. 소셜 미디어의 특징은 상호작용성, 소통, 관계, 즉각적 피드백 등이며, 이러한 특징은 스마트러닝의 과정에서 매우 중요한 요소로 작용하게 된다. 스마트러닝을 설명할 수 있는 이론적 배경으로 사회적 구성주의, 사회적 실재감, 사회적 관계자본이론, 게임화 이론 등을 제시하였다(강인애, 임병노, 박정영, 2012: 291).

첫째, 사회적 구성주의(social constructivism)는 문화적·사회적 맥락에 속해 있는 학습자들 간의 상호작용을 통해 학습이 이루어진다고 본다. 따라서 학습자들은 일상에서 자연스럽게 발생하는 비형식 또는 무형식 학습을 통해 배우게 되며, 이러한 학습을 다른 사람들과 공유하면서 사회적 협상의 과정을 거쳐 학습의 타당성을 인정받게 된다. 스마트러닝은 이러한 사회적 구성주의 학습을 하기에 매우 적합한 학습환경이다.

둘째, 스마트러닝에서는 물리적으로 떨어져 있는 사람들로부터 즉각적인 피드백이 가능하기 때문에 사회적 실재감(social presence)을 높여 준다. 사회적 실재감은 교수실재감(teaching presence)을 높여 준다. 교수실재감이란 교수의 설계와 운영에 대한 학습자의 인식 수준으로, 교수자가 질 높은 학습활동을 설계하고 이를 촉진하는 수업 운영을 할 때 학습자들이 교수적 지원을 언제라도 받을 수 있다고 느끼는 정도를 말하며(Garrison, 2000), 학습자는 사이버 강의실에 교수자와 같이 존재한다고 느끼게 된다. 이러한 실재감은 학습에 긍정적인 영향을 미치게 된다(강명희 외, 2011; 김지심, 강명희, 2010; Garrison & Arbaugh, 2007; Wang & Kang, 2006).

셋째, 사회적 관계자본이론은 사회구성원들 간의 관계와 교류를 통해서 사회적 자산이 강화되어 간다는 것이다. 스마트러닝은 교사와 학생 이외에 어느 누구라도 학습에 참여할 수 있는 개방적인 학습환경이기 때문에 학습이 진행될수록 사회적 관계가 강해지고, 이는 사회적인 자산이 될 수 있다.

넷째, 게임화 이론(gamification theory)은 학습이 게임이 아님에도 불구하고 게임으로 인식하여 흥미를 느끼고 참여 동기가 생겨 활동에 몰입하는 것을 말한다. 스마트러닝은 다양한 앱을 활용하기 때문에 학습활동을 게임과 같이 흥미롭게 진행할 수 있고, 타인과 경쟁하면서 학습목표를 달성할 수 있다.

3. MOOC

1) MOOC의 개념

MOOC(Massive Open Online Course)는 대형 온라인 공개강좌를 말하며, 일반적으로 대학 교수들이 그들의 강의를 온라인 코스 형태로 공개하기 때문에 고등교육 수준의 콘텐츠를 무료로 제공하고 있다고 볼 수 있다. 이는 고등교육 기회의 보편화와 민주화라는 이상을 실현할 수 있는 하나의 방안으로 여겨지기도 한다(Lewin, 2012).

MOOC의 Massive는 '대규모성'을 말한다. 강의 참여자의 수가 기존의 강의실 수업이나 온라인 수업과는 비교할 수 없을 정도로 많다. 2008년 캐나다 매니토바 대학교에서 제공한 초기 MOOC의 대표적인 예인 '연결주의와 연결적 지식(Connectivism and Connective Knowledge 2008: CCK08)'이라는 강좌에 2,224명이 참여하였다. 2011년 스탠퍼드 대학교의 '인공지능개론(Introduction to AI)' 강좌는 세계 190여 개국에서 약 16만 명이 등록하였다(이병현, 2015). 한 연구에서는 코스별 등록자 수의 평균을 약 43,000명으로 제시하였다(Jordan, 2014).

또한 MOOC는 개방원격교육(Open and Distance Learning: ODL)과 공개교육자료(Open Educational Resources: OER)에 기반하고 있다. ODL은 온라인 원격교육을 의미한다. 즉, 수많은 원격대학과 원격교육기관의 교육을 말하는 광범위한 개념이다. OER은 교육자료의 저작권을 풀어서(open licensing) 제공하는 것으로, 교육자료 공유를 말하는 것이다. 온라인 강좌가 저작권을 풀어 모든 이에게 공개하였다면 OER에 포함될 수도 있다. MOOC는 이 두 가지에 기반하고 있다. 즉, 개방형 원격교육 형태를 취하고 있다. 그러나 특정 원격교육기관이라고 보기는 어려우며, 온라인 코스의 한 사례로는 볼 수 있다. 코스(course)

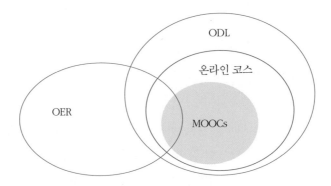

[그림 10-2] 온라인 교육자료의 상호관계

출처: 나일주(2015: 18).

라는 용어를 사용한다는 것은 원격교육기관 강좌의 목표, 학습이력 관리, 피드백, 평가, 수료 등의 일련의 절차가 있다는 것을 의미한다. 또한 저작권의 공개 정도에 따라 OER에 속할 수도, 아닐 수도 있다(나일주, 2015).

MOOC는 누구나 쉽게 가입하고 등록할 수 있다. 그리고 원하는 코스를 선택하여 공부할 수 있다. 코스에는 강의비디오를 학습하는 것과 각종 자료들을 열람할 수도 있고 다른 학습자들과 함께 온라인 포럼에 참석하기도 한다. 온라인 평가가 있어 코스를 제대로 이수하고 적정 수준의 평가점수를 받으면 필요한 경우, 그 강좌를 이수한 이수증을 발급받기도 한다. 전통적인 대학의 한 학기 분량의 코스는 너무 길어 이수율에 영향을 주기 때문에 주제에 따라서는 단기간 코스(4~6주)로 제공하는 것이 적합하다고 본다(이병현, 2015).

[그림 10-3] MOOC 수강 화면(edX의 Saving School)

[그림 10-3]은 MOOC 플랫폼 중 하나인 edX에서 제공하고 있는 하버드 대학교 Paul E. Peterson 교수의 Saving School 코스를 수강하는 화면이다. 총 10주로 구성되어 있으며, 이 코스를 이수하기 위해서 매주 3~5시간을 노력해야 한다고 안내하고 있다. 무료로 제공되지만 수강 이수증을 얻기 위해서는 일정 비용을 지불해야 한다. 강의비디오 우측에는 출연자의 말이 스크립트로 제시된다. 강의를 이해하기 위한 키워드에 대한 설명도 제공된다.

2) MOOC의 출현

MOOC는 대학이나 교육기관에서 일반인들에게 무료로 제공하는 온라인 강의이다. 이것이 출현하게 된 배경을 아는 것은 MOOC를 이해하는 데 도움이 된다. 이병현(2015)은 MOOC의 출현 배경을 다음과 같이 제시하고 있다. 첫째, 사회철학적 요인으로서 교육에 대한 박애주의적 정신, 즉 누구에게나 지식이 공유되어 배움에 대해 제한을 받아서는 안 된다는 인식이 출현 배경 중 하나라고 볼 수 있다. 2002년부터 매사추세츠 공과대학교를 중심으로 추진되어 온 OER 운동으로 강의비디오, 수업노트, 평가문항 등의 자료들이 공유되었다. MOOC는 이러한 OER의 연장선상에서 강의 코스가 공개되는 것까지 확장되면서 출현되었다고 볼 수 있다. 둘째, 사회경제적 요인으로, 2008년 이후 세계적인 경기침체로 미국 정부의 대학 재정지원 감소, 대학생 학자금 대출 급증으로 교육재정 문제가 심각해지기 시작하였다. 이때 MOOC는 대학에 교육대상의 전 세계적 확보, 교육자원의 재활용, 대학의 홍보, 대학교수의 홍보, 타기관과의 파트너십 형성 등에 도움을 줄 수 있다. 셋째, 교육적 요인으로, MOOC를 통해 교육의 질을 높일 수 있다. 대규모 학습자들의 강의 코스에 대한 이력과 반응을 통해 어떠한 자료가 필요한지, 어떠한 온라인 학습방법이 효과적인지에 대한 빅데이터가 산출된다. 이러한 자료는 수업을 혁신할 수 있는 통찰력을 제공해 줄 수 있다. 넷째, 기술적 요인으로 정보통신기술의 발달이 온라인 교육을 일반인들도 보편적으로 수용하게 되었다는 점이다. 직업수명이 짧아지고 직업세계가 극도로 변화되는 가운데 직업교육과 평생교육의 요구로 인해 학령기가 아닌 일반인들의 온라인 코스 수강이 일반화되었다(이병현, 2015: 368-369).

이러한 요구로 인해 MOOC가 출현하게 되었고, 고등교육의 보편화에 기여할 것이라는 기대를 받고 있다. MOOC가 확산되는 과정에서 공헌을 한 플랫폼 제공기업으로 미국의 Udasity, Cousera와 edX가 있다. Udacity와 Cousera는 개인이 투자하여 설립한 반면, edX는 하버드와 MIT의 공동 투자로 설립되었다. 이들은 아직 뚜렷한 비즈니스 모형을 찾지 못하여 현재는 수익을 창출한다기보다는 투자하는 단계로 보고 있다(Hollands & Tirchali, 2014). 현재는 강좌별로 이수증을 발급할 때 일정 비용을 받거나, 강좌들을 코스로 만들어 학위를 수여하면서 비용을 받고 있기도 하다. 자원이 소유되는 것이 아니라 공유될 때 더 큰 가치를 가지게 되는 시대적 흐름에 비추어 볼 때, 이러한 공개 온라인 코스의 형태는 다양화되고 확대될 것으로 예상된다.

3) MOOC의 한계

MOOC의 다양한 장점에도 불구하고 몇 가지 문제점이 논란의 대상이 되고 있다. 다수의 원격교육이 그러하지만 중도탈락률이 매우 높다. 무료이며 간단하게 등록할 수 있다는 점에서 등록하는 사람은 많지만 이수하는 비율은 10% 미만이다(Jordan, 2014). 또한 강의비디오를 통한 지식전달 모형이 주를 이루기 때문에 단순 지식전달 강의에는 적합하지만, 그 외 다양한 상호작용과 창의적 활동으로 설계하기에는 한계가 있다. 또한 고등교육의 보편화가 실현될 것이라는 예상과는 달리 MOOC를 수강하는 참여자들이 대체로 고학력자들이라는 연구 결과가 있다(이병현, 2015; Meisenhelder, 2013). 이들은 자기계발을 위해 또는 직업과 관련된 전문성을 개발하기 위해서 수강하는 것으로 나타났다. 또한 세계적인 명문대학의 강좌에 대한 호기심과 도전의식으로 수강하는 이들도 있는 것으로 나타났다(Breslow et al., 2013; Christensen et al., 2013; Fini, 2009). 이 때문에 고등교육 기회의 균등화를 실현하기보다는 오히려 교육의 격차를 심화시킬 수도 있다는 우려도 해 볼 수 있다. 그러므로 MOOC를 대학에 도입하고자 할 때는 MOOC가 캠퍼스 기반 교육의 보완재로서 역할을 할 수 있도록(이병현, 2017) 신중하게 도입하여야 한다.

생각해 볼 문제

- 온라인 수업만으로도 역량 중심 교육과정을 훌륭하게 운영하고 있는 미네르바 스쿨의 교육목표, 교육과정, 교육방법, 교육평가에 대해서 조사해 보고 교실수업이 가질 수밖에 없는 한계를 테크놀로지가 어떻게 보완해 나갈 수 있는지 생각해 보자.

시간의 성숙을 필요로 하는 오리지널리티(Originality)

무라카미 하루키는 『직업으로서의 소설가』에서 특정한 표현자가 오리지널이라고 인정받기 위해서는 다음의 세 가지 요소를 갖추어야 한다고 하였다.

1. 다른 표현자와는 명백히 다른 독자적인 스타일을 갖고 있다. 잠깐 보면 그 사람의 표현이라고 순식간에 이해할 수 있어야 한다.
2. 그 스타일을 스스로의 힘으로 버전 업 할 수 있어야 한다. 시간의 경과와 함께 그 스타일은 성장해 간다. 언제까지나 제자리에 머물러 있을 수는 없다. 그런 자발적·내재적인 자기 혁신력을 갖고 있다.
3. 그 독자적인 스타일은 시간의 경과와 함께 일반화하고 사람들의 정신에 흡수되어 가치판단 기준의 일부로 편입되어야 한다. 혹은 다음 세대의 표현자의 풍부한 인용원이 되지 않으면 안 된다.

이 세 가지 요소 중 어떤 것이 약할 수는 있겠지만 모두 갖추고는 있어야 오리지널리티(Originality)를 인정할 수 있다고 하였다. 우리가 생각하는 오리지널리티는 주로 첫 번째의 독창성에 국한되어 인식하는데, 두 번째와 세 번째는 '시간'의 경과가 오리지널리티를 담보한다고 되어 있다. 즉, 오랜 시간 자신 또는 타인에 의해 진화되고 인용될 때 그 표현자가 오리지널하다고 볼 수 있다는 것이다. 오리지널리티도 결국 정신과 영혼의 소관이며, 이것은 시간적 성숙을 필요로 하는 것 같다.

일본에서는 originality를 창의력이라고 번역한다. 우리는 creativity를 창의력이라고 번역하는데, 사실 creation이 창조이므로 창조력이라고 하는 것이 타당하다. 창조는 결과적으로 새로운 뭔가가 만들어지는 것에 초점을 둔 용어이고, 창의는 창조가 일어나기 전 새로운 것을 탐구하고 사고하는 가정에 초점을 둔 용어라고 볼 수 있다. 교육에서 creativity를 많이 쓰는 것을 보면 창조를 위한 시간적 성숙의 과정보다는 일단 결과적으로 보이는 성과를 중요하게 생각하는 우리 사회의 일면을 보여 주는 것 같아 씁쓸하다.

PART **03**

미래교육에 대한 교육공학적 관점

에듀테크와 교육혁신

에듀테크란 Education과 Technology의 합성어로 교육의 효과성 제고를 위해 테크놀로지를 활용한 교육을 서비스하는 기술을 말한다. 최근에는 학습에 활용될 수 있는 대부분의 자료가 디지털화되어 있어서 공유가 쉬워졌다. 또한 콘텐츠를 개인이 소장하고 있기보다는 공유될 때 더 큰 가치를 지니는 시대가 되었다. 수업과 관련된 많은 자료가 이미 공개되어 있고, 교사들도 자신의 수업과 자료를 공유하도록 요구받고 있다. 이 Chapter에서는 디지털 기반 학습과 원격교육에 대해서 살펴보고자 한다. 또한 디지털 교과서, 교사 원격연수, 스마트 교실, MOOC 등으로 다양한 원격교육 형태로 학교현장에서 실현된 것들을 살펴보고자 한다. 미래교육에서는 교실 수업에서 불가능했던 개인 맞춤형 교육을 에듀테크가 서서히 실현해 나가 교실 수업의 한계를 극복하는 것을 기대하고 있다.

1. 교육의 디지털 전환

1) 디지털 전환의 과정

교수매체 중 교육환경을 가장 혁신적으로 변화시킨 것은 개인용 컴퓨터와 인터넷이다. 교사들이 개인용 컴퓨터를 각자 소유하게 되면서 많은 교수매체가 디지털로 전환되기 시작하였고, 한번 개발된 교수매체는 온라인으로 여러 사람에게 쉽게 공유되어 수업에서 교수매체 활용이 보편화되기 시작하였다. 우리나라의 경우, 교육부에서 1989년에 '학교 컴퓨터교육 지원·추진계획'을 수립하고 시행하면서 정부예산으로 컴퓨터를 각급 학교에 보급하기 시작하였다(한국교육개발원, 1994). 이후 1997년에는 '교육정보화촉진시행계획'과 2001년 '2단계 교육정보화 종합발전방안'에 의해서 학교에 교실망이 설치된 컴퓨터 시스템을 보급하기 시작하였다(한국교육학술정보원, 2004). 일선 학교에서는 '교단선진화'라는 사업명으로 모든 교실에 있던 전통적 교단과 교탁 대신에 컴퓨터가 설치된 전자교탁과 프로젝션 TV가 설치되었고, 이내 인터넷이 교실 안으로 들어오게 되었다. 이렇게 정보화 인프라가 구축되면서 교육부에서는 교사들이 그들의 수업에 정보활용기술(Information, Communication, Technology: ICT)을 활용하도록 장려하였고, 이를 ICT 활용 교육이라고 하였다.

이후 한국교육학술정보원에서 운영하는 중앙교수학습센터에서 학년별, 교과별로 수업에 활용할 수 있는 자료들을 개발하여 보급하였다. 예를 들어, 중학교 과학의 '증산작용'을 검색어로 입력하면 증산작용과 관련된 수업자료들이 검색된다. 자료는 교수·학습과정안이나, 애니메이션, 이미지, 영상, 텍스트 등의 형태로 제시된다. 교사는 자신의 수업에 필요한 것을 다운로드받아 활용할 수 있었다.

그 이후 ICT 활용에 수업 모형의 필요성을 느껴 ICT 활용 교수·학습 모형이 교과별로 개발되어 보급되기 시작하였다. 예를 들어, 수학의 직접교수법, 문제해결수업, 귀납-연역 모형, 개념학습 모형 등에서 ICT를 어떻게 활용할 것인지를 연구하여 ICT 활용 직접교수법, ICT 활용 개념학습 모형 등으로 일선학교에 보급되었다. 때로는 모형보다는 소프트웨어 중심으로 수업에 도입되는 경우도 있었다. 예를 들어, GSP를 활용한 방정식 수업하기, 포토샵을 활용한 표현 수업하기, 메신저를 활용한 영어 쓰기 수업하기, 마인드맵을 활용한 과학 수업하기 등이 그 예이다.

그 이후 사교육비 절감의 일환으로 사이버가정학습이 개발되어 보급되었다. 사이버가정학습은 정규시간이 아닌 가정학습 시간에 사이버교사가 사이버학급을 개설하여 신청한 학생들의 튜터가 되어 학습을 돕는 형태로 운영되었다. 학생들은 가정에서 컴퓨터를 통해 이러닝으로 학습할 수 있어서 사교육을 대신하여 가정에서 무료로 학습할 수 있었다.

이후로 디지털교과서를 개발하여 보급하는 사업이 시작되었다. 이어서 스마트러닝이라는 교수·학습 환경의 생태적 변화가 진행되었다. 스마트러닝이란 21세기 지식정보화 사회에서 요구되는 교육방법, 교육과정, 평가, 교사 등의 교육체제 전반의 변화를 이끌기 위한 지능형 맞춤 교수·학습 지원체제이다. 최상의 통신환경을 기반으로 인간을 중심으로 한 소셜 러닝과 맞춤형 학습을 접목한 학습 형태이다(교육부, 2011).

최근에는 코로나 팬데믹 이후로 원격교육 및 비대면 교육이 하나의 보편적학교교육 방법이 되었는데, 이로 인해 교육의 디지털 전환이 급속화되고 있으며 디지털 교과서, 인공지능 교과서, 스마트 교실 구축, 에듀테크 선도 학교 등의 정책으로 첨단 기술이 교육과정을 구성하게 되었다.

이처럼 교육부는 「지능정보화 기본법」 제7조(지능정보사회 실행계획의 수립)와 「교육부 지능형 정보화업무 처리규정」 제8조(교육정보화 시행계획의 수립)에 근거하여 5년마다 교육정보화기본계획을 수립하고 추진하고 있다. 2023년 현재 제6차 교육정보화 시행계획에 따라 교육의 지능정보화를 적극적으로 추진하고 있다(교육부, 2023b).

또한 교육부는 2023년에 모두를 위한 맞춤 교육의 실현이라는 모토로 '디지털 기반 교육혁신 방안'을 발표하였다. 기본 방향은 두 가지로 제시하였다. 첫째는 AI가 대체할 수 없는 인간의 고유한 창의성, 비판적 사고력, 인성, 협업 능력을 키울 수 있도록 개념 중심, 문제해결 중심 교육 강화이다. 둘째는 모든 학생이 자신의 학습목표, 학습역량, 학습속도에 맞는 맞춤 교육을 받고, 교사와 학생이 인간적으로 연결되는 체제 구현이다. 교육부는 디지털 시대 교육의 대전환의 방향을 [그림 11-1]과 같이 제시하고 있다.

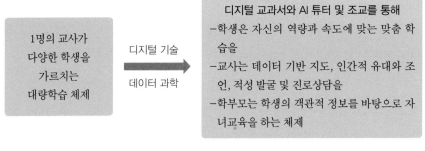

[그림 11-1] 교육부가 제안한 디지털 시대 교육의 대전환

디지털 기반 교육혁신의 다섯 가지 주요 추진 방안으로 AI 기술 및 데이터 과학을 활용한 디지털교과서 개발, 디지털 교육 역량을 갖춘 교원 양성을 위한 집중 연수, 디지털 기술 활용 교수·학습 방법 개발, 시범교육청 중심 디지털 선도학교 운영, 디지털 인프라 확충을 포함하고 있다. 또한 디지털 교육체제와 관련한 주요 용어를 다음과 같이 정의하고 있다(교육부, 2023a). 예비교사들은 이 용어들을 이해하여 미래교육을 준비할 수 있어야 한다.

- 에듀테크: 교육(Education)과 기술(Technology)의 합성어로, AI, AR, VR, 빅데이터 등 최신 기술을 활용한 교육 서비스, 소프트웨어, 앱 등을 총칭하

는 용어

- AI 기반 코스웨어: 학습자 진단 및 수준별 학습 콘텐츠를 제공하는 AI 기반의 교과과정 프로그램(Course + Software)
- AI 튜터: AI를 이용하여 학생의 학습상태를 분석하여 부족한 부분의 원인을 찾아 이를 개선할 수 있는 전략을 조언해 주는 서비스
- 플랫폼(Platform): 응용 프로그램이 실행될 수 있는 기반을 이루는 컴퓨터 시스템. 공급자와 수요자 등 다양한 그룹이 참여하여 각 그룹이 얻고자 하는 가치를 공정한 거래를 통해 교환될 수 있도록 구축된 환경
- 표준 API(Application Programming Interface): 응용 프로그램과 응용 프로그램 사이의 통신 규격으로, 다양한 서비스와 데이터를 보다 쉽게 이용할 수 있도록 해 주는 표준화된 인터페이스
- 클라우드: 데이터를 인터넷과 연결된 중앙컴퓨터에 저장해서 인터넷에 접속하기만 하면 언제 어디서든 데이터를 이용할 수 있도록 제공하는 서비스
- SaaS(Software as a Service): 클라우드 기반의 소프트웨어 제공 모형으로, 클라우드 제공업체가 클라우드 애플리케이션과 기본 IT 인프라 및 플랫폼을 네트워크를 통해 최종 사용자에게 제공하는 방식(사용한 만큼 이용료 과금)
- 학습기록 저장소: 온라인 학습과정에서 수집된 다양한 학습데이터를 기록, 저장, 변환하는 시스템
- 디지털 원패스: 하나의 아이디를 활용하여 다양한 서비스를 안전하고 편리하게 이용(로그인)할 수 있는 인증 서비스

2) 테크놀로지의 교육적 활용 유형

지금까지 우리나라 교육의 디지털 전환이 진행된 흐름을 살펴보았다. 이러한 흐름을 통해 테크놀로지가 교육에 활용되는 세 가지 패턴, 즉 보조적 활용, 교수적 활용, 교수·학습 환경으로서의 활용으로 분류해 볼 수 있다.

(1) 보조적 활용

교사가 주도하는 수업에 테크놀로지를 수업의 일부를 보조하는 도구로 활용하는 형태이다. 판서 대신 프레젠테이션 슬라이드를 활용하거나, 수업의 동기유발을 위해 흥미로운 영상을 제시하거나, 질의응답을 위해 온라인 게시판이나 소셜 미디어를 활용하는 형태 등이 그 예이다.

(2) 교수적 활용

테크놀로지가 교수자를 대신하여 학습의 전 과정을 진행하는 형태를 교수적 활용이라고 한다. 교수적 활용에는 원격강좌가 대표적이다. 원격강좌는 교수 내용을 인터넷의 웹사이트에 코스웨어 형태로 게시하여 학습자가 이를 이수하는 형태로 운영된다. 자원기반학습에서 활용되는 컴퓨터가 주로 교수자로서의 역할을 하는 경우가 많다. 이때 교수자는 학습자가 이러닝 코스를 순조롭게 이수할 수 있도록 돕는 보조자, 튜터의 역할을 하게 된다. 각종 원격연수 콘텐츠나 대규모 온라인 강좌인 MOOC 등이 그 예이다.

(3) 교수·학습 환경으로서의 활용

테크놀로지가 교수·학습 환경으로서의 활용이란 테크놀로지가 현재 학생이 처한 상황과 맥락에 맞는 교수·학습 환경을 제공해 주는 것을 말한다. 특히 대부분의 스마트 기기가 모바일 플랫폼으로 바뀌면서 학습자가 처한 모든 환경을 교수·학습 환경으로 활용할 수 있게 되었다. 과거 이러닝이 코스 형태로 개발되어 폐쇄적 형태를 띠는 반면에 스마트폰, 태블릿 PC와 같이 모바일 기기를 활용하여 학습하게 되면 학습자가 처한 실세계의 정보들(위치 정보, 날씨 정보 등)을 수집하여 학습자에게 적합한 지식과 정보를 즉시 제공하고, 학습자도 실제 맥락에 바탕하여 학습내용을 이해할 수 있게 된다. 예를 들어, 학습자가 박물관에 있다면 그 박물관에 소장된 전시물에 대한 학습 콘텐츠를 모바일 기기를 통해 실시간으로 제공할 수 있다.

또한 모바일 기기는 늘 휴대 가능하며 접근성이 높기 때문에 학습자가 교실 안뿐만 아니라 교실 밖 어느 곳에 있다 하더라도, 혹은 이동 중이라고 하더라도 학습이 끊어지지 않는 이음새 없는 학습(seamless learning)이 가능하게 되었다. 가상현실(VR), 증강현실(AR) 기술, 메타버스(Metaverse) 등이 컴퓨터를 교수 · 학습 환경으로 활용하는 것을 더욱 편리하고 효과적으로 돕고 있다.

3) 사회정서학습을 위한 에듀테크

사회정서학습(Social & Emotional Learning: SEL)은 모든 청소년과 성인이 자신의 감정을 효과적으로 조절하고 인생의 목표를 설정하며 다른 사람들과 원만한 관계를 맺고 공감하며 책임 있는 의사결정을 할 수 있는 사회정서적 지식, 태도, 기술을 습득하고 효과적으로 적용하는 과정이다. 즉, 사회정서역량을 증진하기 위한 학습과정 전반을 말한다.

사회정서역량(Social & Emotional Competence: SEC)이란 자기 자신과 타인에 대한 이해를 토대로 긍정적인 사회적 관계를 형성하고 사회 공동체의 일원으로서 책임 있는 의사결정을 할 수 있는 능력을 의미한다. 사회정서역량은 자기인식, 자기관리, 사회 인식, 관계기술, 책임 있는 의사결정의 하위 역량을 포함하고 있다(CASEL, 2022).

이러한 사회정서역량 함양은 기술과는 무관해 보일 수 있으나 실상은 그렇지 않다. 다양한 에듀테크 기술에서 사회정서역량을 향상시키기 위해 노력하고 있다. 예를 들어, 얼굴 표정을 인식하는 기술, 텍스트 마이닝 기반 감성 분석 기술, 음성을 인식하고 감정하는 기술, 가상현실 기반의 감정 분석 기술, 웨어러블 기기 활용 생체인식 기반 감정 분석 기술 등을 활용하여 사회정서학습을 할 수 있는 디바이스와 플랫폼, 콘텐츠들을 개발하고 있다. 사회정서기술을 위한 에듀테크 기능의 세 가지 요소는 상호작용의 구조, 플레이 요소, 평가 및 강화가 있다. 에듀테크 관련 기업들은 이 세 요소를 통해 비판적 사고/문제

[그림 11-2] CASEL의 사회정서학습 모형

출처: CASEL (2022).

해결, 의사소통, 창의력, 협동, 호기심, 주도성, 끈기/그릿, 적응성, 리더십, 사회문화적 인식과 같은 사회정서역량을 학습할 수 있는 효과적인 에듀테크 교수·학습 프로그램을 개발하고자 노력하고 있다(한국교육학술정보원, 2022).

2. 실감형 미디어

1) 플랫폼의 발전

정보통신기술이 대중에게 보급되면서 기술을 통한 커뮤니케이션이 급속도로 발전하게 되었다. 이를 이해하기 위해 각 시대별로 사용된 주요 플랫폼과 기기를 살펴볼 필요가 있는데, 이를 정리하면 다음과 같다. 1990년대에는 PC를 사용한 텍스트 기반의 채팅 커뮤니케이션으로 파란색 화면에 하얀색 텍스트로 구성된 BBS(Bulletin Board System) 전자 게시판을 사용하였다. 전화선을 사용한 통신으로 속도가 매우 느렸지만 키보드만으로 텍스트를 입력하여 전송하기 때문에 PC들 간의 통신은 충분히 가능하였다. 2000년대는 초고속 인터넷망이 설치되면서 WWW(World Wide Web) 플랫폼에서 인터넷을 사용하였다. 이때부터 무선 인터넷이 가능하기 시작하여 이동성이 높은 노트북이 사용되기 시작하였다. 입력에는 키보드뿐만 아니라 마우스도 활용되었으며, 주로 사람들은 정보를 서칭하는 웹 브라우저를 이용하였다. 2010년대에는 스마트폰을 이용한 모바일 플랫폼을 이용하였다. 스마트폰은 터치 방식으로 입력이 가능하며 웹보다는 정보량이 적은 소셜 미디어 앱을 주로 사용하게 되었다. 4G망을 사용하면서 인터넷의 속도는 더욱 빨라졌다. 2020년대에는 VR 기반의 플랫폼에서 고글, 헤드 마운트와 같은 웨어러블 디바이스를 사용하여 메타버스와 같은 가상현실에서 커뮤니케이션이 가능하게 되었다. 인터넷은 5G망을 사용하면서 더욱 빨라졌으며 정보의 입력은 글러브를 이용하게 된다.

이처럼 시대별로 사용되는 주요 플랫폼이 달라졌는데, 인터넷 망 속도는 점차 빨라지고, 정보의 입력은 더욱 직관적으로, 데이터의 입력과 처리는 시각을 기반으로 한 실감형으로 바뀌고 있다는 것을 알 수 있다. 이러한 실감형 기술들의 개념과 특징을 살펴보면 다음과 같다.

2) 실감형 미디어의 특징

(1) VR

VR(Virtual Reality)은 가상현실을 뜻한다. 이 기술은 가상의 환경 위에 가상의 객체를 올려서 특정 상황 전체를 가상으로 재현하는 기술이다. 환경과 객체가 모두 가상이기 때문에 인간과 가상현실 간에 상호작용성을 높일 수 있으며 이로 인해 실재감과 존재감이 매우 향상되는 특징이 있다. VR에서는 모든 경험이 1인칭 시점으로 가능하여 몰입감을 극대화하여 가상현실과 실제 현실의 구분이 모호해지는 경험을 할 수 있다. 기술이 더 발달하여 가상현실을 현실과 동일하게 모사할 수 있다면 우리의 뇌는 가상과 현실의 경험을 동일하게 인식하게 되어 가상과 현실의 구분이 무의미해질 수도 있다.

[그림 11-3] VR 체험

(2) AR

AR(Augmented Reality)은 현실의 경험이 기술로 인해 강화되었다는 의미로 증강현실이라고 한다. AR은 실제 환경에 가상 객체를 올려서 가상의 객체가 현실의 배경에서 실제로 존재하는 것처럼 보이게 하는 기술이다. 이 기술의 특징은 현실이라는 상황맥락적 정보를 계속 유지하면서 가상 객체를 활용한 체험활동 경험을 강화하는 것이다. VR이 현실과 괴리된 기술이라는 단점을 AR이 보완할 수 있다. 현실의 배경 위에서 가상의 사물을 덧입히는 방식이므로 일상에서 접근이 용이하나 몰입감은 VR과 비교할 때 상대적으로 낮을 수 있다. 화면의 크기가 제한되어 있다는 점도 몰입감을 줄이는 이유 중 하나가 된다. AR의 경우 사용자의 움직임과 이동에 따른 환경 정보 변화를 바로바로 감지하고 처리해야 하기 때문에 고성능의 기기가 필요한 기술이다.

(3) AV

AV(Augmented Virtuality)는 증강된 가상세계라는 의미로 가상의 환경 위에 실제 객체를 올리는 기술이다. 현실 맥락에서 경험하기 어려운 상황을 가상으로 개발하고 그 가상환경에서 실제 객체를 조작해 볼 수 있게 한 기술이다. 예를 들어, 운동을 하고자 하는 사용자가 아름다운 자연을 묘사한 가상공간을 홀로그램으로 설치한 실내에서 조깅을 하면서 실제로 자연 속에서 조깅을 하는 듯한 실감 경험을 할 수 있다.

(4) MR

MR(Mixed Reality)은 혼합현실로 현실세계와 가상세계의 융합을 통해 AR의 현실감과 VR의 몰입감을 결합한 기술이다. 현실 배경을 볼 수 있도록 반투명한 디스플레이를 사용하고 그 위에 가상 객체를 보여 주는 방식을 취한다. 미국의 Magic Leap라는 회사에서 학생들이 모여 있는 실내 체육관에 반투명 디스플레이를 설치하고 바닥에서 가상의 고래가 헤엄치는 영상을 모습을 보여 준 Magic Leap Whale이 대표적인 예이다.

[그림 11-4] Magic Leap Whale

출처: https://world.magicleap.com

(5) XR

XR(eXtended Reality)은 확장된 현실로 물리세계와 가상세계의 경계가 모호한 상황을 말한다. VR, AR, AV, MR 등을 모두 포함한 개념으로 사물인터넷 기술로 인해 물리세계와 가상세계에서 다양한 자아가 존재하게 되는데 이로 인해 인간의 경험 세계가 확장된다는 관점에서 표현한 용어이다.

표 11-1 실감형 기술의 가상성

기술	배경	객체	가상성
실제 현실	실제	실제	
증강현실	실제	가상	+
증강 가상	가상	실제	++
가상현실	가상	가상	+++

3) 실감형 미디어의 교육적 활용

NextVR사의 CEO인 David Cole은 가상현실이 콘텐츠 소비의 새로운 플랫폼이 될 것이라고 예측하면서 농구, 축구 등의 스포츠를 TV가 아닌 VR로 생중계하기도 하였다. 경기를 직접 관람하지 못하는 관객들에게 헤드 마운트 디스플레이를 장착하게 하고 유명 선수가 마치 눈앞에서 기량을 뽐내는 듯한 모습을 볼 수 있는 VR 생중계를 제공하였다. 이러한 실감형 미디어는 교육에서도 생생한 경험을 제공하는 주요 플랫폼이 될 수 있다.

특히 인간의 감각으로 직접 경험하기 어려운 거시세계나 미시세계에서 일어나는 자연현상을 가상현실로 개발할 수 있다. 지구과학 교과에서 태양계와 별자리 등의 우주세계를 가까이 관찰할 수 있도록 가상현실로 개발할 수 있다. 또한 원자, 분자 등의 물질을 구성하는 요소들이 주변 환경에 따라 어떻게 분리되고 결합하는지를 가상현실로 개발하여 관찰할 수 있다. 또한 세계사 교과에서 진나라 시황제가 만든 가상의 만리장성을 걸어 보면서 국경 지역의 오랑캐의 침략에 스트레스를 받았던 시황제의 마음을 이해할 수 있다.

이러한 실감형 미디어를 플랫폼으로 학습을 하면 텍스트 위주의 교과서로 지식을 이해하는 수준이 아닌, 생생한 경험을 통한 감정과 감성을 느낄 수 있는 학습을 실현할 수 있다. 그리고 학생들이 개인별 디바이스를 착용하고 경험하기 때문에 학교교육은 개인화된 학습 경험이 강조된 교육으로 바뀔 것이다.

또한 학생은 기술을 장착하고 개인화된 학습 경험을 하고 특정 기능을 수행하는 학습 에이전시(learning agency)로서의 역할이 강조된다. 이러한 학습자를 돕기 위해서 교수자는 학생들이 실감형 미디어에서 올바른 수행을 하고 있는지 개인별로 모니터링하는 역할을 수행하게 될 것이다.

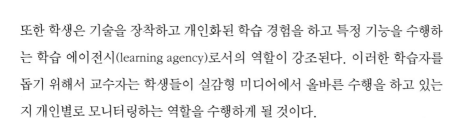

생각해 볼 문제

- 자신의 교과에서 실감형 미디어를 활용하여 효과적으로 교육할 수 있는 주제를 정해 보고 어떠한 기술과 디바이스를 활용하면 좋을지 생각해 보자.

3. 마이크로 러닝

1) 마이크로 러닝의 개념

마이크로 러닝(micro-learning)은 작은 규모의 학습으로 한입 크기의 학습(bite-sized learning)이라고도 불린다. 이는 학습자가 짧은 시간에 한 번에 이해할 수 있는 정도의 난이도와 분량을 의미한다. 대부분의 교육 콘텐츠가 디지털로 전환되어 코스로 개발되고 있는데, 이러한 콘텐츠가 스마트폰과 같은 모바일 플랫폼에서 학습되는 현상이 많아지면서 작은 규모의 학습에 대한 필요성이 대두되었다. 마이크로 러닝은 30초~10분 이내로 짧게 분절되어 있으면서도 각각이 작은 단위의 학습을 독립적으로 완성할 수 있는 콘텐츠를 설계하는 방식을 의미한다.

2) 마이크로 러닝의 특징

마이크로 러닝은 작은 규모이기 때문에 가지는 장점들이 있다. 먼저 콘텐츠가 짧고 세분화된 단위로 분절되어 있기 때문에 빠른 시간에 학습이 가능하다는 점과 독립적인 소규모 학습으로 활용될 수 있으면서 동시에 다양한 교육과정의 일부로 활용될 수 있다는 점이다. 또한 작은 규모의 학습 콘텐츠는 개발이 용이하기도 하며 다양한 매체와 플랫폼에서 활용이 가능하다(Hug, 2005).

마이크로 러닝의 특징을 학습자의 입장에서 보면 다음과 같다. 마이크로 러닝은 호흡이 긴 전통적인 학교교육보다는 빨리 배워서 바로 적용하여 수행과 업무 성과를 중시하는 직무교육에서 요구가 높다. 또한 스마트폰과 같은 모바일 기기를 통해 지식의 적용이 필요한 적시에 능동적으로 학습하는 현장 직무자들(deskless workers)에게 적합하다. 예를 들어, 영업 사원, 소매점 근로자, 운송업 종사자, 금융 및 보험 근로자들이다. 이들은 대체로 현장 경험을 통해 이미 선수 지식을 확보하고 있는 경우가 많으며 업무를 하면서 학습하는 경향이 높다. 그러므로 제한된 인지용량이론에 근거하여 학습부담을 감소시켜 짧은 시간에 집중해서 학습목표를 달성할 것을 요구한다.

마이크로 러닝의 특징을 교수설계자의 입장에서 보면 개발의 효율성을 생각해 볼 수 있다. 작은 규모로 콘텐츠를 개발하면 유지보수나 수정이 매우 용이하다. 또한 다른 콘텐츠와 융합이 용이한데, 이는 레고 블록이 작을수록 다른 블록들과 조합하여 만들 수 있는 작품이 다양해진다는 점을 생각해 보면 이해할 수 있다. 또한 지식의 라이프 사이클이 단축되면서 일부 지식은 불필요하거나 폐기될 필요가 있는데, 마이크로 러닝으로 개발한 콘텐츠는 폐기가 용이하다(김민정 외, K-MOOC, 미래를 위한 교수법).

3) 마이크로 러닝의 사례

마이크로 러닝으로 구현된 사례로 애리조나 주립대학교의 e-adviser가 있다. e-adviser는 AI 기반으로 적응적 학습을 제공하는 LMS로 학생이 어떤 콘텐츠 하나를 학습한 후 자신의 이해도를 입력하면 이해 정도에 따라 다음에 제시되는 콘텐츠가 학생마다 다르게 제시된다. 예를 들어, 국가여성참정권협회에 대한 콘텐츠를 학습한 학생이 자신의 이해도를 59%로 입력하면 다음으로 노예제도를 공식적으로 폐지한 조항인 「미국수정헌법」 제13조에 대한 학습 콘텐츠가 제시된다. 반면에 90%로 입력한 학생에게는 미국 내 흑인들의 임파워먼트와 정치적 성취에 대한 콘텐츠가 제시된다. 이처럼 학생의 이해 수준에 따른 적응적 학습이 제공되게 하려면 학습을 작은 단위로 나누어 마이크로 러닝으로 설계해야 한다.

마이크로 러닝의 또 다른 사례로 TED 강연이 있다. TED 강연을 만든 Richard Saul Wurman은 TED 강연을 18분으로 개발하기로 하고 이를 18분의 규칙, 18분의 마법이라고 하였다. 실제로 조회수가 가장 높은 영상 중 하나인 '일을 미루는 사람의 속마음'이라는 영상은 14분인데, 사람들은 미루기 습관에 대해서 이야기해 주는 강연자에게 14분간 완전히 몰두하여 보게 된다.

최근에는 MOOC도 마이크로 러닝으로 개발하고 있다. 미국의 edX 플랫폼에서는 보통 1~16분 사이의 영상 학습으로 구성하고 있으며, 영상 한 편당 평균 6분 19초 분량으로 개발되고 있다. 짧은 강의 영상을 학습한 후에 퀴즈를 풀고 읽기자료를 학습하고, 다시 강의 영상을 학습하고 읽기자료를 읽고 협력 과제를 하는 등의 순서로 계열화되어 있다. 또 다른 MOOC 플랫폼인 Udacity는 재직자들의 기술교육 콘텐츠를 서비스하는데, 강의 영상의 길이가 10초~10분 이내로, 평균 2분 분량으로 개발되고 있다. 최근에는 구독형 콘텐츠들이 많기 때문에 마이크로 러닝의 설계기법이 더 선호되고 있으며, 강의 영상의 길이는 점점 짧아지고 있는 추세이다.

HR 분야의 전문가인 Josh Bersin은 기업에서 직원의 경험이 가장 중요하다고 하였는데, 그는 '일의 흐름에서 배우기'라는 개념을 제시하였다. 그의 연구에 따르면 직원들은 너무 바쁘기 때문에 교육과 역량 개발에 자신의 근무시간의 1%만을 사용한다고 하였다. 그래서 업무의 흐름에서 학습을 지원하는 전략을 제안하였다(https://joshbersin.com). 이것은 마이크로 러닝보다도 더 미시적인 단위의 학습으로 업무인지 학습인지조차 구분이 모호한 상태까지도 가능한 설계라고 보인다.

생각해 볼 문제

• 마이크로 러닝의 우수 사례를 조사해서 공유해 보고, 마이크로 러닝이 적합한 주제와 적합하지 않은 주제에는 어떠한 것들이 있는지 생각해 보자.

눈 감고 하는 공부가 진짜 공부

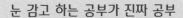

인간은 인지의 80%를 시각 정보로 처리한다. 눈을 뜨고 있으면 정보를 입력받느라 정신이 없다. 언어도 텍스트화해서 시각적으로 처리해 버린다. 인간이 눈을 뜨고 있는 한 외부세계에만 집중해 자신에게 결핍된 것을 주워 담느라 정신이 없다. 그런데 남의 것을 너무 많이 보면 내 것을 못 만든다. 반면에 눈을 감으면 외부 신호를 차단해 자신의 내면으로부터 오는 신호에 집중하게 된다.

그리고 그 안에서 자기만의 뭔가를 꺼내 보여 주고 싶어지는데, 그때 생기는 마음이 자신감이다. 눈을 자주 감으면 자기 것을 최고로 표현할 수 있는 자기 나름의 방식을 찾게 되는데, 이것이 창의성이다.

학습도 마찬가지이다. 정보의 입력보다 정보의 인출(표현)이 더 중요하다. 동일 내용을 반복적으로 읽고 외우는 것보다 한 번 공부하고 한 번 시험 보는 것이 더 효과적이다. 이것을 인출효과(또는 시험효과)라고 한다. 어느 정도 입력했으면 멈추고 장기기억에 잘 다듬어 넣어야 한다. 그리고 정보 인출 연습을 해야 한다. 더 이상 읽지도, 보지도, 듣지도 말고, 그냥 눈을 감고 방금 공부한 것을 말해 보면 된다. 수학도 말로 할 수 있다. "제 생각에는, 피타고라스 정리를 증명할 때 직각삼각형의 빗변을 한 변으로 하는 정사각형을 그려 붙이는 게 핵심인 것 같아요."

이때 예술하는 사람들처럼 감정을 같이 사용하면 좋다. 현상을 설명해 주고 싶을 때의 열망, 문제를 해결하고 싶은 답답함…… 설명될 때 환희와 희열…… 이런 것들을 눈을 감고 느끼며 공부하자. "피타고라스의 정리는 직각삼각형의 길이에 대한 것인데도 대부분 정사각형 넓이로 증명하네요. 신기해요!" 이 느낌을 아는 아이는 절대로 피타고라스 정리 증명을 잊어버리지 않는다. 너무 작위적인가? 그렇지 않다. 이 표현은 실제로 피타고라스 증명을 푼 학생 입에서 나온 말을 비슷하게 옮긴 것이다. 공부를 음미하면서 할 수 있다면 그것이 진짜 공부이다.

인공지능과 미래교육

이 장은 4차 산업혁명의 핵심 기술인 인공지능 기술과 그로 인한 사회와 교육의 변화를 알아보고 미래교육의 모습에 대해 생각해 보는 장이다. 먼저 산업혁명으로 인한 교육의 변화를 살펴보고, 인공지능 기술에 대한 이해, 인공지능이 교육에 활용된 사례들을 살펴보면서 기계가 인간의 지능을 대신하는 미래 사회에서 교육, 특별히 학교교육에서는 어떠한 준비가 필요한지에 대해 생각해 보고자 한다.

1. 산업혁명과 교육혁명

4차 산업혁명은 3차 산업혁명의 연장일 뿐이라고 주장하는 이들도 있다 (Rifkin, 2011). 그러나 4차 산업혁명을 주도하는 핵심 기술들이 급속도로 발전하고 있어서 이전의 산업혁명과는 완전히 새로운 차원의 혁명으로 생각된다.

그러므로 이러한 사회의 변화에 철저히 준비하여 미래 사회를 이끌어 갈 수 있어야 한다(Schwab, 2016).

1) 산업혁명의 역사

산업혁명이란 경제학자 Arnold J. Toynbee가 사용한 용어로, 기술의 혁신으로 인한 사회경제 구조의 변화를 일컫는 용어이다. 1차 산업혁명은 18세기 중엽부터 19세기 초 사이에 영국을 중심으로 증기기관이 개발되어 보급되면서 시작되었다. 증기기관은 인간의 육체노동의 부담을 줄여 주었으며, 이로 인해 산업의 기계화가 시작되었고, 광ㆍ공업이 발달하게 되었다. 2차 산업혁명은 20세기 초 전기의 발명과 보급으로 인해 공장에 컨베이어 시스템이 등장하고 대량 생산이 가능하게 되면서 시작되었다. 전화나 텔레비전과 같은 커뮤니케이션 기술을 발명한 미국이 2차 산업혁명을 주도하게 되었다. 3차 산업혁명은 1960년대에 컴퓨터와 인터넷의 발달로 인한 디지털 혁명이다. 이때 네트워크를 통한 지식정보 서비스를 통해 산업에 국경이 사라지게 되면서 구글, 애플, 아마존과 같은 거대한 글로벌 IT 기업이 3차 산업혁명을 주도하게 되었다.

표 12-1   1~4차 산업혁명

구분	1차	2차	3차	4차
기술	증기기관	전기	컴퓨터, 인터넷	사이버 물리 시스템
키워드	기계화	공업화	정보화	지능화
자원	자연자원	자본	데이터	지식
소유의 형태	소유	소유	개방	공유
일자리	단순 노동 대체	주요 노동 대체	단순 지식 대체	고급 지식 대체
삶의 공간	수평적 공간 확장	수직적 공간 확장	가상 공간	물리 공간+ 가상 공간

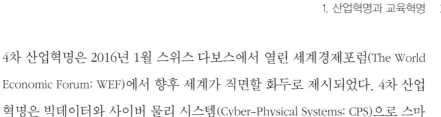

4차 산업혁명은 2016년 1월 스위스 다보스에서 열린 세계경제포럼(The World Economic Forum: WEF)에서 향후 세계가 직면할 화두로 제시되었다. 4차 산업혁명은 빅데이터와 사이버 물리 시스템(Cyber-Physical Systems: CPS)으로 스마트 제조를 가능하게 하였다. 이로 인해 산업구조는 사람, 사물, 공간을 지능적으로 연결하는 방식으로 변화하고 있다.

각 산업혁명의 주요 자원에 따라 소유 형태도 달라져 왔다. 1차와 2차 산업혁명의 주요 자원이었던 자연자원과 자본은 개인 또는 조직에 의해 배타적으로 소유되는 형태였다. 그러나 3차 산업혁명에서의 데이터는 대중에게 언제든지 개방되었다. 이때 더 많은 이가 찾는 데이터가 더 가치 있는 자원이 되었다. 4차 산업혁명에서는 개방을 넘어서 지식을 공동 소유하게 되었다. 이는 생산과 소비가 동시에 이루어지고 모든 것의 융합이 중요한 가치이므로, 더 많이 공유될수록 지식의 융합과 진화가 빨라지기 때문으로 보인다.

각 산업혁명을 거칠 때마다 인간의 노동의 형태가 달라지면서 대규모 실업이 발생됨과 동시에 새로운 형태의 일자리가 창출되었다. 최근 4차 산업혁명이 화두가 되면서도 미래에 사라질 직업들이 논의되었는데, 인공지능과 빅데이터 기술 등은 일반적으로 전문직이라고 불리는 고급 지식 노동자의 일자리도 대체 가능하다고 보고 있다.

삶의 공간의 측면에서 산업혁명을 살펴보면 다음과 같다. 1차와 2차 산업혁명은 오프라인의 물질 혁명이라고 볼 수 있다. 증기기관의 개발로 인간의 장거리 이동이 용이해졌으며 평면적인 삶의 공간이 확장되었다고 볼 수 있다. 전기 또한 컨베이어 벨트나 엘리베이터의 개발로 삶의 공간에 수직적 확장을 초래하였다. 반면에 3차 산업혁명에서는 가상의 온라인 공간이 새롭게 개발되었다. 이로 인해 새로운 삶의 공간이 인간에게 추가되었고, 인간의 삶의 공간은 더욱 확장되고 다채로워졌다. 이어지는 4차 산업혁명은 사물인터넷, 인공지능, 빅데이터 등의 기술로 인해 가상의 공간과 물리적 공간의 불연속성을 극복하게 되었다. 즉, 두 공간이 인간을 중심으로 연결되고 융합하게 되면서(KAIST

문술미래전략대학원, KCERN, 2017) 두 공간을 연결해 주는 새로운 형태의 서비스가 주요 산업 형태가 된 것이다.

2) 초연결 및 초지능의 미래사회

미래사회는 앞에서 살펴본 바와 같이 인공지능, 사물인터넷, 빅데이터 등의 지능정보 기술이 물리세계와 가상세계를 융합하여 인간을 중심으로 지능화된 서비스를 제공하는 사회가 될 것이다. Klaus Schwab은 4차 산업혁명을 "디지털 혁명인 3차 산업혁명에 기반을 두고 있으며, 기존의 디지털(digital), 물리적(physical), 생물학적인(biological) 영역의 경계가 사라지면서, 융합(fusion)되는 기술적인 혁명"이라고 정의하였다. 그는 4차 산업혁명의 속도, 범위, 체제에 대한 충격이 이전 산업혁명과는 확연히 다르며, 이전의 산업혁명들이 선형적 변화를 해 왔다면 4차 산업혁명은 차원이 다른 지각 변동 수준의 영향이 사회 전반에 있을 것이라고 하였다(Schwab, 2016).

이러한 사회의 변화를 통해 미래사회의 특징을 설명하는 많은 키워드가 있다. 이 중 가장 근본적인 특징인 연결과 지능에 대해 살펴보고자 한다.

첫째, 미래사회는 초연결(hyper-connectivity)을 지향한다. 하나의 대상은 네트워크에 의해 복잡하게 연결되어 있기 때문에 그 대상 하나만을 두고 정의하기 어렵다. 즉, 한 개인 또는 한 사물에게 하나의 자극이 주어지면 그 당시 그와 복잡하게 연결된 모든 대상(node)이 직·간접적으로 같이 반응하기 때문에 그러한 모든 반응을 총체적으로 고려하여야만 그 대상을 명확하게 정의하고 특징지을 수 있게 된다. 즉, 물리세계와 가상세계가 연결되고 사물인터넷 기술로 모든 개체(object)는 연결되어 복잡계가 심화되는 특징이 있다.

둘째, 미래사회는 초지능(super-intelligence)을 지향한다. 인공지능이 개발되고 로봇이나 일반 사물에도 지능이 심어지게 되면 개인의 의사결정과 판단력의 정확도를 넘어선 지능사회가 된다. Nick Bostrom은 향후 한 세기 안에 기계의 지능이 인간의 지능을 능가할 확률이 높다고 하였다. 인간의 지능과 기계의 지능이 같은가에 대해서는 논란의 여지가 있기 때문에 두 지능을 단순히 비교하기는 어렵다. 그럼에도 불구하고 빅데이터에 기반한 현상의 패턴 분석과 미래 예측력은 매우 강력하다고 볼 수 있다. 또한 기계가 사람처럼 생각하고 배울 수 있도록 하는 기술인 '딥러닝(Deep Learning)'이 비약적으로 발전하게 되면서 '사물의 지능화'가 보편화될 것으로 보인다. 또한 사물과 사물, 사물과 인간의 연결을 통해 고도의 지능화된 생활이 가능할 것이다.

초연결과 초지능은 융합과 공유를 통해 가능해지며, 현실과 가상을 잇는 고부가 가치를 창출하는 선순환 사이클을 만들게 된다. 즉, 기존의 사물에 센서를 내장하여 빅데이터를 수집하고, 데이터가 수집되는 시점과 동시에 인공지능으로 분석되어 미래를 예측하고 최적의 상태를 찾아내어 다시 사물에 정보를 보내게 된다. 이러한 사이클은 실시간으로 이루어지게 되어 그 사물은 현실에서 더 큰 부가가치를 창출하게 한다.

2. 인공지능의 이해

4차 산업혁명의 핵심 기술로 언급되는 다양한 키워드가 있다. 인공지능, 로봇, 빅데이터, 생명과학, 뇌과학, 재생에너지, 사물인터넷(IoT), O2O(Online to Offline) 등이 그것이다. 이 중 미래교육에 가장 영향을 미칠 것으로 예상되는 기술인 인공지능에 대해서 살펴보고자 한다.

1) 지능의 개념 변화

인공지능을 이해하기 위해서는 먼저 지능의 개념을 정리하는 것이 필요하다. 지능은 지적 능력으로, 현재는 모든 인간에게 지능이 있다고 여겨진다. 그러나 근대 이전의 지능은 초월적 존재가 세계를 인식하는 방식이라고 여겨졌으며 형이상학적 원리를 이해하는 지적 능력을 의미하였다. 그리스 로마 신화를 보면 사람들이 신과 같이 지능적 존재가 되고 싶어 해서 신적 지능을 가진 존재를 만들고자 했다는 것을 알 수 있다. 헤파이토스는 대장장이였는데, 금으로 만든 여성 조수인 퀴베르네테스(Cybernetes, steersman)를 만들어 자신의 대장장이 일을 돕도록 하였다. 퀴베르네테스에는 키잡이가 내장되어 있어서 스스로 판단하고 움직일 수 있었다.

1948년 Norbert Wiener가 자신이 연구하는 인공두뇌학 분야의 이름을 퀴베르네테스의 이름을 따 사이버네틱스(Cybernetics)라고 부르게 되었다. 이때부터 사이버(cyber)라는 용어가 보편적으로 사용되었다. 이처럼 근대 이전에는 지능이 인간 보편적인 특성이 아니라 특별히 신과 가까운 사람들에게만 있는 능력으로 생각되었다.

그러나 근대 이후 경험과학이 발달하면서 인간이 감각적으로 경험 가능한 형이하학적 의미의 지능이 사용되었다. 현실세계를 인식하는 기능인 이해(understanding)가 지능의 개념으로 번역된 것이다. 이에 따라 언어, 수리, 공간 인지 능력 등을 포함한 지능검사 도구를 개발하였고, 이때부터 개인의 지능을 측정하게 되었다. 지능을 의미하는 intelligence라는 단어는 내부, 사이라는 의미의 inter와 눈으로 읽다, 포착하다라는 의미의 legere를 합친 말로 행간을 읽다, 사이에서 선택하다, 분별하다는 의미가 있다. 근대 이후 지능의 의미가 어떤 것을 지각하고 이해하고 학습하고 추론하는 등의 개념으로 바뀌면서 지능이 인간뿐만 아니라 기계에도 있을 수 있다는 생각을 하게 되었다고 볼 수 있다(김보경, 2018). 이러한 지능의 개념 변화가 인공지능을 탄생시킨 배경 중 하나라고 볼 수 있다.

2) 인공지능의 역사

　인공지능(Artificial Intelligence: AI)이란 인간의 지능으로 수행되는 지각, 추론, 이해 등을 컴퓨터 프로그래밍으로 구현하는 기술로, 컴퓨터가 인간의 지능적인 행동의 일부를 모방할 수 있도록 하는 것을 말한다. 인공지능은 1940년대부터 그 개념적 모델링이 시작되었다. 이후 1956년 John McCarthy가 다트머스 회의에서 인공지능이라는 용어를 처음 사용하게 되면서 하나의 학문 분야로 자리 잡게 되었다. 이후 인공지능은 1970년대까지 빠른 속도로 발전하였으며, 자연어 처리와 같은 성공적인 프로그램들이 개발되면서 황금기를 보냈다. 그러나 당시 컴퓨터의 성능이 낮았기 때문에 복잡한 문제해결에 거듭 실패하면서 인공지능에 대한 연구 지원이 줄어들게 되었다. 인공지능 관련 시장이 무너지면서 인공지능의 암흑기가 1990년대 초반까지 이어졌다. 1990년대 후반부터 컴퓨터가 대중화되면서 다양한 데이터가 축적되었는데, 이를 빠르게 분석해 주는 논리 알고리즘이 개선되어 스스로 학습하는 기계학습(Machine Learning)의 형태로 발전하였다. 이후 인간의 뇌구조를 모방하여 사람처럼 생각하고 배

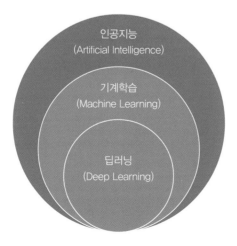

[그림 12-1] 인공지능, 기계학습, 딥러닝

울 수 있는 딥러닝의 성능이 비약적으로 발전하면서 인공지능은 다시 황금기를 보내고 있다. 최근 대중들에게 공개된 생성형 인공지능(Generative Artificial Intelligence)이 대표적인 딥러닝의 예이다.

3) 인공지능의 분류

인공지능은 다양한 기준으로 분류할 수 있는데, 여기서는 인공지능 기술의 지능적 능력의 범위와 수준에 따라 구분하고자 한다.

첫째, 약인공지능(Weak AI)은 특정 분야에 한정된 지적 업무만을 수행하는 인공지능을 말한다. 바둑, 법률, 교육, 의학, 주식, 자동차 주행 등에서 이미 적극적으로 활용되고 있다. 알파고, 알파로, 로봇 청소기, 자동번역기 등이 그 예이다. 구글에서 개발한 AI 의사가 유방암 진단 분야에서는 이미 인간 전문의를 앞서고 있다.

둘째, 강인공지능(Strong AI)이 있다. 이는 인간과 비슷한 수준의 지적 능력을 가진 인공지능으로 인간과 유사한 판단을 할 수 있는 인공지능이다. 인간은 아무리 자신이 의사, 변호사, 금융가와 같은 특정 분야의 전문가라고 하더라도 어떤 판단을 할 때 일반적인 영역의 지적 능력을 모두 사용한다. 그러한 일반 지능을 표방한 인공지능을 AGI(Artificial General Intelligence)라고 한다. IBM에서 만든 Watson이 대표적인 예로, 주로 의학, 금융, 방송, 교육에 범용적으로 사용된다. 어떤 분야의 시스템이든지 Watson을 연동하여 사용할 수 있다.

셋째, 초인공지능(Super AI)이다. 인간의 지능을 초월한 인공지능으로 이것이 출현할 수 있을지에 대한 의견은 엇갈리고 있다. Ray Kurzweil은 2045년에 인공지능이 비약적으로 발전하여 인간의 능력을 넘어설 것으로 예측하고, 이를 기술적 특이점(Technological Singularity: TS)의 도래라고 하였다. 특이점이란 보통 특정 물리량들이 정의되지 않거나 무한대가 되는 공간을 의미하는데, 함수에서 미분 가능하지 않거나 함숫값이 정의되지 않을 때, 블랙홀의 중심,

빅뱅우주의 최초점 등과 같이 기존의 해석이 적용되지 않는 지점을 특이점이라고 부른다. 특이점이 도래하면 인공지능이 인간을 지배하거나 반대로 인간이 인공지능의 도움을 받아 삶의 질이 높아질 것이라는 예측을 하고 있다. 한 가지 공통된 관점은 특이점 이후 인간의 삶은 완전히 다른 방식으로 변화되며 이전 방식으로 되돌아가지 않는다는 것이다.

3. 교육용 인공지능

인공지능과 로봇 기술의 발달로 인간 교사를 대신한 인공지능 교사가 출현하고 있다. 디지털 교과서나 학습관리 시스템에도 인공지능기술을 접목하고 있다. 여기에서는 특정 분야의 교육을 위해서 개발된 인공지능의 예를 살펴보고자 한다.

1) 매시아

수학에 인공지능을 적용한 예로 매시아(MATHia)가 있다. 미국 카네기 멜론 대학교 AI 연구진들이 문항반응이론과 인지모델링 방법을 기반으로 20여 년간 연구하여 카네기 러닝(Carnegi Learning)사에서 개발한 인공지능 튜터이다.

문항반응이론이란 학생이 문제에 응답한 데이터를 분석하여 학생의 인지능력, 인지기술, 지식, 태도, 인격적 특성까지도 예측할 수 있다는 검사이론이다. 매시아는 문항반응이론을 통해 개별 학생의 수학 능력, 수학지식, 수학태도 등을 파악하고 그에 맞도록 지도하는 AI 튜터이다. 학생이 취약한 부분에서 자주 실수를 하면 거기에서 해당 학생에게 최적화된 1:1 맞춤형 조언을 적시 피드백(just-in-time feedback)하여 실수를 통해 다시 생각하는 인지훈련을 하도록 유도한다.

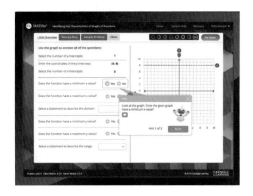

[그림 12-2] 매시아

출처: https://www.carnegielearning.com/solutions/math/mathia

또한 학생에게 조언을 할 때 맥락에 맞는 힌트(contextual hints)를 제공하는데, 매시아가 학생이 실수한 영역의 수학 지식뿐만 아니라 학생이 학습한 과정을 모두 정밀하게 분석하고 있기 때문에 맥락적 힌트 제공이 가능하다. 만일 1명의 수학 교사가 25명의 학생을 대상으로 매시아를 활용한 수학 수업을 진행하게 된다면 교실에는 25명의 매시아 튜터가 학생들을 1:1로 도와주고 있다고 볼 수 있다.

2) 마일로

자폐 아동을 위한 인공지능 로봇 교사로 마일로(Milo)가 있다. 마일로는 자폐아동 치료에 대해 오랫동안 연구해 온 텍사스 주립대학교 Robots4Autism팀이 개발하였다. 자폐 아동의 특성상 교사는 동일한 수행을 반복적으로 가르쳐야 한다. 그러나 자폐 아동은 사회성이 부족하기 때문에 인간 교사와 소통이 잘 안 되는 경향이 있다.

마일로는 보통 사람보다 이목구비가 크고 단순하게 디자인되어 있으며, 20%가량 느리게 말하도록 설계되어 있다. 마일로가 말하는 단어의 이미지가

가슴에 위치한 화면에 제시되어 언어 능력을 훈련하는 데도 도움이 된다. 이는
자폐아의 교육에 효과적이며 지속적인 반복과 소통을 훈련시키는 데 용이하
다. 실제로 자폐 아동이 마일로와 대화하면서 타인의 감정을 알아차리는 능력
이 향상되었다는 연구 결과가 있다.

[그림 12-3] 마일로

출처: https://www.robokind.com/impact-reports

3) 왓슨

인공지능이 대학 교육에 활용된 한 가지 사례로 왓슨(Watson)이 있다. 조지
아 공과대학교의 인공지능 조교인 Jill Watson은 IBM의 왓슨(Watson) 플랫폼
에 기반하고 있다. 자연어 처리, 데이터 분석, 학습 기술 등을 탑재하고 있으
며, 온라인 교과와 관련된 정보를 학습시키고, 학생들의 질문에 답을 제공하는
조교로 활동하고 있다. 수업을 담당하였던 Ashok Goel 교수는 수업에 참여한
학생 모두가 Jill Watson이 사람이 아니라는 것을 알아차리지 못하였다고 하였
다. 왜냐하면 Jill Watson이 다양한 유머를 구사하면서 조교활동을 하였기 때
문이었다.

4) 알렉스

알렉스(Assessment and LEarning in Knowledge Spaces: ALEKS)는 미국 McGrawHill Education사에서 AI 기반 적응형 평가/학습 시스템으로 개발한 제품이다. 알렉스는 학습데이터와 분석 알고리즘을 사용하여 학생과 교사에게 최적의 맞춤형 학습경로를 제공하는 것을 목표로 한다. 기계학습 기법과 적응형 학습기법을 적용하여 개발하였으며, 수학, 화학, 통계, 회계학 분야를 중심으로 서비스하고 있다. 각 과목에서 코스를 아주 작은 주제로 세분화한 뒤 학생에게 개별적인 학습경로와 콘텐츠를 제공하여 학생의 성취를 높인 사례가 매우 많다(https://www.aleks.com).

이 외에도 일본에서 중학교 영어 학습을 위해 개발된 AI 로봇 교사 뮤지오(Musio)가 있으며, 실제로 영국 초등학교에 부임하여 수학을 가르치는 AI 교사 써드 스페이스 러닝(Third Space Learning) 등이 있다.

4. 교육에서의 인공지능

교육에서의 인공지능(Artificial Intelligence in Education: AIED)을 효과적으로 활용하기 위해서는 기계학습과 인간학습의 차이, 윤리적 문제, 학교교육에서 인공지능을 수용하는 관점과 주력해야 하는 교육에 대해서 이해할 필요가 있다.

1) 기계학습과 인간학습

기계학습과 인간학습의 가장 큰 차이점은 기계는 대상에 대한 어떤 것을 학습하는 반면(learn something about something), 인간은 대상 그 자체를 학습한다(learn something)는 것이다. 즉, 기계는 어떤 대상에 대해 디지털로 코딩된 정보들을 학습하지만, 인간은 디지털로 코딩되지 않는 그 무엇까지 포함하여 대상 그 자체를 느끼고 알게 된다는 것이다. 즉, 기계가 학습하여 아는 것과 인간이 아는 것은 다르다는 것이다. 히브리어에서 '알다'를 의미하는 단어로 'Yadah'가 있다. 단순히 정보를 읽고 들어서 아는 것이 아니라 대상과의 경험을 공유하고 그 대상을 체험하여 아는 관계적인 앎을 말한다. 유사하게 '보다'를 의미하는 히브리어 단어 'Raah'도 마찬가지이다. 생물학적 눈으로 보고 아는 것이 아니라 이전과는 다른 눈빛, 감정, 목적 또는 의도를 가지고 보는 것을 말한다. 이러한 앎과 봄은 기계학습에서는 하기 어려운 것이며 인간만이 가능한 것이다.

계산, 논리 또는 추론과 같은 지능은 인공지능이 우월할 수 있으나 정의감, 인류애와 같은 가치를 실현하기 위해 인간의 보편적 감정을 가지고 판단하는 것은 인간만이 해야 할 일이다. 의사의 진단과 판사의 판결과 비교할 때, 인공지능이 정확성에서는 보다 더 신뢰할 수 있다. 그러나 수백 년에 걸친 철학적·윤리적 바탕은 인공지능의 데이터 분석만으로 얻을 수 없다. 예를 들어, 환자나 의뢰인과의 만남에서 그들의 고통을 공감하며 그들의 건강과 행복을 기원하는 마음으로 환자와 의뢰인의 감정을 읽어 내는 능력을 갖춘 의사는 인공지능이 대체할 수 없다. 또한 의뢰인이 처한 어려운 상황을 공감하며 법질서와 정의를 세우기 위해 노력하는 법률 전문가도 인간이 할 수밖에 없다.

그러므로 인간의 학습과 기계의 학습은 분명 다르다는 것을 인정하고 그것이 어떠한 차이가 있는지를 밝혀야 한다. 그리고 기계가 할 수 없는 일들이 미래 사회에서 큰 가치를 발휘할 것이다. 가치 있는 그것이 무엇인지 밝히고 가르치는 것이 미래교육을 준비하는 교사들이 해야 할 일이라고 볼 수 있다.

2) 인공지능과 윤리

인공지능 기술은 우리의 삶의 형태와 문화 일반을 바꿀 기술로 인식되나 동시에 윤리적인 문제도 동반하고 있다. 인공지능 기술은 이미 사무직이나 지식 노동자들의 일자리를 대체하고 있다. 예를 들어, AI 의사가 인간 의사보다 질병에 대해 더 정확하게 진단할 수 있고, AI 판사가 인간 판사보다 더 많은 판례를 짧은 시간에 검토할 수 있다. 그러나 인공지능의 오작동 또는 판단 오류에 대해 누가 책임을 질 것인가는 상당한 법률적 · 윤리적 고려가 필요하다. 테슬라의 사장 Elon Musk와 Bill Gates, Stephen Hawking, Stuart Russell 교수 등은 인공지능의 오작동으로 인해 인류에게 위험을 주지 않도록 자동복구 안전장치 제어시스템을 개발해야 한다고 발표하였다(Open Letter on AI, 2015). 실제로 자율주행 모드로 달리던 자동차가 강한 햇빛 때문에 센서가 오작동을 하여 대형 트레일러와 충돌하면서 운전자가 사망하는 사건이 발생한 적이 있다(법률신문, 2023. 11. 20.). 이때 책임은 누구에게 있는지에 대해서 법률적 · 윤리적 의견이 아직 명확하게 정리되고 있지 못한 실정이다.

3) 인공지능과 학교교육

지금까지 기술이란 인간과 인간 사이를 매개하면서 상호작용성이 높아지는 형태로 발전되어 왔다. 종이와 펜 그리고 우편통신으로 서로 상호작용하던 시대에서 이제는 사고하는 순간과 동시에 사고의 내용을 누군가와 상호작용할 수 있는 시대가 될 정도로 기술이 발전하였다. 그러나 이러한 기술발전의 흐름에서 인공지능은 조금 다른 기류로 이해될 수 있다. 일반적으로 도구는 주체와 객체를 매개하는 것으로, 인간의 상호작용을 매개하고 돕는 일을 한다(Engeström, 1987). 그러나 인공지능에 의해 인간과 인간이 상호작용하는 것이 아닌 인간과 도구(기술)가 상호작용하는 시대가 열린 것이다. 이것은 도구가

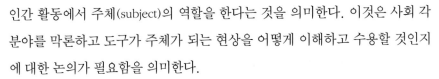

인간 활동에서 주체(subject)의 역할을 한다는 것을 의미한다. 이것은 사회 각 분야를 막론하고 도구가 주체가 되는 현상을 어떻게 이해하고 수용할 것인지에 대한 논의가 필요함을 의미한다.

인공지능이 사회적 화두가 되기 전부터 교육부에서는 지식 기반 사회의 인재상의 변화로 창의인성교육을 강조하기 시작하였다. 즉, 국가 경쟁력은 곧 인성이 뒷받침된 창의적 인재의 경쟁력이라는 것이다. 이러한 창의인성에 관한 담론은 교육에서 무엇을 아는 '지식'이 아닌 무엇을 할 수 있는 '역량(competency)' 중심 교육과정을 운영하는 데 영향을 미치게 되었다. 이러한 역량 중심 교육을 강조하고 있던 가운데 인공지능이 화두가 되면서 교육에서는 세 가지 입장을 보이고 있다.

첫째는 인공지능을 교육의 방법이나 환경으로 활용하고자 하는 적극적 입장이다. 예를 들어, 인공지능이 학생의 학습을 1:1 맞춤형 관리를 해 주거나 학습 멘토링을 해 줄 수 있으며, 교사를 대신하여 교육을 직접적으로 실행하는 역할도 가능하다는 것이다(Woolf, 2009; Woolf et al., 2013).

둘째는 인공지능 시대에 교육이 해야 할 일이 무엇인가를 고민하는 소극적 입장이다. 즉, 인공지능이 언어, 추론, 기획, 수리 등에서 인간보다 뛰어나다면 인간은 인공지능이 적용될 수 없는 영역인 감정적 · 정서적 · 창의적 능력을 더 계발하여야 한다는 입장이다. 그러나 인공지능이란 기술이며, 기술은 인류 역사 이래 퇴보한 적이 한순간도 없다는 점에서 적극적 입장의 공격을 받기도 한다.

셋째는 전통적인 교육에서 강조했던 3R 교육이 인공지능 시대에서도 여전히 중요하므로 교육의 내용이 크게 바뀌지 않아도 된다고 주장하는 배타적 입장이다. 인공지능에 관련된 논쟁이나 규제를 하기 위해서는 사고훈련이 되어 있는 인간이 필요하다(O'Connor, 2016). 태어날 때부터 인공지능의 맞춤형 도움을 받아 독립된 인지기술을 훈련할 기회가 없는 세대는 인공지능의 통제 속에 살게 될 것이다. 그러므로 인공지능 시대가 도래하여도 교육의 방법과 형식은 달라질 수 있으나 교육의 핵심적 내용은 달라지지 않아야 한다는 점이다.

이러한 세 가지 다른 관점에서 한 가지 공통된 것은 교육에서 인간을 배제할 수 없다는 점이다. 즉, 인공지능이 교육을 해 줄 수는 있으나, 교육을 받는 것도 인간이며, 인공지능이 할 수 없는 영역이 무엇인지를 고민하는 것도 인간이며, 인공지능에 관련된 논쟁이나 규제도 인간이 한다는 것이다. 그러므로 인공지능이 발달할수록 인간의 능력과 역량은 더 개발되어야 한다. 이를 위해서는 공동체를 형성하고 그 안에서 서로 대면하면서 긍정적 관계를 맺으며 살아가는 공동체 역량을 강화하는 것이 더욱 중요하다.

이를 뒷받침하는 이론으로 매체풍부성이론(media richness theory)이 있다. 매체풍부성이론이란 조직의 성공적 경영을 위해서 해당 조직체 내에서 유통되는 정보의 불명확성과 애매성을 감소시켜 정보의 성격에 맞는 정도의 풍부성을 갖춘 매체를 이용해야 한다는 것이다(Daft & Lengel, 1984). 다양한 매체 중에서 면대면 상황(face to face context)은 즉각적인 피드백이 가능하고 개인의 언어적 또는 비언어적 반응에 초점을 맞춘 상호작용이 가능하다는 점에 비추어 다른 매체들에 비해서 가장 풍부성이 높은 매체라고 볼 수 있다(Lee, Lim, & Kim, 2014: 4). 이러한 측면에서 볼 때 인간이 개발할 수 있는 기술 중 가장 풍부하여 인공지능을 능가할 수 있는 것은 바로 사람과 사람이 직접 만나서 하는 그 무엇이라고 하겠다.

4) 미래역량

미래사회에서는 교사들의 역할 중 상당 부분이 기술에 위임된다. 그렇다면 우리는 수업을 통해 학생들에게 어떠한 능력을 길러 주어야 하는가에 대한 고민이 생긴다. 사회의 변화에 능동적으로 대처하고 이끌어 나가기 위해서 교사는 교실이라는 제한된 공간에서 학생들에게 가장 쉽게 노출될 수 있고, 의미 있는 경험을 하게 하는 것이 중요하다.

경제협력개발기구(OECD)에서는 1998년부터 2002년 사이에 DeSeCo (Defining and Selecting Key Competencies) 프로젝트를 실행하였다. 그리고 단순히 직업교육에서의 능력이 아니라 인간의 보편적 삶의 질을 높일 수 있는 능력인 역량을 선정하여 제시하였다. 이 역량은 자율적으로 행동하기(acting autonomously), 도구를 상호적으로 활용하기(using tools interactively), 사회적 이질집단에서 상호작용하기(functioning in heterogenous groups)이다. 그리고 세 가지 카테고리에 각각 세 가지 역량을 정의하였다. 예를 들어, 언어, 상징, 문자를 상호적으로 사용하는 능력, 타인과 원만한 관계를 맺을 수 있는 능력 등이 있다(OECD, 2005). OECD에서 정의된 역량이 지향하는 것은 결국 개인적·독단적인 방법이 아닌 '상호적인' 방식으로 '문제를 해결하는 능력'으로 볼 수 있다.

이후 2018년에 발표된 'OECD 교육 2030: 미래교육과 역량'에서는 변화무쌍한 사회에서 개인과 사회의 웰빙이 교육의 목적이 된다. 이를 위해서는 변혁적 역량(transformative competencies)인 새로운 가치 창조하기(creating new value), 긴장과 딜레마에 대처하기(reconciling tensions & dilemmas), 책임감 갖기(taking responsibility) 역량을 키워야 한다. 또한 학생은 수동적인 학습자가 아니라 능동적으로 학습행동을 이끌어 가는 행위주체성(student agency)을 가져야 한다. 이러한 학습 프레임워크를 OECD에서는 학습 나침반(Learning Compass)이라고 표현하고 있다. 학생이 하나의 정답이 아니라 방향을 찾도록 돕는 나침반의 역할을 강조하기 위한 것으로 보인다. OECD 교육 2030의 특징 중 하나는 행위주체자로서의 학생이 가운데에 존재하며, 그 주변의 교사, 학부모, 지역사회, 또래와 상호작용하는 것이 중요하다(OECD, 2018).

5) 질문하는 인간, 대답하는 AI

상호작용의 시작은 타인과 대화하는 것이며, 그 시작은 '질문'하는 것이다.

질문은 대화를 시작하게 하고 지속하게 한다(Burbules, 1993). 질문하고 대답하는 것을 반복하는 것이 대화이므로 질문은 대화를 이끌어 가는 역할을 한다(김수란, 2014). 특히 학습에서 질문은 교육적인 대화를 이끌어 갈 수 있는 역할을 한다. 학습자의 질문은 학습의 능동성과 주체성을 가지게 하며 이해를 점검하는 중요한 인지전략이다.

실제로 교육용으로 개발되지 않았으나 교육에서 활발하게 사용되고 있는 구글의 Bard와 Open AI사의 ChatGPT는 생성형 인공지능으로 기본적으로 대화형 챗봇의 형태를 띠는데, 이때 인간에게 필요한 능력은 질문하는 능력이다. 어떠한 질문을 하는가에 따라 생성형 AI의 반응은 상당히 다르다.

질문은 인공지능이 흉내 내기 어려운 고차적·통합적 사고를 할 수 있는 훈련의 가장 기본이라고 볼 수 있다. 오세욱(2017)은 인공지능 시대에 인류에게 필요한 것은 '질문'과 '탐구'라고 하였다. 그리고 인공지능의 창작 사례들을 볼 때, 인간 고유의 정신을 이해했다고 보기는 어려우며, 어떠한 질문이나 지시에 대하여 대답한 것으로 볼 수 있다고 하였다. 즉, 인간은 질문하며, 인공지능은 대답하는 것으로 볼 수 있다.

그러나 한국과 같은 유교적 문화에서는 교실에서 교수자에게 적절하지 못한 질문을 하는 것은 수치심을 동반하기도 한다. 질문을 하기 위해서는 적절한 언어적 표현을 해야 하며(양미경, 2007; Graesser & McMahen, 1993; van der Meij, 1994), 자신의 지식 수준이 노출되기도 하며(Miyake & Norman, 1979), 수업의 흐름을 중단시키기도 한다. 학생은 적절하지 않은 질문을 하는 것은 아닌지 또는 낮은 수준의 질문을 하는 것은 아닌지 등을 생각하며 주변 시선을 의식하게 된다(Karabenick & Knapp, 1991; Karabenick & Sharma, 1994; van der Meij, 1988).

이와 같이 질문을 저해하는 우리의 수업 분위기는 빨리 개선되어야 할 것이다. 인간은 질문하며 기계는 대답한다. 교사가 미래교육을 준비하는 간단하면서도 곧바로 실행할 수 있는 방법 중 하나는 학생에게 질문을 많이 하게 하고, 학생으로부터 질문을 많이 받는 것이다. 즉, 학생들이 궁금한 것이 생기면 주저하지 않고 질문할 수 있는 심리적 안전지대를 만들어 주는 것이 미래를 준비하는 교사가 해야 할 일이다.

전숙경(2016)은 초연결 시대에 교사는 지식과 접속하는 능력을 가르쳐야 한다고 제안하였다. 즉, 앞으로 교사는 자신이 가르치는 분야의 수많은 지식 중에서 학습자가 몸에 지녀야 할 지식과 외부 저장공간에 저장해도 될 지식을 구분할 수 있어야 한다. 그리고 수업에서 학생들이 자신의 지식과 외부 지식을 광범위하고 촘촘하게 연결 지으며 새로운 지식과 의미를 창출해 내는 연습을 하도록 도와야 한다. 그리고 의미 있고 가치 있는 연결은 자동적으로 되지 않으며 누군가의 도움을 필요로 하기에 교사는 그러한 연결자의 역할을 해야 한다. 이러한 연결은 질문으로부터 시작되며 질문은 감정과 직관과 함께 인간에게 특별히 부여된 본성이라고 볼 수 있다. 질문은 학습자의 호기심과 욕구를 충족시키며 학습을 자발적으로 시작하게 한다. 호기심과 욕구의 충족을 경험한 학습자는 더 강력한 학습욕구가 생성되며 학습의 자발성과 능동성을 높인다(김보경, 2018). 이러한 자발성과 능동성은 지식의 폭발적 증가, 사회의 급격한 변화에서도 적극적이고 유연하게 적응할 수 있는 역량을 키워 줄 수 있다.

생각해 볼 문제

• 인간의 지능과 기계의 지능에는 어떠한 차이가 있을지 생각해 보자. 또한 기계가 모사할 수 없는 인간의 독특한 지적 작용에는 어떠한 것이 있는지 생각해 보자.

• 교실에서 질문하지 않은 많은 이유를 생각해 보고, 이를 학습자 내적 요인과 외적 요인으로 구분해 보자.

• 탐구할 주제를 정하고 생성형 AI에서 질문한 결과를 동료와 비교해 보자. 어떻게 질문하는 것이 AI의 기능을 강력하게 사용할 수 있을지 토론하여 보자.

스타트업의 천국, 이스라엘

이스라엘은 전 세계 AI 산업 점유율 3위이다. 앞서 말한 거대 글로벌 플랫폼 기업의 기술연구소 대부분은 이스라엘에 있다. 겉으로 보면 미국의 실리콘밸리 라벨이 붙어 있지만, 속을 열어 보면 핵심기술은 다 이스라엘 것이다. 이스라엘은 자동차 제조기업이 단 1개도 없다. 그 대신 자율주행 자동차 핵심부품과 솔루션 공급 스타트업이 500개 이상 된다.

자동차 생산비용에서 소프트웨어가 차지하는 비율이 이미 절반을 넘겼다는 것을 아는가? 우리는 자동차를 구입할 때 차체보다는 차를 구동하는 소프트웨어 프로그램에 더 많은 돈을 지불하고 있다. 이는 자율주행 자동차가 보편화되면 그 비율이 훨씬 더 높아질 것으로 예상된다.

이스라엘의 MIT라고 불리는 테크니온 공과대학교는 이러한 기술의 보고이다. 테크니온 공과대학교의 교육과정에서는 최신 공학 기술만 가르치지 않는다. 각종 고전에서 다루는 딜레마적 주제로 토론하고 논쟁하게 한다.

AI에 대체될지도 모르는 시대를 살아갈 우리들이 해야 할 일은 질문하는 것이다. 이상한 질문을 해도 조금 틀린 질문을 해도 괜찮다고 좀 해 주자. 궁금한 것이 있어야 도전하고 개척하고 열정적으로 토론하며 스타트업을 한다. 방향만 옳다면 서툴러도 괜찮고, 더디어도 괜찮다. 하지만 지금 학교와 학원, 각종 교육 프로그램의 내용과 방법이 우리 아이들의 잠재력에 시동(스타트업)을 걸어 주는지, 걸린 시동까지 꺼 버리는 것은 아닌지, 가르치는 사명을 감당하고 있는 이들은 한 번쯤 멈추고 확인해 볼 일이다.

참고문헌

강대일, 정창규(2018). 과정중심평가란 무엇인가. 서울: 에듀니티.

강명희, 김나연, 김민정, 김지윤, 임현진(2011). 사이버대학생이 인식하는 교수실재감, 학습실재감, 학습성과 간의 구조적 관계 규명. 교육정보미디어연구, 17(2), 153-176.

강이철(2009). 교육방법 및 공학의 이론과 적용. 서울: 학지사.

강인애, 임병노, 박정영(2012). '스마트 러닝'의 개념화와 교수학습전략 탐색: 대학에서의 활용을 중심으로. 교육방법연구, 24(2), 283-303.

교육부(2010. 1.). 창의인성교육 기본 방안.

교육부(2011). 스마트교육 추진전략 실행계획.

교육부(2015). 2015개정교육과정총론.

교육부(2022). 2022년도 교원자격검정실무편람.

교육부(2023a). 모두를 위한 맞춤 교육의 실현 디지털 기반 교육혁신 방안.

교육부(2023b). 2023년도 교육정보화 시행계획.

권성호(2011). 교육공학의 탐구(제3판). 경기: 양서원.

권형규(2014). 뇌 기반 인터넷 원격교육. 경기: 교육과학사.

김보경(2008). 교수기술 향상을 위한 수업시뮬레이션의 개발. 한국교원대학교 대학원 박사학위논문.

김보경(2014). 교직수업을 위한 역진행 수업모형 개발. 교육종합연구, 12(2), 25-56.

김보경(2016). 유대인 하브루타 학습의 이해와 정착을 위한 과제. 신앙과 학문, 21(1), 81-115.

김보경(2018). 영성교육 도입 통로로서 직관의 이해. 신앙과 학문, 23(2), 29-64.

김보경(2018). 직관적 사고의 교육적 의의와 교수설계에의 시사점. 교육공학연구, 34(3), 617-648.

김선(2003). 포트폴리오 평가와 의학교육에의 적용. 한국의학교육, 15(2), 73-81.

김수란(2014). 학습자 내적 질문저해요인과 실제 질문과의 관계에서 교수자 긍정적 지지의 조절효과. 교육방법연구, 27(2), 195-210.

김승호(2015). 생각의 비밀. 서울: 황금사자.

김영균(2011). 강의법에 길을 묻다. 서울: 상상채널.

김유미(2009). 두뇌를 알고 가르치자. 서울: 학지사.

김지심, 강명희(2010). 기업 이러닝에서 학습자가 인식한 교수실재감과 학습실재감, 학습효과의 구조적 관계 규명. 아시아교육연구, 11(2), 29-56.

김현섭(2013). 수업을 바꾸다: 고민하다, 디자인하다, 함께 나누다. 경기: 한국협동학습센터.

김혜온, 김수정(2008). 대학생을 위한 자기주도학습기술. 서울: 학지사.

김회수(1995). 멀티미디어 설계와 개발. 서울: 교육과학사.

나일주(2015). 묵의 시대가 열리다. 나일주 저, 글로벌 학습시대 묵스의 이해(pp. 15-29) 서울: 학지사.

류지헌, 김민정, 김소영, 김혜원, 손찬희, 이영민, 임걸(2013). 교육방법 및 교육공학. 서울: 학지사.

박성익, 임철일, 이재경, 최정임(2011). 교육방법의 교육공학적 이해(제4판). 경기: 교육과학사.

방진하, 이지현(2014). 플립드 러닝의 교육적 의미와 수업 설계에서의 시사점 탐색. 한국교원교육연구, 31(4), 299-319.

백영균, 박주성, 한승록, 김정겸, 최명숙, 변호승, 박정환, 강신천, 김보경(2010). 유비쿼터스 시대의 교육방법 및 교육공학(제3판). 서울: 학지사.

법률신문(2023. 11. 20.). [미국] 자율주행자동차 운행 중 인명사고 발생. https://www.lawtimes.co.kr/news/145940

변영계, 김영환, 손미(2007). 교육방법 및 교육공학. 서울: 학지사.

양미경(2007). 질문 창출 노력의 교육적 의의와 한계. 열린교육연구, 15(2), 1-20.

오세욱(2017). AI 시대 인류에게 필요한 것은 '질문과 탐구'. Retrieved from http://naver. me/5zcFJOJ1

유평수, 서재복, 최지은, 김보경(2016). 중등예비교사를 위한 학교현장실습. 경기: 공동체.

이길재, 강성주, 경재복, 김광수, 김봉래, 문충식, 박래원, 백승용, 신석균, 윤성현, 이미하, 이순영, 홍준의(2010). 중학교 과학 1. 서울: ㈜중앙교육진흥연구소.

이병현(2015). MOOC 학습자들의 특성에 관한 국외 문헌 고찰. 교육공학연구, 31(3), 365-399.

이병현(2017). 미국 MOOC 최근 운영 동향을 통해 본 MOOC 역할과 K-MOOC 운영에 대한 시사점. 교육정보미디어 연구, 23(1), 227-251.

이상수, 강정찬, 이유나, 오영범(2012). 체계적 수업분석을 통한 수업컨설팅. 서울: 학지사.

이유진, 강이철(2010). 개념학습을 위한 그래픽 조직자 선정 전략. 교육공학연구, 26(4), 1-26.

이은혜, 박인우(2017). 수업코칭, 수업장학, 수업컨설팅에 대한 개념적 분석. 교육공학연구, 33(1), 105-135.

이지현, 박정은(2014). 뇌과학 기반 교수설계 전략의 탐색. 교육공학연구, 30(3), 335-359.

임철일(2011). 원격교육과 사이버교육 활용의 이해(제2판). 서울: 교육과학사.

서봉언(2021). 원격수업에서 교사 피드백: 고등학생들의 경험을 중심으로. 교육학연구, 59(6), 63-86.

정문성(2008). 협동학습의 이해와 실천. 경기: 교육과학사.

조규락, 김선연(2006). 교육방법 및 교육공학: 교육공학의 3차원적 이해. 서울: 학지사.

조벽(2008). 나는 대한민국의 교사다. 서울: 해냄.

조영남(2011). 마이크로티칭과 초등 예비교사교육: 초등 예비교사들의 인식과 자기평가를 중심으로. 초등교육연구, 24(1), 65-84.

조용개, 심미자, 이은화, 이재경, 손연아, 박선희(2009). 성공적인 수업을 위한 교수전략. 서울: 학지사.

조용개(2008). 대학교육에서 티칭 포트폴리오 개발 및 적용 방안-교원의 질적 평가 대안 모색을 중심으로. 한국교수학습학회, 3(1), 1-17.

조용개, 신재한(2011). 학교현장실습·수업시연·수업연구를 위한 교실 수업 전략. 서울: 학지사.

조은순, 염명숙, 김현진(2013). 원격교육론. 경기: 양서원.

하브루타문화협회(2019). 하브루타 네 질문이 뭐니? 서울: 경향BP.

한국교육개발원(1994). 교육용 컴퓨터 시스템의 적정 기능에 관한 연구.

한국교육학술정보원(2004). 교육용 컴퓨터의 적정 기능 정의 및 타당성 연구.

한국교육학술정보원(2018). 교육용 콘텐츠 관리체계 및 가이드라인 개발.

한국교육학술정보원(2022). 사회정서학습을 위한 에듀테크 사례. 디지털교육동향, 제10호.

홍기칠(2012). 교육방법 및 교육공학. 경기: 공동체.

KAIST 문술미래전략대학원, KCERN(2017). 대한민국의 4차 산업혁명. 서울: (사)창조경제연구회(KCERN).

Allen, D. W., & Ryan, K. A. (1969). *Microteaching*. Massa: Addison-Wesley.

AECT (2004). *The meanings of educational technology*. Washington DC: AECT, Definition and Terminology Committee document, June 1, 2004.

Anderson, L. W., & Krathwohl, D. R. (Eds.). (2001). *A taxonomy for learning, teaching, and assessing: A revision of Bloom's taxonomy of educational objectives*. New York: Longman.

Ausubel, D. P. (1960). The use of advance organizers in the learning and retention of meaningful verbal material. *Journal of Educational Psychology, 51*, 267-272.

Ayduray, J., & Jacobs, G. M. (1997). Can learner strategy instruction succeed? The case of higher order questions and elaborate responses. *System, 25*(4), 561-570.

Aykin, N., & Milewski, A. E. (2005). Practical issues and guidelines for international information display. In N. Aykin (Ed.), *Usability and internationalization of Information Technology* (pp. 21-50). Mahwah, NJ: Lawrence Erlabum Associates Publishers.

Barrows, H. S. (1985). *How to design a problem-based curriculum for the preclinical years*. New York: Springer Publishing Co.

Berlo, D. (1960). *The Process of communication*. New York: Holt, Rinehart and Winston.

Bloom, B. S., Englehart, M., Furst, E., Hill, W., & Krathwohl, D. R. (1956).

Taxonomy of educational objectives: The classification of educational goals; Handbook I: Cognitive domain. New York: Longmans, Green & Co.

Bishop, J. L., & Verleger, M. A. (2013). The flipped classroom: A survey of the research. *120th ASEE Annual Conference & Exposition* (pp. 1–18). Atlanta, GA: ASEE. Retrieved from http://faculty.up.edu/vandegri/FacDev/Papers/Research_flipped_classroom.pdf

Branson, R. K., Rayner, G. T., Cox, J. L., Furman, J. P., King, F. J., & Hannum, W. H. (1975). *Interservice procedures for instructional systems development* (Vol. 5). (TRADOC Pam 350-30 NAVEDTRA 106A). Ft. Monroe, VA: U.S. Army Training and Doctrine Command, August 1975. (NTIS No. ADA 019 486 through ADA 019 490).

Breslow, L., Pritchard, D. E., DeBoer, J., Stump, G. S., Ho, A. D., & Seaton, D. T. (2013). Studying learning in the worldwide classroom: Research into edX's first MOOC. *Research & Practice in Assessment, 8*, 13–25.

Brown, J. S., Collins, A., & Duguid, P. (1989). Situated cognition and the culture of learning. *Educational Researcher, 18*(1), 32–41. http://www.exploratorium.edu/ifi/resources/museumeducation/situated.html

Bruner, J. S. (1960). *The process of education.* Cambridge, MA: Harvard University Press.

Bruner, J. S. (1966). *Toward a theory of instruction.* Cambridge, MA: Harvard University Press

Bruner, J. S. (1973). 브루너의 교육의 과정 (*The process of education*). (이홍우 역). 서울: 배영사. (원저는 1960년에 출판).

Bullock, A. A., & Hawk, P. P. (2001). *Developing a teaching portfolio: A guide for preservice and practicing teachers.* NJ: Prentice-Hall.

Burbules, N. C. (1993). *Dialogue in teaching.* New York & London: Teachers College, Columbia University.

Collaborative For Academic, Social, And Emotional Learning (CASEL). (2022). *What is the CASEL SEL framework?* Retrieved from https://casel.org/fundamentals-of-sel/what-is-the-casel-framework

Collins, A., Brown, J. S., & Newman, S. E. (1989). Cognitive apprenticeship: Teaching the crafts of reading, writing and mathematics. In L. B. Resnick (Ed.), *Knowing learning and instruction: Essays in honor of Robert Glaser* (pp. 453-494). Hillsdale, NJ: Lawrence Erlbaum Associates, Inc.

Christensen, G., Steinmetz, A., Alcorn, B., Bennett, A., Woods, D., & Emanuel, E. J. (2013). *The MOOC phenomenon: Who takes massive open online courses and why?* Retrieved from http://papers.ssrn.com/sol3/papers.cfm?abstract_id=2350964

Collaborative For Academic, Social, And Emotional Learning (CASEL). (2022, Dec 1). *CASEL's SEL framework: What are the core competence areas and where are they promoted?* Retrieved from https://casel.org/fundamentals-of-sel/what-is-the-casel-framework

CTGV. (1993). Anchored instruction and situated cognition revisited. *Educational Technology, 33*(3), 52-70.

Daft, R. L., & Lengel, R. H. (1984). Information richness: A new approach to managerial behavior and organizational design. In L. L. Cummings & B. M. Staw (Eds.), *Research in organizational behavior 6* (pp. 191-233). Homewood, IL: JAI Press.

Dale, A. (1946). *Audio-visual method in teaching.* New Yokr: Dryden Press.

Dewey, J. (1929). My pedagogic Creed. *Journal of National Education Association, 18*(9), 291-295.

Dick, W., & Carey, L. (1978). *The systematic design of instruction.* Glenview, IL: Scott, Foresman.

Dick, W., Carey, L., & Carey, J. O. (2009). *The systematic design of instruction* (7th ed.). Upper Saddle River, NJ: Pearson.

Eisenberg, M. B., & Berkowitz, R. E. (1990). *Information problem-solving: The big six skills approach to library and information skills instruction.* Norwood, NJ: Ablex Publishing.

Engeström, Y. (1987). *Learning by expanding: An activity-theoretical approach to developmental research.* Helsinki: Orienta-Konsultit.

Faiola, A. (2000). *Typography primer*. Pittsburgh, PA: GATF.

Fini, A. (2009). The technological dimension of a massive open online course: The case of the CCK08 course tools. *International Review of Research in Open and Distance Learning*, *10*(5), 1–26.

Gagné, R. M. (1985). *The conditions of learning and theory of instruction*. New York: Holt, Rinehart and Winston.

Galbraith, J. K. (1967). *The new industrial state*. Boston, MA: Houghton Mifflin.

Garrison, D. R. (2013). 21세기의 이러닝: 연구와 실행을 위한 프레임워크(2판) [*E-Learning in the 21st century: A framework for research and practice* (2nd ed.).] (권성연, 최형신, 김혜정 공역). 서울: 학지사. (원저는 2011년에 출판).

Garrison, D. R., & Arbaugh, J. B. (2007). Researching the community of inquiry framework: Review, issues, and future directions. *Internet and Higher Education*, *10*, 157–172.

Graesser, A. C., & McMahen, C. L. (1993). Anomalous information triggers question when adults solve quantitative problem and comprehend stories. *Journal of Educational Psychology*, *85*, 136–151.

Hamlyn, D. W. (1990). 경험과 이해의 성장 (*Experience and the growth of understanding*). (이홍우 외 공역). 서울: 교육과학사. (원저는 1978년에 출판).

Hattie, J., & Timperley, H. (2007). The power of feedback. *Review of Educational Research*, *77*(1), 81–112.

Heinich, R., Molenda, M., Russell, J., & Smaldino, S. (1999). *Instructional media and technologies for learning* (6th ed.). Upper Saddle River, NJ: Prince Hall.

Heinich, R., Molenda, M., Russell, J. D., & Smaldino, S. E. (2002). 교육공학과 교수매체(제7판) [*Instructional technology and media for learning* (7th ed.).] (설양환, 권혁일, 박인우, 손미, 송상호, 이미자, 최욱, 홍기칠 공역). 서울: 피어슨에듀케이션코리아. (원저는 2001년에 출판).

Hill, J. R., & Hannafin, M. J. (2001). Teaching and learning in digital environments: The resurgence of resource-based learning. *Educational Technology Research and Development*, *49*(3), 37–52.

Hoban, C. F., Hoban, C. F. Jr., & Zisman, S. B. (1937). *Why visual aids in teaching?*

In visualizing the curriculum. New York: The Cordon Company.

Hollands, F. M., & Tirthali, D. (2014). Why do Institutions offer MOOCs? *Online Learning, 18*(3). Retrieved from http://olj.onlinelearningconsortium.org/index. php/olj/article/view/464

Holmberg, B. (1983). Guided didactic conversation in distance education. In D. Sewart, D. Keegan, & B. Holmberg (Eds.), *Distance education: International perspectives* (pp. 114–122). London: Croom Helm.

Holzer, E., & Kent, O. (2014). *A philosophy of Havruta–Understanding and teaching the art of text study in pairs*. Boston, MA: Academic Studies Press.

Hug, T. (2005). Micro learning and narration. Exploring possibilities of utilization of narrations and storytelling for the designing of "micro units" and didactical micro–learning arrangements. Online proceedings of the international conference "Media in Transition 4: The Work of Stories". MIT, Cambridge, MA.

Hunter, M. (1982). *Mastery teaching: Increasing instructional effectiveness in secondary schools, colleges, and nniversities*. El Segundo, Calif: TIP Publications.

Isaacson, S. (2015). *Steve Jobs* (Reissue edition). New York: Simon & Schuster, Inc.

Januszewski, J., & Molenda, M. (Eds.) (2007). *Educational technology: A definition with commentary*. New York: Routledge/Raylor & Francis Group.

Jensen, E. (1998). *Teaching with the brain in mind*. VA: Association for Supervision and Curriculum Development.

Jonassen, D. H. (1999). Designing constructivist learning environments. In C. M. Reigeluth (Ed.), *Instructional–design theories and models* (2nd ed.). Mahwah, NJ: Lawrence Erlbaum Associates.

Johnson, D. W., Johnson, R. T., Holubec, E. J., & Roy, P. (1984). *Circles of learning: Cooperation in the classroom*. Alexandria, VA: Association for Supervision and Curriculum Development.

Jordan, K. (2014). Initial trends in enrolment and completion of massive open online courses. *The International Review of Research in Open and Distance Learning, 15*(1), 133–169.

Kagan, S. (1994). *Cooperative learning*. San Clemente, CA: Kagan Publishing.

Karabenick, S. A., & Sharma, R. (1994). Perceived teacher support of student questioning in the college classroom: its relation to student characteristics and role in the classroom questioning process. *Journal of Educational Psychology*, *86*, 90–103.

Karabenick, S. A., & Knapp, J. R. (1991). Relationship of academic help seeking to the use of learning strategies and other instrumental achievement behavior in college students. *Journal of Educational Psychology*, *83*, 201–230.

Keegan, D. (1986). *The foundations of distance education*. London: Croom Helm.

Keegan, D. (1988). On defining distance education. In D. Sewart, D. Keegan, & B. Holmberg, (Eds.), *Distance education: International perspectives* (pp. 6–33). Longdon/New York: Routlege.

Keller, J. M. (1983). Motivational design of instruction. In C. M. Reigeluth (Ed.), *Instructional-design theories and models: An overview of their current status*. Hillsdale, NJ: Lawrence Erlbaum Associates.

Keller, J. M. (1984). The use of the ARCS model of motivation in teacher training. In K. Shaw & A. J. Trott (Eds.), *Aspects of educational technology volume XVII: Staff development and career updating*. London: Kogan Page.

Keller, J. M. (1987). Development and use of the ARCS model of motivational design. *Journal of Instructional Development*, *10*(3), 2–10.

Kent, O. (2010). A Theory of Havruta Learning. *Journal of Jewish Education*, *76*(3), 215–245.

Kirkpatrick, D. L. (1994). *Evaluating training programs: The four levels*. San Francisco, CA: Berrett-Koehler.

Kulhavy, R. W., & Anderson, R. C. (1972). Delay-retention effect with multiple-choice tests. *Journal of Educational Psychology*, *63*(5), 505–512.

Lage, M. J., Platt, G. J., & Treglia, M. (2000). Inverting the classroom: A gateway to creating an inclusive learning environment. *Journal of Economic Education*, *31*(1), 30–43.

Lauzon, A. C., & Moore, G. A. B. (1989). A fourth generation distance education system: Integrating computer-assisted learning and computer conferencing. *The*

American Journal of Distance Education, 3(1), 38-49.

Lee, J., Lim, C., Kim, H. (Under Review). Development of a flipped learning design model for innovation in higher education. *Educational Technology Research and Development.*

Lee, W. W., & Owens, D. L. (2004). *Multimedia-based instructional design: Computer-based training, web-based training, distance broadcast training, performance-based solutions* (2nd ed.). San Francisco, CA: Pfeiffer.

Levitin, D. J. (2015). 정리하는 뇌 (*The organized mind: Thinking straight in the age of information overload*). (김성훈 역). 서울: 와이즈베리. (원저는 2014년에 출판).

Lewin, T. (2012). Instruction for masses knocks down campus walls. The New York Times, March 4.

Lyons, I. M., & Beilock, S. L. (2012). When math hurts: Math anxiety predicts pain network activation in anticipation of Doing Math. *PLoS ONE, 7*(10), e4807.

McGregor, D. (1960). *The human side of enterprise.* New York: McGraw-Hill.

Mager, R. F. (1997). *Preparing instructional objectives* (3rd ed.). Belmont, CA: Pitman.

Mayer, R. E. (2008). Applying the science of learning: Evidence-based principles for the design of multimedia Instruction. *American Psychologist, 63*(8), 760-769.

Meisenhelder, S. (2013). MOOC Mania. *THOUGHT & ACTION, 7,* 7-26.

Merrill, M. D. (1983). Component display theory. In C. M. Reigeluth (Ed.), *Instructional design theories and models: An overview of their current states.* Hillsdale, NJ: Lawrence Erlaum.

Merrill, M. D. (1994). *Instructional design theory.* Englewood Cliffs, NJ: Educational Technology Publication.

Miller, G. A. (1956). The magical number seven, plus or minus two: Some limits on our capacity for processing information. *Psychological Review, 63,* 81-97.

Miyake, N., & Norman, D. A. (1979). To ask a question, one must know enough to know what is not known. *Journal of Verbal Learning and Verbal Behavior, 18,* 357-364.

Moore, M. G. (1972). Learner autonomy: The second dimension of independent learning. *Convergence*, *2*, 76–88.

Moore, M. G. (1973). Toward a theory of independent learning and teaching. *Journal of Higher Education*, *44*(9), 661–679

Newby, T. J., Stepich, D. A., Lehman, J. D., & Russell, J. D. (2008). 교수 · 학습을 위한 교육공학 [*Educational technology for teaching and learning* (3rd ed.).] (노석준, 오선아, 오정은, 이순덕 공역). 서울: 학지사. (원저는 2006년에 출판).

O'Connor, S. (2016. April, 6). How to robot-proof your children's careers. *Financial Times*. Retrieved from https://next.ft.com

OECD (2005). *The definition and selection of key competencies-Executive summary*.

OECD (2018). *The future we want. The future of education and skills: Education 2030*.

Paivio, A. (1986). *Mental representations*. New York: Oxford University Press.

Peters, O. (1983). Distance teaching and industrial production: A comparative interpretation in outline. In D. Sewart, D. Keegan, & B. Holmberg (Eds.), *Distance education: International perspectives* (pp. 95–113). London: Croom Helm.

Peters, O. (2007). The most industrialized form of education. In M. G. Moore (Ed.), *Handbook of distance education* (pp. 57–68). Mahwah, NJ: Lawrence Erlbaum.

Posiak, F. D., & Morrison, G. R. (2008). Controlling split attention and redundancy in physical therapy instruction. *Educational Technology Research and Development*, *56*(4), 379–399.

Reigeluth, C. M. (1979). In search of a better way to organize instruction: The elaboration theory. *Journal of Instructional Development*, *2*(3), 8–15.

Reigeluth, C. M. (1999). The elaboration theory: Guidance for scope and sequences decisions. In R. M. Reigeluth (Ed.), *Instructional-design theories and models: An new paradigm of instructional theory* (Volume II, pp. 425–454). Mahwah, NJ: Lawrence Erlbaum Associates.

Reigeluth, C. M., & Stein, R. (1983). Elaboration theory of instruction. In C. M. Reigeluth (Ed.), *Instructional-design theories and models: An overview of their current status* (pp. 335–381). Hillsdale, NJ: Lawrence Erlbaum.

Reiser, R. A. (2012). History of instructional design and technology. In R. A. Reiser & J. V. Dempsey (Eds.), *Trends and issues in instructional design and technology*

(3rd ed.). Boston, MA: Pearson Education.

Reiser, R. A., & Dick, W. (1996). *Instructional planning: A guide for teachers.* Boston, MA: Allyn & Bacon.

Richey, R. C., Klein, J. D., & Tracey, M. W. (2012). 교수설계 지식기반 (*The instructional design knowledge base*). (정재삼, 임규연, 김영수, 이현우 공역). 서울: 학지사. (원저는 2011년에 출판).

Rifkin, J. (2012). 3차 산업혁명 (*The third industrial revolution*). (안진환 역). 경기: 민음사. (원저는 2011년에 출판).

Rosenberg, M. J. (2001). *E-learning: Strategies for delivering knowledge in the digital age.* New York: McGraw-Hill.

Rosenfield, S. A. (1987). *Instructional consultation.* Hillsdale, NJ: Erlbaum.

Schlegel, M. J. (1995). *A Handbook of instructional and training program design.* ERIC Document Reproduction Service ED383281.

Schlosser, L, A., & Simonson, M. (2002). *Distance education: Definition and glossary of terms.* Bloomington, IN: Association for Educational Communications and Technology.

Schunk, D. H. (1996). *Learning theories: An educational perspective* (2nd ed.). Englewood Cliffs, NJ: Merrill.

Schwab, K. (2016). *The fourth industrial revolution: What it means, how to respond.* World Economic Forum.

Seels, B. B., & Richey, R. C. (1994). *Instructional technology: The definition and domains of the field.* Washington, DC: Association for Educational Communications and Technology.

Segal, A. (2003). *Havruta story: History, benefits, and enhancements.* Jerusalem: Academy for Torah Initiatives and Directions.

Seldin, P. (2004). *The teaching portfolio: A practical guide to improved performance and promotion/tenure decision* (3rd ed.). Boston, MA: Anker Publishing Company.

Shepard R. N., & Metzler, J. (1971). Mental rotation of three-dimensional objects. *Science, New Series, 171*(3972), 701-703.

Shute, V. J. (2008). Focus on formative feedback. *Review of Educational Research*, 78(1), 153-189.

Simpson, E. J. (1972). *Educational objectives in the psychomotor domain* (Vol. 3, pp. 25-30). Washington, DC: Gryphon House.

Smith, P. L. (1988). *Toward a taxonomy of feedback: Content and scheduling*. Proceedings of Selected Research Papers presented at the Annual Meeting of the Association for Educational Communications and Technology, New Orleans, LA, 3-6.

Stein, B. S., Littlefield, J., Bransford, J. D., & Persampieri, M. (1984). Elaboration and knowledge acquisition. *Memory and Cognition*, 12, 522-529.

Stepien, W., Gallaher, S., & Workman, D. (1993). Problem-based learning for traditional and interdisciplinary classrooms. *Journal for the Education for the Gifted*, 16(4), 338-357.

Taylor, J. C. (2001). Fifth generation distance education. *Instructional Science and Technology*, 4(1), 1-14.

Torp, L., & Sage, S. (2002). *Problems as possibilities: Problem-based learning for K-16 education* (2nd ed.). Alexandria, VA: Association for Supervision and Curriculum Development.

U. S. Army Field Artillery School (1984). *A system approach to training. ST-5K061FD92*. Washington, DC: U.S. Government Printing Office.

Van der Meij, H. (1988). Constraints on question asking in classrooms. *Journal of Educational Psychology*, 80(3), 401-405.

Wang, M., & Kang, M. (2006). Cybergogy for engaged learning: A framework for creating learner engagement through information and communication technology. In M. S. Khine (Ed.), *Engaged learning with emerging technologies* (pp. 225-253). New York: Springer Publishing.

Wedemeyer, C. (1971). Independent study. In L. C. Deighton (Ed.), *The encyclopedia of education* (vol. 4, pp. 548-557). New York: Free Press.

Wilson, B., & Cole, P. (1992). A critical review of elaboration theory. *Educational Technology Research and Development*, 40(3), 63-79.

Woolf, B. P. (2009). *Building intelligent interactive tutors: Student-centered strategies for revolutionizing e-learning*. San Francisco, CA: Morgan Kaufmann Publishers.

Woolf, B. P., Lane, C., Chaudhri, V. K., & Kolodner, J. L. (2013). AI grand challenges for education. *AI Magazine, 34*(4), 66-84.

Yelon, S. L. (1991). Writing and using instructional objectives. In J. L. Briggs, K. L. Gustafson, & M. H. Tillman (Eds.), *Instructional design: Principles and applications* (2nd ed., pp. 75-122). Englewood Cliffs, NJ: Educational Technology.

Yelon, S. L. (1996). *Powerful principles of instruction*. White Plains, NY: Longman.

Young, P. A. (2008). Integrating culture into the design of ICTs. *British Journal of Educational Technology, 39*(1), 6-17.

[참고 사이트]

Color Psychology: The Emotional Effects of Colors. (n.d.). Retrieved from http://www.arttherapyblog.com/online/color-psychology-psychologica-effects-of-colors

K-MOOC, 미래를 위한 교수법: 테크놀로지를 활용한 학습자 중심 교육(김민정 외)

Open letter on AI(artificial intelligence). Wikipeida. https://en.wikipedia.org/wiki/Open_letter_on_artificial_intelligence_(2015)

TEDxSanfrancisco(2016, November, 1). A teacher assistant named Jill Watson: Ashok Goel. Retrieved from https://www.youtube.com/watch?v=haEGrf052qI

https://dschool.stanford.edu

https://joshbersin.com

https://world.magicleap.com

https://www.aleks.com

https://www.carnegielearning.com/solutions/math/mathia

https://www.robokind.com/impact-reports

찾아보기

인명

내용

저자 소개

김보경(Kim Bokyeong)
한국교원대학교 컴퓨터교육 학사
한국교원대학교 교육공학 석사/박사
중 · 고등학교 교사 역임
전주대학교 교수학습개발센터, 원격교육지원센터장 역임
현 전주대학교 교육학과 교수

미래교육을 준비하는

교육방법 및 교육공학(2판)
Instructional Method and Technology (2nd ed.)

2018년 2월 28일 1판 1쇄 발행
2023년 8월 10일 1판 4쇄 발행
2024년 3월 20일 2판 1쇄 발행

지은이 • 김보경
펴낸이 • 김진환
펴낸곳 • ㈜**학지사**
　　　　　04031 서울특별시 마포구 양화로 15길 20 마인드월드빌딩
대표전화 • 02-330-5114　팩스 • 02-324-2345
등록번호 • 제313-2006-000265호

홈페이지 • http://www.hakjisa.co.kr
인스타그램 • https://www.instagram.com/hakjisabook

ISBN 978-89-997-3082-5　93370

정가 20,000원

출판미디어기업 **학지사**

간호보건의학출판 **학지사메디컬** www.hakjisamd.co.kr
심리검사연구소 **인싸이트** www.inpsyt.co.kr
학술논문서비스 **뉴논문** www.newnonmun.com
교육연수원 **카운피아** www.counpia.com
대학교재전자책플랫폼 **캠퍼스북** www.campusbook.co.kr